中国城市服务业竞争力报告

2016

林吉双 刘恩初 著

人民出版社

前　言

近年来，我国服务业在国民经济中的比重增长迅速，2017年服务业增加值占 GDP 比重为 51.6%，超过第二产业 11.1 个百分点；服务业对经济增长贡献率为 58.8%，比 2016 年提高了 1.3 个百分点，成为我国经济增长的主要拉动力，我国已正式迈入"服务经济时代"。

随着我国服务经济的发展，对中国地级以上城市服务业竞争力研究的需求也不断提升。然而，当前对中国地级以上城市服务业竞争力的研究较少。本书基于对中国城市服务业的长期研究，通过收集和整理中国城市服务业相关的详实统计数据，以经济理论、服务业发展有关规律为基础，以定量分析方法为依据，从服务业发展水平、发展活力、发展条件和发展环境等四个一级指标出发，通过多指标的筛选与合成构建了 18 个二级指标和 73 个三级指标的中国城市服务业发展竞争力综合评价指标体系，并通过数据分析和专家打分相结合的方法对这些指标赋予权重，最终形成全国地级以上城市服务业竞争力排名，以力求客观、准确地反映中国各城市服务业的竞争力状况。

本书发布中国 288 个地级以上城市（因数据缺失的原因，拉萨、三沙、儋州等未包括在此研究报告中，香港特别行政区、澳门特别行政区和台湾省由于统计口径不同也未纳入本研究中）服务业竞争力排名，以及东部地区、中部地区、西部地区和东北地区乃至各省市、自治区的城市服务业竞争力排名，其目的是探求和发现全国各地级以上城市服务业发展的差异及其原因，以便为各地区政府准确把握城市服务业发展现状、掌握城市服务业发展一般规律和制定城市服务业可持续发展政策提供智力支持。本书的发布，也将为从事城市服务业发展研究的相关学者和从业人员等提供有益参考。

本书的相关构想和写作框架由林吉双提出，其他各部分的执笔人如下：第一部分：中国城市服务业竞争力排名总报告 2016（刘恩初）；第二部分：中国城市服务业竞争力综合评价指标体系说明（刘恩初）；第三部分：中国东部地区城市服务业竞争力报告 2016（陈和、刘远、陈增欢）；第四部分：中国中部地区城市服务业竞争力报告 2016（孙波、张雅婷）；第五部分：中国西部地区城市服务业竞争力报告 2016（徐春华）；第六部分：中国东北地区城市服务业竞争力报告 2016（孙波、刘恩初）。整个报告的数据由广东外语外贸大学国际服务经济研究院中国城市服务业竞争力数据库提供。研究报告的修改工作由林吉双和刘恩初统筹负责，经各部分作者修改完善后，最终由林吉双定稿。在编写过程中，我们参考了国内外竞争力指数研究的相关文献，力求博采众家之长，在此向这些作者们表示敬意和谢忱。

城市服务业竞争力的研究是一个复杂而困难的工作，我们的研究报告只是反映了我们现阶段对城市服务业竞争力的理解，不当之处肯定很多，包括指标体系和研究方法的科学性和公正性等都有待进一步的完善和精进，还希望广大同人和本书的读者能不吝赐教。

林吉双

2017 年 6 月 18 日

目 录

第 一 章
中国城市服务业竞争力综合评价指标体系

第一节　中国城市服务业竞争力综合评价指标体系的意义

自从 2012 年起，我国服务业增加值超过工业增加值，服务业成为我国经济增长的强大动力，我国已正式迈入服务业在国民经济中居于主导地位的"服务经济时代"。2016 年我国国内生产总值 744127 亿元。其中第三产业增加值 384221 亿元，增长 7.8%，第三产业占比达 51.6%。服务业对经济增长的贡献率达 59.3%。可以说，当前及未来相当长的一段时间内，服务业都将是我国经济发展和现代化建设的重要方向，服务业的发展应引起各级政府的高度重视。

然而，长期以来，服务业的发展水平乃至地区服务业竞争力的评估都缺少一个科学而公正的综合评价指标。各城市对本地区服务业状况的评估往往仅从本地服务业增加值或从业人员的数量或比重上着手，而缺少对该城市服务业发展的整体情况及其在全省至全国位置的具体把握。很显然，对各地区尤其是城市的服务业竞争力水平进行客观的评价有利于决策者全面、客观地了解地区服务业发展和竞争力状况，并且可以为决策者发现地区服务业发展中存在的问题提供有力的帮助。

通过研究服务业发展的内在规律，建立可行的服务业竞争力评价指标，并对中国城市服务业竞争力进行排名，以更深刻地掌握中国城市服务业发展状况，既是学术研究的需要，也是政府制定针对服务业发展政策的需要。通过城市间的综合比较，落后地区能够了解本地区服务业的竞争力，认识服务业发展的优势和薄弱环节，并由此结合自身不足，制定合理的服务业发展规划，实现服务业的持续、快速、健康发展和资源的有效配置。因此，建立中国城市服务业竞争力综合评价指标体系意义重大。

对此，广东外语外贸大学国际服务经济研究院"中国城市服务业竞争力研究"团队基于对中国城市服务业的长期研究，通过收集和整理中国城市服务业相关的翔实统计数据，以产业和区域经济理论、发展经济学和城市经济学、服务经济与管理及服务业发展的有关规律等为基础，以定量分析方法为依据，从服务业发展水平、发展活力、发展条件和发展环境等指标出发，通过多指标的筛选与合成构建中国城市服务业发展竞争力指标，客观、准确地反映中国各城市的服务业竞争力状况。本书基于中国城市服务业发展竞争力综合评价指标体系，计算各城市服务业竞争力指数，发布中国城市服务业竞争力排名，以揭示各城市服务业发展的差异及其原因，为各城市服务业的发展政策方向和合理布局提供支持，有助于城市发展与产业经济尤其是城市服务业发展相关人员如研究者、咨询人员、决策者等深入认知各城市服务业及产业发展状况，并可给其提供一定的理论指导和政策建议。

第二节　中国城市服务业竞争力评价指标体系构建原则

总体来说，城市服务业竞争力综合评价指标体系的构建应遵循以下原则：

一、科学性原则

城市服务业竞争力综合评价指标体系应充分反映各城市服务业发展的内涵，准确地理解和把握服务业发展本质，指标的设置应以服务业发展的客观规律为基础，科学合理地量化分析各区域的城市服务业发展和竞争力状况，深入揭示各城市服务业发展的差异及原因，从而为各城市服务业的发展提供方向性指导和支持。

二、综合性原则

服务业所包含的行业众多、门类庞杂，而其中各个行业之间的差异很大，影响因素众多。因此，在选取指标构成竞争力综合评价指标体系时，必须遵循综合性原则，要尽量用较少指标完成评价的任务。每个指标的选取力求能够综合反映服务业的竞争力情况。

三、可操作性原则

构建服务业竞争力综合指标体系的目的在于指导实践。因此，要充分考虑指标的可操作性及指标的可量化，并兼顾数据的可获得性及可靠性。而且，指标的计算方法应当明确。

四、层次性原则

服务业竞争力评价指标体系是一个复杂、多层次的指标体系。评价指标体系的设计应能够反映各层指标间的决定关系。指标体系中的指标都要明确自身内涵并按照层次递进的关系组成层次分明、结构合理、相互关联的整体。同时，指标体系要能够进行纵向和横向比较。横向方面，能够对不同地区服务业竞争力情况进行比较。纵向方面，能够对同一城市不同时期服务业竞争力进行比较。

第三节　中国城市服务业竞争力评价指标及数据来源

一、指标体系说明

根据以上原则，本书选取了 73 个指标，分三个层次，对中国城市的服务业的竞争力进行综合评价，以便较为科学、全面、系统地评价中国城市服务业的发展状况。

本书从服务业发展水平、发展活力、发展条件和发展环境四个一级指标出发，对中国城市服务业竞争力进行综合评价。本书所设定的四个一级指标中，服务业发展水平反映了各城市服务业的发展现状，与各城市长期以来服务业发展条件、活力和环境等因素密切相关；发展活力则反映了各城市服务业的动态发展提升情况，长期且持续的发展活力能带来各城市服务业发展水平的提升；发展条件从经济和人口规模等角度反映了各城市服务业的发展潜力和基础，这在很大程度上对各城市的服务业发展规模构成影响；发展环境反映了与服务业发展息息相关的交通通信、公共服务、生活以及社会保障等环境情况，良好的服务业发展环境能促进服务业发展所需各种要素资源的集聚发展，从而实现城市服务业发展水平的提升。可以看到，发展水平、发展条件、发展活力和发展环境从不同角度对各城市服务业竞争力带来影响。具体而言：

发展水平指标衡量各城市服务业的发展现状情况，主要包括服务业发展规模水平（包括服务业增加值和就业人数）、比重水平（服务业增加值和就业人数比重）以及生产率水平（服务密度、人均服务产品值以及服务业生产率）3 个二级指标。

发展活力指标衡量各城市服务业发展的活力情况，即比较各城市服务业发展水平和条件等指标相对上一年的变动情况，主要包括服务业发展规模活力（包括服务业增加值、服务业就业人数、服务密度、人均服务产品值等总量相比上一年的变化情况等）、比重活力（包括服务业增加值、服务业就业人数、服务密度、人均服务产品值等比重相比上一年的变化情况等）、生产率活力（包括服务业劳动生产率相比上一年的变化情况等）、投资活力（包括固定资产投资和实际利用外资相对上一年的变化情况等）、金融活力（金融机构存款余额相对上一年的变化情况等）和消费活力（社会消费品零售总额相对上一年的变化情况等）等 6 个二级指标。

发展条件指标衡量各城市服务业发展的经济和人口基础、条件和潜力，主要包括各城市服务业发展所需要的产业条件（包括 GDP、工业总产值、社会消费品零售总额和金融机构存款余额等）、投资条件（包括固定资产投资和实际利用外资情况等）、人口条件（包括常住人口数、人口密度等）等 3 个二级指标。

发展环境指标衡量各城市服务业的发展环境状况，主要包括教育环境（包括人均科教经费支出、生均中小学教师数、每万人在校大学生数和中等职业学生数等）、交通环境（包括人均客货运总量、人均城市道路面积、每万人拥有公共汽电车数、人均全年公共汽车客运总量、城市道路面积密度等）、通信环境（包括人均邮电业务总量、固定和移动电话年末用户数、互联网宽带接入用户数等）、公共服务环境（包括公共服务业从业人员密度及占比、每百人公共图书馆藏书、万人拥有病床和医生数等）、生活环境（包括工业固体废物、污水和生活垃圾处理率、建成区绿化覆盖率、人均绿地面积以及人均城市维护建设资金支出等）和社会保障环境（包括城镇养老、医疗和失业保险等参保率）等6个二级指标。

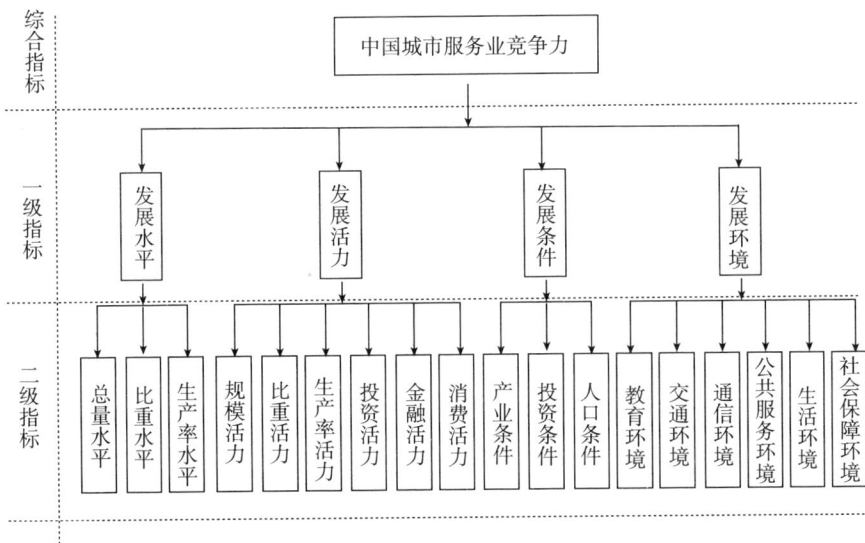

图1-1　中国城市竞争力排名综合指标体系说明

从图1-1可以看到，第一个层次分为中国城市服务业发展水平、发展活力、发展条件和发展环境等四个一级指标。每个一级指标包含有现行统计制度下存在且能够反映该领域主要特征的若干个二级及总计73个三级指标共同构成了中国城市服务业竞争力评价指标体系。具体指标见表1-1。

表 1-1　中国城市服务业竞争力综合评价指标

一级指标	二级指标	三级指标	指标说明
发展水平	总量水平	服务业增加值	各城市服务业增加值
		服务业从业人员数	各城市服务业从业人员数
	比重水平	服务业增加值占比	各城市服务业增加值/各城市 GDP
		服务业从业人员数占比	各城市服务业从业人员数/总就业人数
	生产率水平	人均服务产品占有量	各城市服务业增加值/常住人口数
		服务密度	市辖区服务业增加值/建成区面积
		服务业劳动生产率	各城市服务业增加值/就业人员数
发展活力	规模活力	服务业增加值增量	2015 年各城市服务业增加值减去 2014 年各城市服务业增加值
		服务业从业人员数增量	2015 年各城市服务业从业人员数减去 2014 年各城市服务业从业人员数
		人均服务产品占有量增量	2015 年各城市人均服务产品占有量减去 2014 年各城市人均服务产品占有量
		服务密度增量	2015 年市辖区服务密度减去 2014 年市辖区服务密度
	比重活力	服务业增加值增速	2015 年各城市服务业增加值同比增速
		服务业从业人员数增速	2015 年各城市服务业从业人员数同比增速
		人均服务产品占有量增速	2015 年各城市人均服务产品占有量同比增速
		服务密度增速	2015 年市辖区服务密度同比增速
	生产率活力	劳动生产率增量	2015 年各城市服务业劳动生产率减去 2014 年各城市服务业劳动生产率
		劳动生产率增速	2015 年各城市服务业劳动生产率同比增速
	投资活力	固定资产投资增量	2015 年各城市固定资产投资减去 2014 年各城市固定资产投资
		实际利用外商投资增量	2015 年各城市实际利用外商投资减去 2014 年各城市实际利用外商投资
		固定资产投资增速	2015 年各城市固定资产投资同比增速
	消费活力	社会消费品零售总额增量	2015 年各城市社会消费品零售总额减去 2014 年各城市社会消费品零售总额
		社会消费品零售总额增速	2015 年各城市社会消费品零售总额同比增速
	金融活力	年末金融机构人民币各项存款余额增量	2015 年各城市年末金融机构人民币各项存款余额减去 2014 年各城市年末金融机构人民币各项存款余额
		年末金融机构人民币各项存款余额增速	2015 年各城市年末金融机构人民币各项存款余额同比增速

续表

一级 指标	二级指标	三级指标	指标说明
发展条件	产业条件	GDP	各城市 GDP
		工业总产值	各城市工业总产值
		规模以上工业企业数	各城市规模以上工业企业数
		非采矿业占比	各城市非采矿业从业人员数/总就业人数
		社会消费品零售总额	各城市社会消费品零售总额
		年末金融机构人民币各项 存款余额	各城市年末金融机构人民币存款余额
	投资条件	固定资产投资总额	各城市固定资产投资总额
		当年实际利用外商投资	各城市当年实际利用外商投资总额
		人均固定资产投资总额	各城市固定资产投资总额/常住人口数
	人口条件	常住人口	各城市 GDP/人均 GDP
		人均 GDP	各城市人均 GDP
		职工平均工资	各城市职工平均工资
		人均社会消费品零售总额	各城市社会消费品零售总额/常住人口数
		人均年末金融机构人民币 各项存款余额	各城市年末金融机构人民币各项存款余额/常住人口数
		建成区人口密度	各城市常住人口数/建成区面积
发展环境	教育环境	人均科技经费支出	各城市科技经费支出/常住人口数
		人均教育经费支出	各城市教育经费支出/常住人口数
		生均小学教师数	各城市小学教师数/小学学生数
		生均中学教师数	各城市中学教师数/普通中学学生数
		每万人在校大学生数	各城市每万人在校大学生数
		每万人在校中等职业学 生数	各城市每万人在校中等职业学生数
	交通环境	人均客运总量	各城市客运总量/常住人口数
		人均货运总量	各城市货运总量/常住人口数
		人均城市道路面积	市辖区城市道路面积（平方米）/常住人口数
		每万人拥有公共汽电车	市辖区每万人拥有公共汽电车
		人均全年公共汽（电） 车客运总量	市辖区人均全年公共汽（电）车客运总量（万人次）
		城市道路面积密度	市辖区单位面积城市道路面积（平方米）/建成区面积

续表

一级指标	二级指标	三级指标	指标说明
发展环境	通信环境	人均邮政业务总量	各城市邮政业务总量/常住人口数
		人均电信业务总量	各城市电信业务总量/常住人口数
		固定电话年末用户数	各城市固定电话年末用户数/常住人口数
		移动电话年末用户数	各城市移动电话年末用户数/常住人口数
		互联网宽带接入用户数	各城市互联网宽带接入用户数/常住人口数
	公共服务环境	公共服务密度	市辖区公共服务人数/建成区面积
		公共服务从业人员占比	市辖区公共服务从业人员占比
		每百人公共图书馆藏书	各城市每百人公共图书馆藏书/常住人口数
		每万人拥有病床数	各城市每万人拥有病床数/常住人口数
		每万人拥有医生数	各城市每万人拥有医生数/常住人口数
	生活环境	一般工业固体废物综合利用率	各城市一般工业固体废物综合利用率
		污水处理厂集中处理率	各城市污水处理厂集中处理率
		生活垃圾无害化处理率	各城市生活垃圾无害化处理率
		建成区绿化覆盖率	市辖区建成区绿化覆盖率
		人均绿地面积	市辖区绿地面积/常住人口数
		人均城市维护建设资金支出	各城市城市维护建设资金支出（万元）/常住人口数
		建成区供水管道密度	市辖区供水管道长度（公里）/建成区面积
		建成区排水管道密度	市辖区排水管道长度（公里）/建成区面积
		单位面积城市维护建设资金支出	各城市维护建设资金支出（万元）/建成区面积
	社会保障环境	城镇职工基本养老保险参保人数	市辖区城镇职工基本养老保险参保人数/常住人口数
		城镇基本医疗保险参保人数	市辖区城镇基本医疗保险参保人数/常住人口数
		失业保险参保人数	市辖区失业保险参保人数/常住人口数

二、数据说明

本书对中国内地地级以上城市服务业的发展情况进行研究，由于数据可得及统计口径不一致等技术问题，未包括香港特别行政区、澳门特别行政区和台湾省的城市。本书所需数据主要来自《中国城市统计年鉴 2016》。《中国城市统计年鉴 2016》对全国共计 291 个地级以上城市的社会经济指标进行了细致而详尽的统计，数据较全面而系统地反映了中国地级以上城市的社会经济状况。由于海南省三沙市、西藏自治区拉萨市数据严重不足，海南省儋州市为 2015 年新建的地级市，统计数据也存在较大不足，本书都将其略去。因此，本书最后得到的是 2015 年中国剔除三沙市、拉萨市和儋州市的 288 个地级以上城市的服务业相关指标数据。

考虑到本书聚焦在中国城市的服务业发展上，根据需要，直接利用或经计算得出了 73 个三级指标。由于统计数据出自各市县统计局，存在一定程度的认知偏差，导致统计数据不可避免地存在某些缺失或错误，本书在具体的应用过程中，对部分数据进行了适当的处理和补充，或根据各种官方口径的数据，如各级政府所公布的统计年鉴、政府工作报告、统计局网站等数据进行补全，极个别数据采用数学统计方法进行修正补全。限于篇幅，本书不详细一一说明。

第四节　中国城市服务业竞争力综合评价指标体系计算方法

一、指标计算说明

本书采用主成分分析法构建中国城市服务业竞争力综合评价指数，具体过程为：

（1）根据三级指标数据，利用主成分分析法合成为二级指标。

（2）根据合成得到二级指标数据，利用主成分分析法构建服务业发展水平、发展活力、发展条件和发展环境等四个一级指标。

（3）根据合成得到一级指标数据，通过专家打分法设置权重，利用因子分析方法将其最后合成为一个可以评估全国各城市服务业竞争力的综合变量。

主成分分析法是一种成熟的降维合成指标的数学变换方法，它把给定的一组变量 x_1，x_2，…，x_k，通过线性变换，转换为一组不相关的变量 y_1，y_2，…，y_k（两两相关系数为 0 的随机变量，或样本向量彼此相互垂直的随机变量），具体的计算过程可参考数理统计的相关文献。

二、专家打分法构建服务业竞争力指数

服务业发展水平、发展活力、发展条件和发展环境在服务业竞争力指数中的重要性不同。本书设置服务业竞争力指数调查问卷，对服务业研究领域的教授、博士等专家进行调查，对服务业发展水平、发展活力、发展条件和发展环境四个一级指标设置权重，最后给出的权重为：

竞争力指数 = 发展水平指数 ×0.3018 + 发展活力指数 ×0.2583 + 发展条件指数 ×0.2395 + 发展环境指数 ×0.2005

为便于直观比较，本书对最后的竞争力指数进行标准化等处理，最后的竞争力指数在全国范围内城市最高值设为 100 分，全国城市平均水平设为50 分。

第 二 章
中国城市服务业竞争力 2016 年总报告

第一节　中国城市服务业竞争力 2015 年度排名

中国城市服务业竞争力 2015 年度排名如表 2－1 所示。

表 2－1　中国城市服务业竞争力 2015 年度排名

全国排名	城市	服务业竞争力指数	城市	服务业发展水平	城市	服务业发展活力	城市	服务业发展条件	城市	服务业发展环境
1	北京	100.0	北京	100.0	北京	100.0	上海	100.0	珠海	100.0
2	上海	91.1	上海	87.7	上海	90.8	北京	96.9	深圳	99.9
3	深圳	85.2	广州	79.6	深圳	87.1	天津	88.3	北京	84.1
4	广州	80.8	深圳	72.8	重庆	78.4	重庆	83.8	厦门	81.1
5	重庆	74.2	重庆	70.2	广州	75.4	深圳	81.0	广州	80.6
6	天津	73.4	天津	67.1	杭州	70.0	广州	80.0	东莞	76.4
7	杭州	71.6	苏州	65.9	长沙	69.9	苏州	77.3	杭州	76.2
8	武汉	68.6	杭州	65.3	武汉	69.8	杭州	73.9	克拉玛依	70.8
9	南京	67.8	呼和浩特	65.0	天津	69.4	武汉	71.4	上海	70.6
10	苏州	66.5	南京	64.5	合肥	68.8	成都	71.0	南京	70.6
11	长沙	65.4	鄂尔多斯	63.5	南京	63.5	南京	70.9	佛山	69.2
12	成都	64.4	武汉	63.0	郑州	63.0	青岛	69.5	西安	68.8
13	青岛	63.4	成都	62.6	廊坊	62.4	宁波	67.9	太原	68.4
14	郑州	61.6	无锡	62.5	贵阳	61.7	长沙	67.6	嘉峪关	68.1
15	无锡	61.1	青岛	61.7	芜湖	60.1	无锡	67.2	苏州	67.9

续表

全国排名	城市	服务业竞争力指数	城市	服务业发展水平	城市	服务业发展活力	城市	服务业发展条件	城市	服务业发展环境
16	珠海	60.9	大连	61.1	南昌	59.9	郑州	64.2	海口	67.5
17	宁波	60.8	济南	60.5	福州	59.6	大连	63.7	乌鲁木齐	67.4
18	西安	60.8	西安	60.1	安顺	59.2	沈阳	63.2	武汉	67.3
19	合肥	60.6	包头	60.0	兰州	58.9	西安	62.0	三亚	67.2
20	济南	60.5	乌鲁木齐	59.8	开封	58.7	南通	61.9	成都	65.8
21	厦门	59.5	常州	59.5	青岛	58.1	佛山	61.4	舟山	65.6
22	佛山	59.5	长沙	59.2	成都	57.1	福州	61.2	济南	65.5
23	乌鲁木齐	59.2	海口	59.0	宿州	57.1	常州	61.2	中山	65.1
24	东莞	59.1	哈尔滨	58.7	铜仁	56.9	烟台	61.1	贵阳	65.0
25	常州	58.8	沈阳	57.4	温州	56.8	合肥	61.1	无锡	64.8
26	福州	58.7	三亚	57.3	乌鲁木齐	56.2	济南	61.0	银川	64.4
27	贵阳	58.5	镇江	57.1	宁波	55.7	长春	60.3	天津	64.2
28	呼和浩特	57.5	宁波	57.0	三亚	55.7	鄂尔多斯	59.6	乌海	64.1
29	大连	57.4	张家界	57.0	南通	55.3	东莞	59.3	宁波	63.9
30	哈尔滨	57.2	郑州	56.3	益阳	55.3	东营	59.1	昆明	63.3
31	南通	57.2	金华	56.0	泉州	55.2	哈尔滨	58.8	郑州	62.6
32	三亚	57.2	昆明	55.7	淮北	55.1	石家庄	58.5	沈阳	62.3
33	沈阳	56.8	太原	55.6	佛山	54.9	泉州	58.2	大连	62.2
34	鄂尔多斯	56.8	佛山	55.6	银川	54.9	潍坊	57.9	青岛	62.2
35	温州	56.4	温州	55.6	淮安	54.8	嘉兴	57.7	长沙	62.0
36	海口	56.4	石家庄	55.6	黄冈	54.8	珠海	57.5	合肥	61.0
37	太原	56.2	廊坊	55.4	盐城	54.8	温州	57.3	常州	60.6
38	烟台	56.1	福州	55.1	岳阳	54.7	南昌	57.3	西宁	60.5
39	兰州	56.0	丽水	55.0	衡阳	54.5	唐山	57.2	威海	60.3
40	南昌	56.0	沧州	54.9	济南	54.4	绍兴	57.1	湖州	60.2
41	昆明	55.7	兰州	54.6	毕节	54.3	徐州	57.0	绍兴	59.7
42	镇江	55.6	南通	54.6	哈尔滨	54.3	镇江	56.9	惠州	59.5
43	廊坊	55.5	贵阳	54.6	烟台	54.3	昆明	56.5	南昌	59.2
44	长春	55.0	东莞	54.5	陇南	54.2	淄博	56.5	福州	58.2

续表

全国排名	城市	服务业竞争力指数	城市	服务业发展水平	城市	服务业发展活力	城市	服务业发展条件	城市	服务业发展环境
45	石家庄	55.0	烟台	54.4	克拉玛依	54.1	厦门	56.2	嘉兴	57.7
46	潍坊	54.8	厦门	54.3	苏州	53.9	威海	56.0	呼和浩特	57.3
47	威海	54.7	潍坊	54.2	南宁	53.9	包头	55.8	南通	56.7
48	银川	54.7	徐州	54.0	永州	53.8	扬州	55.6	潍坊	56.7
49	南宁	54.3	泰州	53.4	厦门	53.5	金华	54.8	大庆	56.7
50	芜湖	54.0	威海	53.3	襄阳	53.5	临沂	54.6	兰州	56.6
51	泉州	54.0	台州	53.2	遵义	53.3	泰州	54.4	攀枝花	56.5
52	金华	53.9	嘉兴	53.2	西安	53.3	太原	54.2	东营	56.4
53	绍兴	53.9	南宁	53.1	周口	53.2	南宁	54.1	南宁	56.0
54	嘉兴	53.9	绍兴	52.9	常德	53.1	盐城	53.9	金华	55.7
55	徐州	53.8	长春	52.9	南阳	53.1	洛阳	53.8	镇江	55.0
56	中山	53.6	扬州	52.8	嘉峪关	53.1	呼和浩特	53.7	衢州	54.9
57	舟山	53.5	舟山	52.8	泰州	53.1	贵阳	53.6	芜湖	54.9
58	克拉玛依	53.5	常德	52.6	新乡	53.0	台州	53.5	长春	54.6
59	扬州	53.5	珠海	52.5	商丘	52.8	乌鲁木齐	53.3	盘锦	54.5
60	泰州	53.4	朔州	52.0	马鞍山	52.8	济宁	53.0	扬州	54.4
61	包头	53.3	盐城	52.0	武威	52.8	芜湖	53.0	丽水	54.3
62	东营	53.2	唐山	52.0	石家庄	52.7	中山	52.9	江门	54.3
63	盐城	53.0	陇南	52.0	徐州	52.7	舟山	52.7	台州	54.3
64	台州	52.9	铜仁	51.9	长春	52.7	湖州	52.4	包头	54.1
65	湖州	52.5	合肥	51.8	常州	52.6	兰州	52.4	鄂尔多斯	54.0
66	淄博	52.3	泰安	51.8	洛阳	52.5	惠州	52.2	抚顺	54.0
67	淮安	52.0	营口	51.7	荆门	52.4	宜昌	52.2	新余	54.0
68	洛阳	51.9	毕节	51.7	十堰	52.4	沧州	51.9	温州	54.0
69	沧州	51.9	银川	51.7	漳州	52.4	襄阳	51.6	哈尔滨	53.9
70	衢州	51.7	临沂	51.6	驻马店	52.4	德州	51.6	烟台	53.9
71	乌海	51.6	淄博	51.6	新余	52.3	大庆	51.5	淄博	53.8
72	嘉峪关	51.5	东营	51.6	曲靖	52.3	泰安	51.4	重庆	53.5
73	唐山	51.5	三明	51.5	上饶	52.2	吉林	51.4	柳州	53.3

续表

全国排名	城市	服务业竞争力指数	城市	服务业发展水平	城市	服务业发展活力	城市	服务业发展条件	城市	服务业发展环境
74	西宁	51.4	衢州	51.5	临沧	52.1	淮安	51.4	石嘴山	53.1
75	丽水	51.3	怀化	51.4	东莞	52.1	克拉玛依	51.3	十堰	52.7
76	临沂	51.1	中山	51.4	九江	52.0	廊坊	51.3	本溪	52.0
77	惠州	51.1	洛阳	51.4	延安	52.0	邯郸	51.1	莱芜	51.9
78	岳阳	51.0	鞍山	51.4	连云港	51.9	漳州	51.0	泉州	51.9
79	漳州	50.7	秦皇岛	51.3	宜春	51.9	保定	50.9	马鞍山	51.8
80	开封	50.6	岳阳	51.3	湘潭	51.9	银川	50.7	秦皇岛	51.7
81	常德	50.6	牡丹江	51.2	赣州	51.9	南阳	50.7	宜昌	51.5
82	铜仁	50.5	运城	51.2	宜昌	51.8	滨州	50.7	湘潭	51.5
83	新余	50.5	黄山	51.1	蚌埠	51.8	聊城	50.5	泰州	51.4
84	马鞍山	50.5	河池	51.1	孝感	51.7	株洲	50.5	株洲	51.3
85	济宁	50.4	茂名	51.0	遂宁	51.7	马鞍山	50.4	辽阳	51.2
86	泰安	50.2	固原	51.0	镇江	51.6	柳州	50.3	双鸭山	51.2
87	龙岩	50.2	湛江	50.9	许昌	51.6	信阳	50.2	黄石	51.1
88	湘潭	50.1	遵义	50.9	荆州	51.4	连云港	50.2	金昌	51.0
89	遵义	50.1	漳州	50.8	阜阳	51.4	江门	50.1	莆田	50.8
90	江门	50.0	吉林	50.8	衢州	51.4	三明	49.9	阳泉	50.8
91	宜昌	50.0	湖州	50.8	德阳	51.3	龙岩	49.6	石家庄	50.6
92	连云港	50.0	松原	50.7	扬州	51.2	衢州	49.5	淮安	50.6
93	衡阳	50.0	西宁	50.6	郴州	51.2	丽水	49.3	蚌埠	50.4
94	三明	49.9	泉州	50.6	龙岩	51.1	鞍山	49.3	三明	50.1
95	安顺	49.8	济宁	50.5	吉安	51.0	九江	49.3	丹东	49.9
96	襄阳	49.6	淮安	50.5	威海	51.0	岳阳	49.3	南平	49.8
97	张家界	49.6	清远	50.4	宝鸡	51.0	菏泽	49.2	晋城	49.7
98	郴州	49.5	榆林	50.3	保山	50.9	海口	49.2	绵阳	49.7
99	德州	49.4	龙岩	50.2	玉溪	50.9	湘潭	49.1	通化	49.7
100	邯郸	49.3	忻州	50.2	潍坊	50.8	三亚	49.1	铜陵	49.6
101	南平	49.3	日照	50.1	邵阳	50.8	许昌	49.0	阜新	49.5
102	株洲	49.1	邯郸	50.1	莆田	50.7	郴州	49.0	开封	49.5

续表

全国排名	城市	服务业竞争力指数	城市	服务业发展水平	城市	服务业发展活力	城市	服务业发展条件	城市	服务业发展环境
103	柳州	49.1	德州	50.0	汉中	50.7	乌海	48.8	唐山	49.5
104	九江	49.0	永州	50.0	宣城	50.7	衡阳	48.8	徐州	49.5
105	永州	49.0	乌海	50.0	海口	50.6	西宁	48.7	盐城	49.5
106	南阳	49.0	张家口	49.9	安康	50.6	咸阳	48.7	日照	49.4
107	滨州	49.0	定西	49.9	咸阳	50.5	遵义	48.6	宿迁	49.4
108	朔州	48.9	乌兰察布	49.9	六盘水	50.5	赣州	48.6	龙岩	49.4
109	吉林	48.9	聊城	49.9	台州	50.4	日照	48.6	淮北	49.2
110	毕节	48.9	临汾	49.9	鹤壁	50.4	汕头	48.6	锦州	49.1
111	十堰	48.9	滨州	49.8	揭阳	50.4	宿迁	48.6	滨州	49.1
112	益阳	48.9	衡水	49.7	朔州	50.4	肇庆	48.5	铜川	49.0
113	秦皇岛	48.9	酒泉	49.6	汕头	50.4	宝鸡	48.5	韶关	49.0
114	宣城	48.8	南平	49.6	临沂	50.2	焦作	48.5	汕头	48.9
115	蚌埠	48.7	通辽	49.6	沧州	50.1	榆林	48.5	洛阳	48.9
116	黄山	48.7	韶关	49.6	鄂州	50.0	常德	48.4	北海	48.7
117	聊城	48.6	南昌	49.5	达州	50.0	莆田	48.4	萍乡	48.5
118	宿迁	48.6	安顺	49.4	随州	50.0	南平	48.3	晋中	48.5
119	湛江	48.6	佳木斯	49.3	济宁	49.9	桂林	48.2	桂林	48.5
120	新乡	48.5	衡阳	49.2	泸州	49.9	绵阳	48.1	鄂州	48.5
121	汕头	48.4	赤峰	49.2	焦作	49.8	枣庄	48.1	郴州	48.4
122	上饶	48.4	大同	49.2	娄底	49.8	盘锦	48.1	景德镇	48.3
123	赣州	48.3	贺州	49.2	萍乡	49.8	德阳	48.0	鞍山	48.2
124	莆田	48.3	丽江	49.2	太原	49.8	湛江	48.0	呼伦贝尔	48.2
125	桂林	48.2	连云港	49.1	菏泽	49.7	新乡	48.0	营口	48.2
126	玉溪	48.2	郴州	49.1	湖州	49.6	滁州	47.8	焦作	48.2
127	许昌	48.2	天水	49.1	广安	49.6	新余	47.8	连云港	48.1
128	营口	48.1	菏泽	49.1	抚州	49.6	宁德	47.8	泰安	48.0
129	黄冈	48.1	晋中	49.1	三门峡	49.5	周口	47.8	巴彦淖尔	47.9
130	宿州	48.1	新余	49.0	南充	49.5	营口	47.7	枣庄	47.9
131	菏泽	48.1	宣城	49.0	巴中	49.5	攀枝花	47.7	宝鸡	47.9

续表

全国排名	城市	服务业竞争力指数	城市	服务业发展水平	城市	服务业发展活力	城市	服务业发展条件	城市	服务业发展环境
132	日照	48.1	江门	49.0	濮阳	49.5	茂名	47.7	肇庆	47.8
133	清远	48.1	邵阳	49.0	自贡	49.5	邢台	47.7	鹤壁	47.8
134	怀化	48.0	朝阳	49.0	安阳	49.4	秦皇岛	47.6	大同	47.7
135	三门峡	47.9	玉溪	48.9	滁州	49.4	嘉峪关	47.6	襄阳	47.6
136	商丘	47.9	芜湖	48.9	邢台	49.4	蚌埠	47.5	新乡	47.6
137	曲靖	47.8	池州	48.8	南平	49.4	铜陵	47.5	三门峡	47.6
138	邢台	47.8	锦州	48.8	株洲	49.4	酒泉	47.5	济宁	47.5
139	牡丹江	47.8	湘潭	48.8	鹰潭	49.3	揭阳	47.5	黄山	47.5
140	邵阳	47.7	本溪	48.8	湛江	49.3	宣城	47.4	廊坊	47.5
141	延安	47.7	绥化	48.7	无锡	49.2	安庆	47.4	赤峰	47.5
142	德阳	47.7	丹东	48.7	攀枝花	49.2	三门峡	47.3	雅安	47.4
143	驻马店	47.6	益阳	48.7	呼和浩特	49.2	呼伦贝尔	47.2	宣城	47.4
144	六盘水	47.5	梅州	48.7	德州	49.2	黄石	47.2	滁州	47.4
145	荆门	47.5	崇左	48.7	阳江	49.2	上饶	47.2	长治	47.4
146	焦作	47.5	宁德	48.6	柳州	49.1	安阳	47.2	沧州	47.4
147	呼伦贝尔	47.5	阳江	48.5	梧州	49.1	黄冈	47.2	泸州	47.3
148	周口	47.5	亳州	48.5	宿迁	49.1	抚顺	47.1	河源	47.3
149	淮北	47.5	邢台	48.5	昆明	49.1	松原	47.1	邯郸	47.2
150	通辽	47.5	汉中	48.5	中山	49.0	荆州	47.0	鹤岗	47.0
151	韶关	47.5	抚顺	48.4	昭通	49.0	通辽	47.0	吉林	46.9
152	阳江	47.5	贵港	48.4	怀化	49.0	承德	47.0	漳州	46.9
153	汉中	47.5	南阳	48.4	惠州	49.0	荆门	47.0	防城港	46.8
154	乌兰察布	47.4	赣州	48.3	渭南	48.9	孝感	46.9	池州	46.8
155	衡水	47.4	长治	48.3	亳州	48.9	开封	46.9	玉溪	46.7
156	大庆	47.4	桂林	48.2	张家界	48.8	赤峰	46.9	辽源	46.7
157	宁德	47.4	宿迁	48.1	铜川	48.8	宜宾	46.8	乐山	46.6
158	茂名	47.4	曲靖	48.1	天水	48.7	延安	46.8	德阳	46.6
159	酒泉	47.4	马鞍山	48.0	西宁	48.7	宜春	46.7	张掖	46.6
160	萍乡	47.4	呼伦贝尔	48.0	宜宾	48.7	吉安	46.7	九江	46.5

续表

全国排名	城市	服务业竞争力指数	城市	服务业发展水平	城市	服务业发展活力	城市	服务业发展条件	城市	服务业发展环境
161	黄石	47.4	九江	48.0	金华	48.6	辽阳	46.7	延安	46.5
162	赤峰	47.4	汕尾	48.0	云浮	48.6	驻马店	46.6	保定	46.5
163	宝鸡	47.3	中卫	48.0	江门	48.6	泸州	46.6	临沂	46.4
164	晋中	47.3	承德	47.9	咸宁	48.6	牡丹江	46.6	张家口	46.4
165	安阳	47.3	吕梁	47.9	桂林	48.6	邵阳	46.6	广安	46.4
166	张家口	47.3	六盘水	47.9	黄山	48.6	张家口	46.6	清远	46.4
167	陇南	47.2	惠州	47.9	商洛	48.6	十堰	46.5	宁德	46.3
168	鞍山	47.2	玉林	47.9	漯河	48.5	通化	46.5	平顶山	46.3
169	绵阳	47.2	昭通	47.8	嘉兴	48.5	锦州	46.5	岳阳	46.3
170	抚顺	47.1	河源	47.8	衡水	48.5	商丘	46.5	云浮	46.2
171	忻州	47.1	白城	47.7	海东	48.5	韶关	46.4	鹰潭	46.2
172	松原	47.1	齐齐哈尔	47.7	黄石	48.5	南充	46.4	安阳	46.0
173	吉安	47.1	枣庄	47.7	泰安	48.4	鄂州	46.4	葫芦岛	46.0
174	枣庄	47.1	辽阳	47.7	邯郸	48.4	平顶山	46.4	上饶	46.0
175	攀枝花	47.1	上饶	47.6	清远	48.3	鹰潭	46.4	安庆	46.0
176	滁州	47.1	商丘	47.6	绍兴	48.3	乐山	46.3	自贡	46.0
177	广安	47.1	张掖	47.5	珠海	48.2	莱芜	46.3	濮阳	45.9
178	荆州	47.0	三门峡	47.5	淄博	48.2	本溪	46.3	承德	45.8
179	安康	46.9	广安	47.5	平凉	48.0	衡水	46.3	衡阳	45.8
180	娄底	46.9	海东	47.4	乌海	48.0	阳江	46.3	黑河	45.7
181	肇庆	46.9	株洲	47.3	内江	47.9	晋中	46.2	安康	45.7
182	孝感	46.9	阜阳	47.3	三明	47.9	黄山	46.2	德州	45.6
183	梅州	46.8	驻马店	47.2	聊城	47.8	渭南	46.1	宜宾	45.6
184	阜阳	46.8	四平	47.2	潮州	47.8	晋城	46.1	梅州	45.6
185	承德	46.8	开封	47.2	通辽	47.8	大同	46.1	孝感	45.6
186	咸阳	46.8	安康	47.2	东营	47.7	阜阳	46.1	六盘水	45.5
187	池州	46.8	信阳	47.1	绵阳	47.6	北海	46.1	荆门	45.5
188	宜春	46.8	娄底	47.1	乌兰察布	47.6	长治	46.1	酒泉	45.4
189	大同	46.7	阳泉	47.0	梅州	47.6	濮阳	46.0	七台河	45.4

续表

全国排名	城市	服务业竞争力指数	城市	服务业发展水平	城市	服务业发展活力	城市	服务业发展条件	城市	服务业发展环境
190	巴彦淖尔	46.7	保定	47.0	平顶山	47.6	石嘴山	46.0	许昌	45.4
191	平顶山	46.6	通化	47.0	巴彦淖尔	47.6	益阳	46.0	佳木斯	45.4
192	佳木斯	46.6	潮州	46.9	忻州	47.4	铜仁	46.0	聊城	45.3
193	辽阳	46.6	广元	46.9	呼伦贝尔	47.3	自贡	45.9	遵义	45.2
194	河源	46.5	汕头	46.9	白银	47.3	咸宁	45.9	铁岭	45.2
195	随州	46.5	安庆	46.9	资阳	47.1	萍乡	45.8	忻州	45.2
196	云浮	46.5	临沧	46.8	贺州	47.1	永州	45.8	乌兰察布	45.2
197	本溪	46.4	渭南	46.8	唐山	47.0	清远	45.8	淮南	45.1
198	咸宁	46.4	安阳	46.8	舟山	47.0	乌兰察布	45.8	阳江	45.1
199	保定	46.4	平顶山	46.8	崇左	47.0	达州	45.7	牡丹江	45.1
200	亳州	46.4	巴彦淖尔	46.7	宁德	46.9	四平	45.7	朔州	44.9
201	锦州	46.4	百色	46.7	雅安	46.8	玉林	45.7	漯河	44.9
202	北海	46.4	肇庆	46.7	眉山	46.8	运城	45.6	娄底	44.9
203	通化	46.3	晋城	46.6	滨州	46.7	防城港	45.6	咸宁	44.9
204	鹰潭	46.3	葫芦岛	46.6	玉林	46.7	巴彦淖尔	45.6	广元	44.8
205	阳泉	46.3	许昌	46.6	辽源	46.7	六盘水	45.5	吉安	44.8
206	自贡	46.3	云浮	46.6	承德	46.7	齐齐哈尔	45.5	丽江	44.7
207	鄂州	46.3	大庆	46.6	普洱	46.7	眉山	45.5	邢台	44.7
208	盘锦	46.2	随州	46.6	河源	46.5	景德镇	45.5	鸡西	44.7
209	长治	46.2	铁岭	46.5	乐山	46.5	朔州	45.5	白山	44.7
210	渭南	46.2	武威	46.5	钦州	46.5	白山	45.5	咸阳	44.7
211	武威	46.2	柳州	46.5	北海	46.5	抚州	45.5	常德	44.6
212	梧州	46.1	蚌埠	46.5	景德镇	46.4	怀化	45.4	汉中	44.4
213	运城	46.0	庆阳	46.5	池州	46.4	曲靖	45.4	伊春	44.3
214	临沧	46.0	咸宁	46.5	齐齐哈尔	46.4	金昌	45.4	通辽	44.3
215	固原	46.0	宜昌	46.5	定西	46.3	临汾	45.4	资阳	44.2
216	濮阳	46.0	黄冈	46.5	牡丹江	46.3	资阳	45.4	遂宁	44.1
217	海东	46.0	钦州	46.5	酒泉	46.2	娄底	45.4	榆林	44.1
218	辽源	46.0	萍乡	46.4	广元	46.2	吴忠	45.3	随州	44.1

续表

全国排名	城市	服务业竞争力指数	城市	服务业发展水平	城市	服务业发展活力	城市	服务业发展条件	城市	服务业发展环境
219	景德镇	45.9	防城港	46.4	庆阳	46.1	漯河	45.3	曲靖	44.0
220	天水	45.9	襄阳	46.4	吉林	46.0	玉溪	45.3	松原	43.9
221	泸州	45.9	普洱	46.4	百色	46.0	六安	45.2	吴忠	43.9
222	铜川	45.9	平凉	46.3	肇庆	46.0	梧州	45.2	张家界	43.9
223	张掖	45.9	辽源	46.3	佳木斯	45.9	辽源	45.2	宿州	43.8
224	贺州	45.8	来宾	46.2	丽水	45.9	淮南	45.1	湛江	43.8
225	遂宁	45.7	保山	46.2	张掖	45.9	随州	45.1	梧州	43.8
226	玉林	45.7	周口	46.2	赤峰	45.9	佳木斯	45.1	汕尾	43.8
227	齐齐哈尔	45.7	十堰	46.2	沈阳	45.9	丹东	45.1	朝阳	43.7
228	宜宾	45.7	北海	46.1	鄂尔多斯	45.8	毕节	45.0	抚州	43.7
229	揭阳	45.7	新乡	46.1	晋中	45.8	吕梁	45.0	永州	43.6
230	河池	45.7	梧州	46.1	茂名	45.8	汉中	45.0	南充	43.5
231	榆林	45.6	延安	46.0	吴忠	45.7	遂宁	45.0	平凉	43.4
232	潮州	45.6	吉安	46.0	枣庄	45.7	宿州	45.0	怀化	43.4
233	莱芜	45.6	荆州	46.0	汕尾	45.7	河源	44.9	运城	43.4
234	南充	45.6	宜春	45.7	黑河	45.7	淮北	44.9	荆州	43.4
235	临汾	45.6	盘锦	45.7	张家口	45.6	池州	44.9	衡水	43.3
236	抚州	45.6	绵阳	45.6	固原	45.5	阳泉	44.9	益阳	43.2
237	广元	45.5	商洛	45.6	韶关	45.4	云浮	44.9	百色	43.2
238	保山	45.5	德阳	45.6	秦皇岛	45.3	梅州	44.8	商丘	43.0
239	防城港	45.5	克拉玛依	45.6	松原	45.2	庆阳	44.7	中卫	43.0
240	乐山	45.5	宿州	45.6	四平	44.9	铜川	44.7	潮州	42.9
241	丽江	45.5	荆门	45.5	鹤岗	44.8	广安	44.7	茂名	42.9
242	崇左	45.5	莆田	45.5	中卫	44.7	海东	44.6	铜仁	42.9
243	雅安	45.5	双鸭山	45.5	阳泉	44.7	内江	44.6	河池	42.9
244	汕尾	45.5	景德镇	45.5	双鸭山	44.6	百色	44.5	内江	42.8
245	晋城	45.4	莱芜	45.4	日照	44.6	钦州	44.5	来宾	42.8
246	平凉	45.3	黄石	45.3	防城港	44.6	鹤壁	44.4	赣州	42.7
247	信阳	45.3	焦作	45.3	金昌	44.5	广元	44.4	菏泽	42.7

续表

全国排名	城市	服务业竞争力指数	城市	服务业发展水平	城市	服务业发展活力	城市	服务业发展条件	城市	服务业发展环境
248	安庆	45.3	白银	45.3	绥化	44.3	朝阳	44.4	黄冈	42.7
249	达州	45.2	白山	45.3	大同	44.3	安顺	44.2	驻马店	42.7
250	百色	45.2	雅安	45.3	通化	44.3	忻州	44.2	六安	42.6
251	双鸭山	45.1	铜陵	45.2	丽江	44.3	葫芦岛	44.2	邵阳	42.5
252	定西	45.1	阜新	45.2	贵港	44.2	雅安	44.2	贺州	42.4
253	朝阳	45.0	滁州	45.2	营口	44.2	亳州	44.2	安顺	42.4
254	钦州	45.0	自贡	44.9	长治	43.7	白城	44.1	齐齐哈尔	42.4
255	中卫	44.9	淮南	44.8	白城	43.7	潮州	44.1	眉山	42.3
256	昭通	44.9	鹰潭	44.7	白山	43.5	贵港	44.1	海东	42.3
257	四平	44.9	眉山	44.7	临汾	43.4	张掖	43.9	巴中	42.3
258	鹤壁	44.8	嘉峪关	44.7	鸡西	43.3	安康	43.9	白银	42.3
259	资阳	44.8	石嘴山	44.6	伊春	43.2	汕尾	43.7	亳州	42.2
260	丹东	44.8	乐山	44.6	河池	43.2	绥化	43.7	钦州	42.2
261	眉山	44.7	达州	44.5	辽阳	43.1	白银	43.7	临汾	42.0
262	庆阳	44.6	揭阳	44.4	保定	42.9	崇左	43.7	渭南	41.9
263	白银	44.6	咸阳	44.4	来宾	42.7	铁岭	43.6	宜春	41.8
264	石嘴山	44.6	七台河	44.3	大连	42.7	固原	43.5	周口	41.6
265	商洛	44.6	孝感	44.3	信阳	42.7	河池	43.4	南阳	41.5
266	普洱	44.5	抚州	44.2	六安	42.6	昭通	43.4	玉林	41.3
267	白城	44.4	濮阳	44.1	莱芜	42.6	中卫	43.3	信阳	41.2
268	白山	44.4	宝鸡	44.0	朝阳	42.4	阜新	43.3	白城	41.2
269	吴忠	44.3	资阳	43.9	锦州	42.3	平凉	43.3	固原	41.2
270	贵港	44.3	吴忠	43.9	运城	42.3	武威	43.1	保山	41.0
271	漯河	44.3	南充	43.9	安庆	42.2	商洛	43.1	四平	40.9
272	巴中	44.3	六安	43.8	抚顺	42.0	丽江	43.1	普洱	40.9
273	金昌	44.2	铜川	43.7	晋城	41.7	临沧	43.0	阜阳	40.7
274	绥化	44.1	宜宾	43.6	盘锦	41.3	张家界	43.0	崇左	40.5
275	铜陵	43.8	黑河	43.3	包头	41.2	普洱	43.0	吕梁	40.4
276	黑河	43.8	巴中	43.2	本溪	41.0	天水	42.9	庆阳	40.3

续表

全国排名	城市	服务业竞争力指数	城市	服务业发展水平	城市	服务业发展活力	城市	服务业发展条件	城市	服务业发展环境
277	内江	43.7	遂宁	43.2	七台河	40.3	巴中	42.8	揭阳	40.2
278	来宾	43.4	淮北	42.9	大庆	40.2	黑河	42.7	武威	40.1
279	葫芦岛	43.3	鄂州	42.9	鞍山	40.2	贺州	42.6	天水	40.1
280	六安	43.2	鸡西	42.6	石嘴山	39.6	鸡西	42.5	商洛	40.0
281	吕梁	43.2	泸州	42.5	榆林	39.2	保山	42.5	达州	39.9
282	淮南	42.7	内江	41.4	吕梁	38.8	定西	42.5	临沧	39.8
283	鸡西	42.6	金昌	41.3	葫芦岛	38.3	来宾	42.3	毕节	39.6
284	铁岭	42.6	攀枝花	41.2	淮南	38.2	双鸭山	42.0	贵港	38.3
285	鹤岗	42.5	漯河	41.2	丹东	37.6	伊春	41.9	定西	38.0
286	七台河	42.2	伊春	41.1	铜陵	37.0	鹤岗	41.8	绥化	36.8
287	阜新	42.1	鹤岗	40.6	铁岭	36.7	陇南	41.2	昭通	36.0
288	伊春	41.8	鹤壁	40.4	阜新	34.6	七台河	41.2	陇南	34.6

资料来源：广东外语外贸大学中国城市服务业竞争力数据库。

第二节　中国城市服务业竞争力2015年度综述

一、中国服务业发展的现状和特点

2015 年，中国社会经济面临着较大的困难和挑战：国内深层次矛盾凸显，经济下行压力继续加大，同时面对增长速度换挡期、结构调整阵痛期和前期刺激政策消化期的"三期叠加"局面；加之国际经济发展环境极为复杂严峻，国际金融市场震荡，大宗商品价格下跌严重，国际贸易增速降低，全球经济增速为 6 年来最低。在此背景下，我国经济发展仍取得了来之不易的成绩，经济运行保持在合理区间，国内生产总值达到 68.6 万亿元，增长 6.9%，在世界主要经济体中位居前列，其中，服务业对国民经济发展的作用功不可没。

2012 年我国服务业增加值在国内生产总值中的比重为 45.5%，服务业增加值已超过工业增加值，跃升为国民经济第一大产业，服务业成为我国经济增长的强大动力，我国已正式迈入服务业在国民经济中居于主导地位的"服务经济时代"。2015 年，我国经济结构调整取得积极进展，服务业全面快速发展，规模持续增大，服务业在国内生产总值中的比重上升到 50.2%，首次占据"半壁江山"，成为拉动国民经济增长的主要动力和新引擎。可以说，2015 年是中国服务业发展中具有重大历史性象征意义的一年。综合 2015 年中国服务业发展的情况来看，具有以下特点：

（一）服务业规模持续扩大，发展动力持续增长

2015 年，我国服务业增加值、法人单位数、从业人员数及全社会固定资产投资额均呈现显著上升的态势，这显示我国服务业规模正持续扩大，服务业的发展动力正持续增长。2015 年我国服务业增加值 344075 亿元，比 2014 年增长 8.3%，2013—2015 年年均增长 8.1%，比国内生产总值年均增长高出 0.8 个百分点，服务业对经济增长的贡献率达 53.7%，高于工业的 41.6%，服务业拉动国内生产总值增长 3.7%。在商事制度改革的推动下，我国服务业发展的法人单位数也不断增加。2015 年，服务业法人单位数达 1117.9 万户，占法人单位总数的 71.1%，比 2014 年增长 149.5 万户，增长 15.4%，服务业法人单位占全部新增法人单位总数的 73.7%。2015 年，我国服务业就业人数达 3.28 亿人，占全部就业人员的 42.4%，远高于第一产业和第二产业的 28.3% 和 29.3%，比 2014 年增长 4.7%。第一和第三产业就业人数分别比 2014 年增长 871 万和 1475 万人，第二产业就业人数比 2014 年减少 406 万。可以看到，农业和工业从业人数不断下降，服务业从业人数稳步增加，是中国吸纳就业的主要阵地，服务业成为拉动社会就业总量上升的主要力量。2015 年，服务业全社会固定资产投资总额达 320199.1 亿元，比 2014 年增长 10.2%，高于全社会固定资产投资总体增速的 9.8%，服务业投资占全部投资的比重达 57.0%，2015 年服务业实际使用外资达到 772 亿美元，2013—2015 年年均增长 12.8%，远高于全部实际使用外资年均 4.2% 的增长速度。服务业固定资产投资增长较快，吸引外资能力增强。

（二）服务业结构不断优化，发展质量不断提升

从服务业发展的内部结构来看，2015年，我国服务业结构不断优化，现代服务业及生产服务业的发展态势显著增强，发展的质量在不断提升。

与2014年相比，2015年我国服务业法人单位数增长15.4%，生产服务业中的信息传输、软件和信息技术服务业，租赁和商务服务业，科学研究和技术服务业，金融业，批发和零售业，交通运输、仓储和邮政业的法人单位数分别增长34.1%、24.0%、21.4%、19.8%、19.5%和17.2%，均大于服务业法人单位数增长幅度，如表2-2所示。

表2-2 2015年中国服务业法人单位数变动情况表

行业	法人单位数（万个）	比上年增加数（万个）	增长率（%）	行业	法人单位数（万个）	比上年增加数（万个）	增长率（%）
批发和零售业	419.9	68.6	19.5	科学研究和技术服务业	66.1	11.7	21.4
交通运输、仓储和邮政业	37.9	5.6	17.2	水利、环境和公共设施管理业	10.8	1.1	10.8
住宿和餐饮业	27.4	3.9	16.5	居民服务、修理和其他服务业	29.9	5.7	23.4
信息传输、软件和信息技术服务业	38.8	9.9	34.1	教育	46.1	1.7	3.9
金融业	11.0	1.8	19.8	卫生和社会工作	27.2	0.6	2.3
房地产业	46.6	4.6	11.1	文化、体育和娱乐业	29.7	3.4	12.9
租赁和商务服务业	144.1	27.9	24.0	公共管理、社会保障和社会组织	160.4	0.7	0.5
服务业整体	1117.9	149.5	15.4				

资料来源：《中国第三产业统计年鉴2016》。

如表 2－3 所示，2015 年中国服务业城镇单位就业人员数比 2014 年增加 157.3 万人，增长 1.8%，其中生产服务业中的金融业人数增加最多，增长幅度最大，分别达 40.5 万人，增长 7.2%，租赁和商务服务业，信息传输、软件和信息技术服务业则分别增长 5.5% 和 4.0%。

表 2－3 2015 年中国服务业城镇单位就业人员数变动情况表

行业	就业人员数（万人）	比上年增加数（万人）	增长率（%）	行业	就业人员数（万人）	比上年增加数（万人）	增长率（%）
批发和零售业	883.3	－5.2	－0.6	科学研究和技术服务业	410.6	2.5	0.6
交通运输、仓储和邮政业	854.4	－7.0	－0.8	水利、环境和公共设施管理业	273.3	4.2	1.6
住宿和餐饮业	276.1	－13.2	－4.6	居民服务、修理和其他服务业	75.2	－0.2	－0.3
信息传输、软件和信息技术服务业	349.9	13.6	4.0	教育	1736.5	9.1	0.5
金融业	606.8	40.5	7.2	卫生和社会工作	841.6	31.2	3.9
房地产业	417.3	15.1	3.8	文化、体育和娱乐业	149.1	3.6	2.5
租赁和商务服务业	474.0	24.6	5.5	公共管理、社会保障和社会组织	1637.8	38.5	2.4
服务业整体	8986.0	157.3	1.8				

资料来源：《中国第三产业统计年鉴 2016》。

如表 2－4 所示，2015 年中国服务业全社会固定资产投资比 2014 年增加 29665 亿元，增长 10.2%，生产服务业中的信息传输、软件和信息技术服务业，水利、环境和公共设施管理业，批发和零售业，租赁和商务服务业，交通运输、仓储和邮政业、科学研究和技术服务业分别增长 34.4%、20.5%、19.8%、18.6%、13.8% 和 12.6%。

表2-4　2015年中国服务业全社会固定资产投资变动情况表

行业	全社会固定资产投资（亿元）	比上年增长值（亿元）	增长率（%）	行业	全社会固定资产投资（亿元）	比上年增长值（亿元）	增长率（%）
批发和零售业	18925	3125	19.8	科学研究和技术服务业	4752	533	12.6
交通运输、仓储和邮政业	49200	5984	13.8	水利、环境和公共设施管理业	55680	9455	20.5
住宿和餐饮业	6547	317	5.1	居民服务、修理和其他服务业	2730	359	15.1
信息传输、软件和信息技术服务业	5522	1412	34.4	教育	7727	1018	15.2
金融业	1367	4	0.3	卫生和社会工作	5176	1184	29.7
房地产业	134284	2936	2.2	文化、体育和娱乐业	6728	550	8.9
租赁和商务服务业	9448	1483	18.6	公共管理、社会保障和社会组织	7851	651	9.0
服务业整体	320199	29665	10.2				

资料来源：《中国第三产业统计年鉴2016》。

综上所述可以看到，2015年，我国服务业中以信息传输、软件和信息技术服务业为代表的生产服务业和现代服务业，无论在法人单位数、就业人数还是全社会固定资产投资均表现出较强的增长趋势，这表明我国服务业正处于不断优化升级的趋势中。

（三）服务贸易规模继续扩大，服务业国际竞争力亟待提高

近年来，我国服务贸易规模不断扩大。2014年，我国服务贸易总额首次超过德国跃居全球第二位，2015年进出口规模再创历史新高，达到7130亿美元，同比增长14.6%，其中出口总额为2881.9亿美元，同比增长9.2%，进口4248.1亿美元，同比增长18.6%。可以看到，我国服务进口增长幅度远大

于出口增长幅度，服务贸易逆差正呈不断扩大的趋势，这表明我国服务业的国际竞争力水平仍有待进一步提高。

从我国服务贸易结构来看，2015 年，我国的服务出口中，知识产权使用费、文化服务、电信、计算机和信息服务以及专业管理和咨询服务分别比 2014 年增长 64.9%、37.2%、25.1% 和 13.6%。这表明，我国的这几个服务产品的出口趋势正在加强。然而，从整体上看，我国服务贸易国际竞争力仍较弱。2015 年，我国的旅行、运输、知识产权使用费的逆差额分别达到 1237.4 亿、488.0 亿以及 209.1 亿美元，均超过 200 亿美元，服务贸易逆差总额达 1366.2 亿美元。而服务贸易顺差最大的加工服务业的顺差也仅为 181.9 亿美元，相对规模较小。可以说，我国服务业尚未形成具有显著国际竞争力的服务产品。

二、中国城市服务业竞争力的总体格局

根据中国城市服务业竞争力指数，可以分析中国 288 个地级以上城市的服务业竞争力的现状与格局。通过各区域的统计描述比较，可以更为清晰地勾勒出中国城市服务业竞争力的总体格局。

（一）中国城市服务业竞争力十强

2015 年中国城市服务业竞争力指数排名前十的城市依次是：北京、上海、深圳、广州、重庆、天津、杭州、武汉、南京和苏州。这些城市主要集中在东部地区，其中长三角地区有 4 个城市，环渤海地区和珠三角地区分别有 2 个城市进入中国城市服务业竞争力的十强之列，而中部地区仅有武汉，西部地区仅重庆进入十强。北京和上海的服务业竞争力指数遥遥领先于其他城市，服务业竞争优势非常明显，其中北京服务业发展水平指数、发展活力指数均居全国的第 1 位，服务业发展条件指数仅次于上海位居第 2 位，发展环境指数则居全国第 3 位；上海的服务业发展水平指数、发展活力指数均仅次于北京居全国第 2 位，服务业发展条件指数居全国第 1 位，服务业发展环境指数居全国第 9 位。

不少服务业竞争力十强城市的服务业发展环境指数较低，如重庆的服务业发展环境指数仅以53.5分居全国第72位，天津、武汉、苏州的服务业发展环境也相对较为落后，仅居全国的第27、18和15位（见表2-5）。

表2-5 2015年中国城市服务业竞争力十强

城市	服务业竞争力指数	排名	服务业发展水平指数	排名	服务业发展活力指数	排名	服务业发展条件指数	排名	服务业发展环境指数	排名
北京	100.0	1	100.0	1	100.0	1	96.9	2	84.1	3
上海	91.1	2	87.7	2	90.8	2	100.0	1	70.6	9
深圳	85.2	3	72.8	4	87.1	3	81.0	5	99.9	2
广州	80.8	4	79.6	3	75.4	5	80.0	6	80.6	5
重庆	74.2	5	70.2	5	78.4	4	83.8	4	53.5	72
天津	73.4	6	67.1	6	69.4	9	88.3	3	64.2	27
杭州	71.6	7	65.3	8	70.0	6	73.9	8	76.2	7
武汉	68.6	8	63.0	12	69.8	8	71.4	9	67.3	18
南京	67.8	9	64.5	10	63.5	11	70.9	11	70.6	10
苏州	66.5	10	65.9	7	53.9	46	77.3	7	67.9	15

资料来源：广东外语外贸大学中国城市服务业竞争力数据库。

从全国各区域的城市服务业竞争力来看，东部地区居于绝对领先的地位，代表全国服务业竞争力最高水平的前30强城市中，东部地区就占60%，总计达18个，87个地级以上城市中，55个城市居全国服务业竞争力平均水平以上，无城市居全国服务业竞争力最末30位。中部地区有4个城市居全国服务业竞争力前30位，5个城市居全国服务业竞争力最末30位。西部地区6个城市居全国服务业竞争力前30位，13个城市居最末的30位。东北地区服务业竞争力较弱，所有34个地级以上城市中，2个城市居全国服务业竞争力前30位，而有高达35.3%的城市即12个城市居全国服务业竞争力最末30位（见表2-6）。

表 2-6   2015 年中国城市服务业竞争力区域分布

区域	城市总数	居全国服务业竞争力前 30 位城市数	居全国服务业竞争力平均水平以上城市数	居全国服务业竞争力末 30 位城市数
东部地区	87	18	55	0
中部地区	80	4	16	5
西部地区	87	6	18	13
东北地区	34	2	4	12

（二）中国城市服务业发展水平十强

2015 年中国城市服务业发展水平指数排名前十的城市依次是：北京、上海、广州、深圳、重庆、天津、苏州、杭州、呼和浩特和南京，其中东部地区城市为 8 个，西部地区为 2 个，即重庆和呼和浩特，东部地区城市服务业的发展水平居于绝对领先的地位。北京服务业发展水平居第 1 位，其中服务业规模水平和比重水平均居第 1 位，而服务业生产率水平指数则居全国第 12 位。上海服务业发展水平指数达 87.7，居全国第 2 位，其中服务业总量水平指数居全国第 2 位，比重水平指数和生产率水平指数则分别居第 7 位和第 33 位。

各城市服务业发展水平的三个构成指数差异明显，服务业总量水平指数较高的城市，并不意味着服务业比重水平及生产率水平也较高。如苏州的服务业总量水平居全国第 9 位，而其服务业比重水平仅列全国第 210 位，同样的，重庆市服务业总量水平居全国第 3 位，而其服务业比重水平仅列全国第 69 位，而服务业生产率水平指数甚至仅为第 209 位。

表 2-7   2015 年中国城市服务业发展水平十强

城市	服务业发展水平指数	排名	服务业总量水平指数	排名	服务业比重水平指数	排名	服务业生产率水平指数	排名
北京	100.0	1	100.0	1	100.0	1	73.8	12
上海	87.7	2	91.3	2	81.2	7	63.9	33
广州	79.6	3	72.7	4	80.4	8	81.6	7
深圳	72.8	4	68.9	5	58.5	51	83.4	5

续表

城市	服务业 发展水 平指数	排名	服务业 总量水 平指数	排名	服务业 比重水 平指数	排名	服务业 生产率 水平指数	排名
重庆	70.2	5	81.0	3	56.8	69	42.6	209
天津	67.1	6	65.0	6	58.1	53	71.3	18
苏州	65.9	7	60.1	9	42.7	210	92.3	2
杭州	65.3	8	61.1	8	63.0	34	70.2	21
呼和浩特	65.0	9	51.2	44	84.7	5	76.6	10
南京	64.5	10	59.7	10	65.5	28	68.6	25

资料来源：广东外语外贸大学中国城市服务业竞争力数据库。

　　东部地区的服务业发展水平居于绝对领先的地位，代表全国服务业发展最高水平的前30强城市中，东部地区达16个，占一半以上，60个城市居全国服务业平均发展水平以上，居全国服务业发展水平最末30位的城市仅有1个。中部地区有4个城市居全国服务业发展水平前30位，8个城市居全国服务业发展水平最末30位。西部地区服务业发展水平较弱，7个城市居全国服务业发展水平前30位，16个城市居最末的30位，占最末城市的一半以上。东北地区服务业发展水平较弱，所有34个地级以上城市中，3个城市居全国服务业发展水平前30位，5个城市居全国服务业发展水平最末30位（见表2-8）。

表2-8　2015年中国城市服务业发展水平区域分布

区域	城市 总数	居全国服务业发展水平 前30位城市数	居全国服务业发展水平 平均水平以上城市数	居全国服务业发展 水平末30位城市数
东部地区	87	16	60	1
中部地区	80	4	15	8
西部地区	87	7	21	16
东北地区	34	3	9	5

（三）中国城市服务业发展活力十强

　　2015年中国城市服务业发展活力指数排名前十的城市依次是：北京、上海、深圳、重庆、广州、杭州、长沙、武汉、天津和合肥，其中东部地区城市为6个，中部地区3个，西部地区为1个，这表明，东部地区城市服务业发展活力处于领先地位，中部地区的服务业发展活力也相对不错，长沙、武汉和合肥的发展活力突出（见表2-9）。

服务业发展活力指数前十强城市的规模活力均较高，除合肥外均位居规模活力的全国十强，合肥的金融活力位居全国第一。服务业规模活力与其城市的经济发展规模密切相关，规模活力较为活跃的城市，服务业已发展到一定阶段，这也导致其服务业比重活力及生产率活力相对较低。

表2-9　2015年中国城市服务业发展活力十强

城市	服务业发展活力指数	排名	服务业规模活力指数	排名	服务业比重活力指数	排名	服务业生产率活力指数	排名
北京	100.0	1	100.0	1	48.1	158	36.8	249
上海	90.8	2	80.2	2	48.5	153	52.3	112
深圳	87.1	3	78.7	4	52.6	115	39.7	226
重庆	78.4	4	79.6	3	54.4	99	38.0	240
广州	75.4	5	73.5	5	46.2	179	59.4	64
杭州	70.0	6	69.1	7	59.4	63	57.3	80
长沙	69.9	7	61.2	10	60.5	51	83.3	6
武汉	69.8	8	63.2	8	53.7	105	51.0	124
天津	69.4	9	70.1	6	50.9	128	38.5	237
合肥	68.8	10	57.0	18	64.4	34	63.0	45

城市	服务业投资活力指数	排名	服务业金融活力指数	排名	服务业消费活力指数	排名
北京	75.9	4	75.7	8	89.3	3
上海	53.7	133	85.0	5	89.7	2
深圳	67.9	10	42.1	236	100.0	1
重庆	100.0	1	84.0	6	53.5	24
广州	59.8	37	90.0	3	59.7	6
杭州	65.0	13	71.2	13	57.5	9
长沙	72.3	6	80.1	7	57.4	10
武汉	68.7	9	91.2	2	54.9	19
天津	91.2	2	71.2	12	52.6	31
合肥	60.5	31	100.0	1	53.9	22

资料来源：广东外语外贸大学中国城市服务业竞争力数据库。

东部地区的服务业发展活力仍处于领先地位，但领先地位并不显著，随着经济的发展，中部地区服务业的发展势头不断提升，服务业发展活力较高。东部地区87个地级以上城市中，42个城市居全国平均水平以上，其中14个在前30强，中部地区80个地级以上城市中有45个城市位居全国平均活力水平以上，9个城市为前30强，而居全国服务业发展活力末30位的城市为8个。西部地区和东北地区的服务业发展活力较差，尤其是东北地区，所有34个地级以上城市中，居全国发展活力平均水平以上的城市仅2个，而居全国服务业发展活力末30位的城市达15个。

表 2－10　2015 年中国城市服务业发展活力区域分布

区域	城市总数	居全国服务业发展活力前30位城市数	居全国服务业发展活力平均水平以上城市数	居全国服务业发展活力末30位城市数
东部地区	87	14	42	2
中部地区	80	9	45	8
西部地区	87	7	29	5
东北地区	34	0	2	15

（四）中国城市服务业发展条件十强

2015 年中国城市服务业发展条件指数排名前十的城市依次是：上海、北京、天津、重庆、深圳、广州、苏州、杭州、武汉和成都，其中东部地区城市为7个，中部地区1个，西部地区为2个，这表明，东部地区城市服务业发展条件处于领先地位，中西部地区的服务业发展条件相对较弱。

服务业发展条件中，产业条件与投资条件的影响最大。服务业发展条件前十强的城市基本在产业条件和投资条件上均居于前十强。

表 2－11　2015 年中国城市服务业发展条件十强

城市	服务业发展条件指数	排名	服务业产业条件指数	排名	服务业投资条件指数	排名	服务业人口条件指数	排名
上海	100.0	1	100.0	1	89.7	3	90.1	3
北京	96.9	2	92.1	2	84.6	4	100	1
天津	88.3	3	76.2	6	99.2	2	71.7	16

续表

城市	服务业发展 条件指数	排名	服务业产业 条件指数	排名	服务业投资 条件指数	排名	服务业人口 条件指数	排名
重庆	83.8	4	76.2	7	100.0	1	53.2	72
深圳	81.0	5	80.5	3	62.6	13	94.7	2
广州	80.0	6	78.4	5	66.7	10	88.3	4
苏州	77.3	7	78.9	4	67.0	8	76.5	9
杭州	73.9	8	68.4	8	66.8	9	82.3	6
武汉	71.4	9	64.8	13	71.8	6	70.9	17
成都	71.0	10	66.2	9	72.6	5	65.7	29

资料来源：广东外语外贸大学中国城市服务业竞争力数据库。

东部地区的服务业发展条件处于绝对领先的地位，87 个地级以上城市中，55 个城市居全国平均水平以上，其中 19 个在前 30 强，占六成以上，仅有 1 个城市居全国最末的 30 位城市之列。相对而言，中西部及东北地区的服务业发展条件较差。西部地区的 87 个地级以上城市中，居全国发展条件平均水平以上的城市仅 14 个，而居全国服务业发展条件末 30 位的城市达 19 个。

表 2 - 12　2015 年中国城市服务业发展条件区域分布

区域	城市总数	居全国服务业发展 条件前 30 位城市数	居全国服务业发展条件 平均水平以上城市数	居全国服务业发展 条件末 30 位城市数
东部地区	87	19	55	1
中部地区	80	4	14	1
西部地区	87	4	14	19
东北地区	34	3	6	9

资料来源：广东外语外贸大学中国城市服务业竞争力数据库。

（五）中国城市服务业发展环境十强

2015 年中国城市服务业发展环境指数排名前十的城市依次是：珠海、深圳、北京、厦门、广州、东莞、杭州、克拉玛依、上海和南京。服务业发展环境十强城市中，东部地区城市达 9 个，占绝对优势地位，其余地区仅西部的克拉玛依进入十强。十强城市中，经济特区珠海和深圳分列前两强，此外，同为经济特区的厦门服务业发展环境列第 4 位，这表明经济特区在服务业发展环境中具有一定的优势地位。

珠海市居全国服务业发展环境第 1 位，其教育环境、通信环境均居第 1 位，交通环境居第 2 位。深圳市以 99.9 分的微弱劣势居全国服务业发展环境的次席，其服务业交通环境及社会保障指数均居第 1 位，通信环境和公共服务环境均居第 2 位。由于人均资源相对丰富，克拉玛依的服务业发展环境指数居全国第 8 位，其公共服务环境指数居全国第 1 位。

表 2 - 13　2015 年中国城市服务业发展环境十强

城市	服务业发展环境指数	排名	服务业教育环境指数	排名	服务业交通环境指数	排名	服务业通信环境指数	排名
珠海	100.0	1	100.0	1	91.3	2	100.0	1
深圳	99.9	2	82.1	3	100.0	1	88.2	2
北京	84.1	3	80.4	5	71.6	8	68.7	7
厦门	81.1	4	73.0	11	83.3	3	69.3	6
广州	80.6	5	83.0	2	77.8	4	74.1	3
东莞	76.4	6	73.5	10	62.7	19	68.0	10
杭州	76.2	7	71.8	13	68.2	11	70.2	5
克拉玛依	70.8	8	62.1	35	67.9	13	57.0	42
上海	70.6	9	72.0	12	62.4	21	60.4	23
南京	70.6	10	71.7	14	71.0	9	61.8	17
城市	服务业公共服务环境指数	排名	服务业生活环境指数	排名	服务业社保环境指数	排名		
珠海	69.5	14	89.2	4	80.8	3		
深圳	88.7	2	58.8	54	100.0	1		
北京	74.2	6	100.0	1	80.2	4		
厦门	62.4	32	89.7	3	74.8	5		
广州	66.2	19	63.6	29	73.5	8		
东莞	71.5	12	60.5	41	83.7	2		
杭州	74.0	7	61.7	32	74.1	7		
克拉玛依	100.0	1	57.6	60	59.9	28		
上海	72.8	9	59.8	48	70.4	9		
南京	64.0	26	64.5	25	64.8	15		

资料来源：广东外语外贸大学中国城市服务业竞争力数据库。

东部地区的服务业发展环境处于绝对领先的地位，87个地级以上城市中，48个城市居全国平均水平以上，其中19个在前30强，占六成以上，仅有1个城市居全国最末的30位城市之列。相对而言，中西部及东北地区的服务业发展环境较差。中部地区的80个地级以上城市中，服务业发展环境居平均水平以上的城市数仅16个，居全国服务业发展环境末30位的城市达8个；西部地区的87个地级以上城市中，居全国发展环境平均水平以上的城市仅20个，而居全国服务业发展环境末30位的城市达18个；东北地区34个地级以上城市中，居全国发展环境平均水平以上的城市仅10个。

表2-14　2015年中国城市服务业发展环境区域分布

区域	城市总数	居全国服务业发展环境前30位城市数	居全国服务业发展环境平均水平以上城市数	居全国服务业发展环境末30位城市数
东部地区	87	19	48	1
中部地区	80	2	16	8
西部地区	87	9	20	18
东北地区	34	0	10	3

第 三 章
中国东部地区城市服务业竞争力报告2016

第一节 中国东部地区城市服务业竞争力总报告2016

一、东部地区社会经济和服务业发展总体情况

本报告界定的东部地区指的是北京市、天津市、河北省、上海市、江苏省、浙江省、福建省、山东省、广东省和海南省，共包括3个直辖市和7个省份。东部地区拥有较好的区位优势、发达的基础设施与完备的法规体系，更容易吸引到外资和优秀人才。无论是珠三角、长三角还是环渤海城市群，东部地区的社会发展程度都已达到较高的程度。20世纪80年代深圳特区的开放，带动了珠江三角洲地区的改革发展；20世纪90年代浦东新区的开发开放，带动了长江三角洲和长江流域的改革发展。珠三角、长三角迅速跃升为中国经济最活跃的"两极"。这些地区汇聚了众多世界知名服务业企业，良好的服务业发展环境促使金融业、运输业与房地产业等迅速崛起，同时催生了大数据、云计算、物联网、跨境电商等服务业新技术、新业态，为东部地区服务业发展创造了巨大空间。2015年东部地区的国内生产总值为372982.67亿元，比2014年增长8.06%，其中服务业增加值为189547.04亿元，比2014年增长9.91%，服务业对经济增长的贡献率达61.5%。可以看到，东部地区的国民经济结构中，服务业已超越工业成为国民经济的第一大产业部门，这表明东部地区已全面进入服务经济时代。

表 3-1　2015 年东部地区社会经济及服务业发展整体情况

项　目	数　据
土地面积	90.8 万平方公里
常住人口	52519 万人
GDP 及增长率	372982.67 亿元，7.97%
服务业增加值及占 GDP 比重	189547.04 亿元，50.82%
三次产业的比重	5.6:43.5:50.8
服务业从业人员数及占就业人数比	4135.3 万人，46.27%

资料来源：根据《中国统计年鉴 2016》数据计算所得。

通过计算可得，2015 年东部地区服务业增加值区位商为 1.08，这表明，与全国平均水平相比，东部地区服务业增加值比重大，服务业专业水平最高。东部地区的传统服务业包括批发零售业、金融业、房地产业和其他服务业的区位商值均大于 1，分别为 1.16、1.14、1.18 和 1.05，说明这四个服务业细分产业的比重高于全国平均水平，其发展具有相对优势；而交通运输、仓储和邮政业，住宿和餐饮业的区位商值仅为 0.97 和 0.85，均小于 1，因此处于相对劣势的地位。

进一步分析 2015 年东部地区各产业的劳动生产率情况可以看到，2015 年，东部地区服务业劳动生产率为 45.84 万元/人，高于全国平均的 37.96 万元/人，其中住宿和餐饮业的劳动生产率为 42.65 万元/人，低于全国的 57.12 万元/人，因此，东部地区住宿和餐饮业的细分部门劳动生产率较低。而东部地区的批发和零售业，交通运输、仓储和邮政业，金融业，房地产业以及其他服务业的劳动生产率分别达 84.20 万元/人、41.87 万元/人、97.04 万元/人、85.31 万元/人以及 28.77 万元/人，高于全国平均 78.48 万元/人、39.04 万元/人、84.49 万元/人、79.53 万元/人以及 22.70 万元/人的水平，这表明东部地区这五大服务业细分产业劳动生产率较高，具有发展的比较优势，尤其是金融业的细分部门劳动生产率，比全国平均水平高 12.55 万元/人。

二、东部地区城市服务业竞争力排名

经计算可得 2015 年东部地区各城市服务业竞争力及一级指标排名如

表3－2所示。

表3－2 2015年东部地区各城市服务业竞争力排行榜

排行	城市	竞争力	城市	发展水平	城市	发展活力	城市	发展条件	城市	发展环境
1	北京	100.0	北京	100.0	北京	100.0	上海	100.0	珠海	100.0
2	上海	91.1	上海	87.7	上海	90.8	北京	96.9	深圳	99.9
3	深圳	85.2	广州	79.6	深圳	87.1	天津	88.3	北京	84.1
4	广州	80.8	深圳	72.8	广州	75.4	深圳	81.0	厦门	81.1
5	天津	73.4	天津	67.1	杭州	70.0	广州	80.0	广州	80.6
6	杭州	71.6	苏州	65.9	天津	69.4	苏州	77.3	东莞	76.4
7	南京	67.8	杭州	65.3	南京	63.5	杭州	73.9	杭州	76.2
8	苏州	66.5	南京	64.5	廊坊	62.4	南京	70.9	上海	70.6
9	青岛	63.4	无锡	62.5	福州	59.6	青岛	69.5	南京	70.6
10	无锡	61.1	青岛	61.7	青岛	58.1	宁波	67.9	佛山	69.2
11	珠海	60.9	济南	60.5	温州	56.8	无锡	67.2	苏州	67.9
12	宁波	60.8	常州	59.5	宁波	55.7	南通	61.9	海口	67.5
13	济南	60.5	海口	59.0	三亚	55.7	佛山	61.4	三亚	67.2
14	厦门	59.5	三亚	57.3	南通	55.3	福州	61.2	舟山	65.6
15	佛山	59.5	镇江	57.1	泉州	55.2	常州	61.2	济南	65.5
16	东莞	59.1	宁波	57.0	佛山	54.9	烟台	61.1	中山	65.1
17	常州	58.8	金华	56.0	淮安	54.8	济南	61.0	无锡	64.8
18	福州	58.7	佛山	55.6	盐城	54.8	东莞	59.3	天津	64.2
19	南通	57.2	温州	55.6	济南	54.4	东营	59.1	宁波	63.9
20	三亚	57.2	石家庄	55.6	烟台	54.3	石家庄	58.5	青岛	62.2
21	温州	56.4	廊坊	55.4	苏州	53.9	泉州	58.2	常州	60.6
22	海口	56.4	福州	55.1	厦门	53.5	潍坊	57.9	威海	60.3
23	烟台	56.1	丽水	55.0	泰州	53.1	嘉兴	57.7	湖州	60.2
24	镇江	55.6	沧州	54.9	石家庄	52.7	珠海	57.5	绍兴	59.7
25	廊坊	55.5	南通	54.6	徐州	52.7	温州	57.3	惠州	59.5
26	石家庄	55.0	东莞	54.5	常州	52.6	唐山	57.2	福州	58.2
27	潍坊	54.8	烟台	54.4	漳州	52.4	绍兴	57.1	嘉兴	57.7
28	威海	54.7	厦门	54.3	东莞	52.1	徐州	57.0	南通	56.7

续表

排行	城市	竞争力	城市	发展水平	城市	发展活力	城市	发展条件	城市	发展环境
29	泉州	54.0	潍坊	54.2	连云港	51.9	镇江	56.9	潍坊	56.7
30	金华	53.9	徐州	54.0	镇江	51.6	淄博	56.5	东营	56.4
31	绍兴	53.9	泰州	53.4	衢州	51.4	厦门	56.2	金华	55.7
32	嘉兴	53.9	威海	53.3	扬州	51.2	威海	56.0	镇江	55.0
33	徐州	53.8	台州	53.2	龙岩	51.1	扬州	55.6	衢州	54.9
34	中山	53.6	嘉兴	53.2	威海	51.0	金华	54.8	扬州	54.4
35	舟山	53.5	绍兴	52.9	潍坊	50.8	临沂	54.6	丽水	54.3
36	扬州	53.5	扬州	52.8	莆田	50.7	泰州	54.4	江门	54.3
37	泰州	53.4	舟山	52.8	海口	50.6	盐城	53.9	台州	54.3
38	东营	53.2	珠海	52.5	台州	50.4	台州	53.5	温州	54.0
39	盐城	53.0	盐城	52.0	揭阳	50.4	济宁	53.0	烟台	53.9
40	台州	52.9	唐山	52.0	汕头	50.4	中山	52.9	淄博	53.8
41	湖州	52.5	泰安	51.8	临沂	50.2	舟山	52.7	莱芜	51.9
42	淄博	52.3	临沂	51.6	沧州	50.1	湖州	52.4	泉州	51.9
43	淮安	52.0	淄博	51.6	济宁	49.9	惠州	52.2	秦皇岛	51.7
44	沧州	51.9	东营	51.6	菏泽	49.7	沧州	51.9	泰州	51.4
45	衢州	51.7	三明	51.5	湖州	49.6	德州	51.6	莆田	50.8
46	唐山	51.5	衢州	51.5	邢台	49.4	泰安	51.4	石家庄	50.6
47	丽水	51.3	中山	51.4	南平	49.4	淮安	51.4	淮安	50.6
48	临沂	51.1	秦皇岛	51.3	湛江	49.3	廊坊	51.3	三明	50.1
49	惠州	51.1	茂名	51.0	无锡	49.2	邯郸	51.1	南平	49.8
50	漳州	50.7	湛江	50.9	德州	49.2	漳州	51.0	唐山	49.5
51	济宁	50.4	漳州	50.8	阳江	49.2	保定	50.9	徐州	49.5
52	泰安	50.2	湖州	50.8	宿迁	49.1	滨州	50.7	盐城	49.5
53	龙岩	50.2	泉州	50.6	中山	49.0	聊城	50.5	日照	49.4
54	江门	50.0	济宁	50.5	惠州	49.0	连云港	50.2	宿迁	49.4
55	连云港	50.0	淮安	50.5	金华	48.6	江门	50.1	龙岩	49.4
56	三明	49.9	清远	50.4	云浮	48.6	三明	49.9	滨州	49.1
57	德州	49.4	龙岩	50.2	江门	48.6	龙岩	49.6	韶关	49.0
58	邯郸	49.3	日照	50.1	嘉兴	48.5	衢州	49.5	汕头	48.9

续表

排行	城市	竞争力	城市	发展水平	城市	发展活力	城市	发展条件	城市	发展环境
59	南平	49.3	邯郸	50.1	衡水	48.5	丽水	49.3	连云港	48.1
60	滨州	49.0	德州	50.0	泰安	48.4	菏泽	49.2	泰安	48.0
61	秦皇岛	48.9	张家口	49.9	邯郸	48.4	海口	49.2	枣庄	47.9
62	聊城	48.6	聊城	49.9	清远	48.3	三亚	49.1	肇庆	47.8
63	宿迁	48.6	滨州	49.8	绍兴	48.3	日照	48.6	济宁	47.5
64	湛江	48.6	衡水	49.7	珠海	48.2	汕头	48.6	廊坊	47.5
65	汕头	48.4	南平	49.6	淄博	48.2	宿迁	48.6	沧州	47.4
66	莆田	48.3	韶关	49.6	三明	47.9	肇庆	48.5	河源	47.3
67	菏泽	48.1	连云港	49.1	聊城	47.8	莆田	48.4	邯郸	47.2
68	日照	48.1	菏泽	49.1	潮州	47.8	南平	48.3	漳州	46.9
69	清远	48.1	江门	49.0	东营	47.7	枣庄	48.1	保定	46.5
70	邢台	47.8	梅州	48.7	梅州	47.6	湛江	48.0	临沂	46.4
71	韶关	47.5	宁德	48.6	唐山	47.0	宁德	47.8	张家口	46.4
72	阳江	47.5	阳江	48.5	舟山	47.0	茂名	47.7	清远	46.4
73	衡水	47.4	邢台	48.5	宁德	46.9	邢台	47.7	宁德	46.3
74	宁德	47.4	宿迁	48.1	滨州	46.7	秦皇岛	47.6	云浮	46.2
75	茂名	47.4	汕尾	48.0	承德	46.7	揭阳	47.5	承德	45.8
76	张家口	47.3	承德	47.9	河源	46.5	承德	47.0	德州	45.6
77	枣庄	47.1	惠州	47.9	肇庆	46.0	张家口	46.6	梅州	45.6
78	肇庆	46.9	河源	47.8	丽水	45.9	韶关	46.4	聊城	45.3
79	梅州	46.8	枣庄	47.7	茂名	45.8	莱芜	46.3	阳江	45.1
80	承德	46.8	保定	47.0	枣庄	45.7	衡水	46.3	邢台	44.7
81	河源	46.5	潮州	46.9	汕尾	45.7	阳江	46.3	湛江	43.8
82	云浮	46.5	汕头	46.9	张家口	45.6	清远	45.8	汕尾	43.8
83	保定	46.4	肇庆	46.7	韶关	45.4	河源	44.9	衡水	43.3
84	揭阳	45.7	云浮	46.6	秦皇岛	45.3	云浮	44.9	潮州	42.9
85	潮州	45.6	莆田	45.5	日照	44.6	梅州	44.8	茂名	42.9
86	莱芜	45.6	莱芜	45.4	保定	42.9	潮州	44.1	菏泽	42.7
87	汕尾	45.5	揭阳	44.4	莱芜	42.6	汕尾	43.7	揭阳	40.2

从表 3-2 的数据可以看到，2015 年，东部地区城市服务业竞争力排名中，北京、上海、深圳、广州、天津、杭州、南京、苏州、青岛和无锡居于前十位，分别为 100.0、91.1、85.2、80.8、73.4、71.6、67.8、66.5、63.4 和 61.1 分，均大于全国平均的 50 分水平线。这表明这 10 个城市服务业竞争力在东部地区具有领先地位，在全国范围内也远高于全国平均水平，东部城市中有 8 个城市居全国前 10 位，有 18 个居全国前 30 位。肇庆、梅州、承德、河源、云浮、保定、揭阳、潮州、莱芜和汕尾则居于东部地区城市服务业竞争力排名最后十位，在全国范围的 288 个地级以上城市中排名分别为第 181、183、185、194、196、199、229、232、233 和 244 位，全国服务业竞争力排名倒数 30 位的城市中，没有一个属于东部地区。综合分析可知，东部地区城市服务业竞争力在全国处于领头羊的地位。

从服务业发展水平来看，北京、上海、广州、深圳、天津、苏州、杭州、南京、无锡和青岛分别以 100.0、87.7、79.6、72.8、67.1、65.9、65.3、64.5、62.5 和 61.7 分居于东部地区城市服务业发展水平前十位，远超过全国平均水平的 50 分线，这表明其在全国范围具有绝对的优势地位，其中全国的排名分别为第 1、2、3、4、6、7、8、10、14 和 15 位；东部城市中居全国城市服务业发展水平前 10 位的城市数量为 8 个，居全国前 30 位的城市数为 16 个。河源、枣庄、保定、潮州、汕头、肇庆、云浮、莆田、莱芜和揭阳这 10 个城市服务业发展水平在东部地区各城市中排名最低，分别为第 170、173、190、192、194、202、206、242、245 和 262 位；东部地区城市中，仅有 1 个城市居全国城市服务业发展水平最后 30 位。

从服务业发展活力来看，东部地区城市服务业发展水平前 10 位的城市分别为北京、上海、深圳、广州、杭州、天津、南京、廊坊、福州和青岛，分数分别为 100.0、90.8、87.1、75.4、70.0、69.4、63.5、62.4、59.6 和 58.1 分；这些城市在全国城市对比中也处于领先的位置，排名分别为第 1、2、3、5、6、9、11、13、17 和 21 位。在所有东部城市种，居全国城市服务业发展活力前 10 位的城市数量为 6 个，居全国前 30 位的城市数为 14 个。丽水、茂名、枣庄、汕尾、张家口、韶关、秦皇岛、日照、保定和莱芜在东部地区服务业发展活力排名最后，全国排名分别为第 224、230、232、233、235、237、238、245、262、267 位；其中，保定和莱芜的城市服务业发展活力指数分别以 42.9 和 42.6 分居全国排名后 30 位。

从服务业发展条件来看，上海、北京、天津、深圳、广州、苏州、杭州、南京、青岛和宁波的服务业发展条件较好，其服务业发展条件指标得分分别为 100.0、96.9、88.3、81.0、80.0、77.3、73.9、70.9、69.5 和 67.9 分，在全国范围内分别居第 1、2、3、5、6、7、8、11、12 和 13 名，居全国城市服务业发展条件前 30 位的城市数量为 19 个；韶关、莱芜、衡水、阳江、清远、河源、云浮、梅州、潮州和汕尾的服务业发展条件在东部地区居最末 10 位，东部地区服务业发展条件较好，没有城市居全国城市服务业发展条件倒数前 30 位。

从服务业发展环境来看，东部地区珠海、深圳、北京、厦门、广州、东莞、杭州、上海、南京和佛山的服务业发展环境指标较高，分别以 100.0、99.9、84.1、81.1、80.6、76.4、76.2、70.6、70.6 和 69.2 分居前十位；聊城、阳江、邢台、湛江、汕尾、衡水、潮州、茂名、菏泽和揭阳的服务业发展环境相对较差，居末十位，其中揭阳以 40.2 的得分居全国服务业发展环境后 30 位。

三、东部地区城市服务业竞争力趋势与展望

随着经济的发展，服务业最终将成为经济发展的主导产业。目前东部地区已进入工业化后期后半段，相对于我国其他地区服务业竞争力比较强。从本报告数据分析结果来看，在全国城市服务业竞争力排名前 10 的城市中，有 8 个城市来自东部地区。对于经济发达的东部地区来说，通过进一步促进区域经济一体化、完善对外开放区域布局与信息技术现代化无疑是提高地区服务业竞争力的关键。

（一）通过鼓励继续率先发展给东部地区服务业发展带来新机遇

东部地区应继续发挥深圳经济特区、上海浦东新区在率先发展上的领头羊作用，推进天津滨海新区、河北雄安新区等条件较好地区所在城市在服务业各领域率先创新发展，带动区域服务业整体发展。此外，东部地区在率先创新发展服务业的同时，还要考虑协调发展，要提高资源特别是土地、人力

资源、教育资源、科技资源的利用效率，加强生态环境保护，增强服务业可持续发展能力。

（二）通过完善对外开放区域布局给东部地区服务业发展带来新机遇

近年来，东部地区通过完善对外开放区域布局，形成沿海内陆沿边协作互动的全方位服务业开放新格局。通过加强"一带一路"基础设施建设，与相关国家共同规划建设面向东南亚、南亚、中亚、欧洲等地区的国际物流大通道，支持内陆沿边地区增开国际客货运航线，发展江海、铁海、陆航等多式联运，加强相关国家交通、物流标准体系对接，为东部沿海地区服务业的国际化发展提供了强有力的支撑。

（三）通过大力实施创新驱动战略给东部地区服务业的发展带来新机遇

近年来，环渤海、长三角、珠三角等东部地区适应形势发展要求，转变发展观念，确立了以创新驱动推动城市转型的新思维。通过积聚竞争优势，激发创新活力，将创新驱动与城市服务业发展紧密结合起来，形成了人才聚集、产业转型与城市经济互动促进、科学发展的良性循环格局。同时催生了一大批如云计算、"互联网＋"、电子商务与大数据等服务业新业态，为东部地区服务业发展创造了巨大空间。随着创新驱动发展战略的推进与创新能力的持续增强，创新成为东部地区服务业发展的新优势、新引擎。

第二节　北京市服务业竞争力报告 2016

一、北京市社会经济与服务业发展总体情况

北京是国家中心城市、全国政治中心、文化中心、国际交往中心、科技创新中心。近年来，为深化服务业扩大开放综合试点，北京市出台了一系列规划政策措施，优化了服务业发展环境，取得了许多显著成绩。2015 年，北京市国内生产总值为 23014.59 元，比 2014 年增长 6.9%，其中服务业增加值

为 18331.74 亿元，比 2014 年增长 8.1%，服务业增加值占地区生产总值比重为 79.7%，服务业对经济增长的贡献率达 91.5%，服务业在北京市国民经济发展中居于首要地位。

表 3-3 2015 年北京市社会经济及服务业发展整体情况

项 目	数 据
土地面积	1.68 万平方公里
常住人口	2170.5 万人
GDP 及增长率	23014.59 亿元，6.9%
服务业增加值及占 GDP 比重	18331.74 亿元，79.7%
三次产业的比重	0.6:19.7:79.7
服务业从业人员数及占就业人数比	622.4 万人，80.1%

资料来源：根据《中国统计年鉴 2016》数据计算所得。

通过计算可得，2015 年北京市服务业增加值区位商为 1.69，这表明北京市服务业增加值比重远高于全国平均水平，服务业专业水平属于国内第一梯队。北京市的批发和零售业、金融业、房地产业、其他服务业的区位商均大于 1，分别为 1.07、2.41、1.36 和 2.12，说明这四个服务业细分产业的比重高于全国平均水平，其发展具有相对优势，其中金融业和其他服务业的发展水平较高，在全国处于绝对领先地位。而传统服务业包括交通运输、仓储和邮政业，住宿和餐饮业的区位商值仅为 0.93 和 0.79，均小于 1，因此北京市服务业在这两个方面与国内其他城市比较低于平均水平，处于相对劣势地位。

进一步分析 2015 年北京市服务业从业人员数区位商可得，2015 年，北京市服务业从业人员数区位商 1.61，说明北京市服务业从业人员数量比重远远高于全国平均水平。北京市的批发和零售业，交通运输、仓储和邮政业，住宿和餐饮业，金融业，房地产业，其他服务业的区位商均大于 1，分别为 2.03、1.63、2.50、1.81、2.35 和 1.43，这说明北京市服务业的六个细分产业从业人员数比重高于全国平均水平，其发展具有相对优势，其中批发和零售业、住宿和餐饮业、房地产业从业人员数水平较高，在全国处于绝对领先地位。

二、北京市服务业竞争力分析

（一）北京市服务业竞争力排名

经计算可得北京市服务业竞争力及一级指标排名如表 3 - 4 所示。

表 3 - 4　北京市服务业竞争力排行榜

城市	竞争力	发展水平	发展活力	发展条件	发展环境
北京	100	100	100	96. 9	84. 1

从表 3 - 4 的数据可以看到，2015 年北京市服务业竞争力指数为 100，全国排名第 1。其中，北京市服务业发展水平指数为 100，在全国 288 个城市对比中位列第 1；服务业发展活力指数得分为 100，全国排名第 1；服务业发展条件指标得分为 96. 9，全国排名第 2，仅落后于上海；服务业发展环境得分为 84. 1，全国排名第 3，落后于珠海与深圳，可见北京服务业发展环境仍有优化空间。

（二）北京市服务业发展水平排名

表 3 - 5　北京市服务业发展水平排行榜

城市	发展水平	总量水平	比重水平	生产率水平
北京	100	100	100	73. 8

从服务业发展水平来看，北京服务业发展水平指数为 100，全国排名第 1，这表明北京市服务业集聚度较高，专业化水平较好，发展态势迅猛。从细分指标来看，北京市服务业总量水平得分为 100，全国排名第 1；服务业比重水平得分为 100，全国排名第 1；服务业生产率水平指数为 73. 8，全国排名第 12。

（三）北京市服务业发展活力排名

表3-6　北京市服务业发展活力排行榜

城市	发展活力	规模活力	比重活力	生产率活力	投资活力	消费活力	金融活力
北京	100	100	48.1	36.8	75.9	75.7	89.3

从服务业发展活力来看，北京市服务业发展活力指数100分排名全国第
1，在全国占有优势地位。从细分指标来看，表现最好的是服务业规模活力指
数为100，全国排名第1；表现最不理想的指标是服务业生产率活力与比重活
力，得分仅有36.8和48.1，全国排名分别为第249和158位；其他指标如投
资活力、消费活力与金融活力为75.9、75.7和89.3分，在全国排名中分别位
列第4、8和3位。

（四）北京市服务业发展条件排名

表3-7　北京市服务业发展条件排行榜

城市	发展条件	产业条件	投资条件	人口条件
北京	96.9	92.1	84.6	100

从服务业发展条件来看，北京市服务业发展条件指标得分为96.9，全国
排名第2。从细分指标来看，北京市服务业发展产业条件指标为92.1分，居
全国第2位，次于上海；服务业发展投资条件得分为84.6分，居全国第4位；
人口条件指标方面，得益于较高的人均值和建成区密度，作为全国城市规模
最大、经济发展水平最高的城市之一，北京市的服务业人口条件指数得分
100，全国排名第1。

（五）北京市服务业发展环境排名

表3-8　北京市服务业发展环境排行榜

城市	发展环境	教育环境	交通环境	通信环境	公共服务	生活环境	社会保障
北京	84.1	80.4	71.6	68.7	74.2	100	80.2

从服务业发展环境来看，北京市的服务业发展环境指数为 84.1，全国排名第 3。从细分指标来看，北京市的服务业发展教育环境指数为 80.4 分，全国排名第 5 位；北京市的交通环境指标以 71.6 分排名居全国第 8 位；北京市通信环境指标得分为 68.7，全国排名第 7；北京市的公共服务环境指数为 74.2，全国排名第 6；北京市的生活环境水平优秀，以 100 分位列全国第 1；社会保障指数方面，北京得分为 80.2，全国排名第 4，这表明北京城镇职工基本养老保险、基本医疗保险、失业保险参保情况优良。

三、北京市服务业发展的结论与政策建议

北京市拥有雄厚的科技实力、优秀的教育条件、独特的区位优势，为服务业发展创造了良好的环境。北京市发展水平和发展活力均居全国首位，同时也是全国首个服务业扩大开放的综合试点城市。近年来，北京市服务业有效投资不断扩大，吸纳就业人口不断增多，互联网与文化教育、旅游出行、家庭服务等众多服务业领域相结合的创新应用层出不穷，平台经济、共享经济等服务业新业态迅猛崛起，为北京市服务业发展注入蓬勃活力。整体而言，北京市服务业竞争力实力雄踞国内榜首，但其服务业发展条件与发展环境仍有提升的空间。

从北京市城市服务业竞争力情况来看，加快促进服务业发展应从以下方面着力：

（一）改善服务业发展条件

受到产业调整疏解"阵痛期"的影响，北京市服务业发展的投资条件与产业条件均落后于上海。北京应加大服务业疏解推力，加速服务业的升级步伐，加强重点合作园区的建设，加快京冀通航产业园规划工作，研究共建机制，统筹京冀通航产业发展。瞄准全球服务业创新制高点，以构建服务业生态为基础，以推动"在北京制造"向"由北京创造"转型为主线，全面实施"三四五八"发展战略，着力疏解非首都功能产业，构建高精尖服务业新体系，统筹优化服务业空间布局，努力走出一条"疏存量推转型、优增量强创新、促协同谋共赢"的服务业发展新路。

（二）优化服务业发展环境

北京市生活环境、社会保障环境与教育环境等服务业发展环境指标均较好，其服务业整体竞争力非常强，但通信环境与交通环境仍有一定的提升空间。北京市应完善大数据存储、信息安全维护等通信领域的基础设施，积极推动下一代互联网和服务器的研发与落地应用，实现通信基础设施共建共享。同时，通过抓好基础设施、综合运输、城乡统筹、行业管理等工作，努力构建功能完备、衔接通畅、支撑有力的交通环境，助推北京服务业又好又快发展。

第三节　天津市服务业竞争力报告2016

一、天津市社会经济与服务业发展总体情况

近年来，天津市经济社会迎来良好的发展机遇，京津冀协同发展、自由贸易试验区建设、国家自主创新示范区建设、"一带一路"和滨海新区的开发等推动天津市服务业持续较快发展。2015年，天津市的国内生产总值为16538.19亿元，比2014年增长9.32%，其中服务业增加值为8625.15亿元，比2014年增长9.61%，服务业增加值占地区生产总值比重为52.2%，服务业对经济增长的贡献率达53.7%，服务业在天津市国民经济发展中居于重要地位。

表3-9　2015年天津市社会经济及服务业发展整体情况

项　目	数　据
土地面积	1.10万平方公里
常住人口	1546.95万人
GDP及增长率	16538.19亿元，9.32%
服务业增加值及占GDP比重	8625.15亿元，52.2%
三次产业的比重	1.3∶46.6∶52.2
服务业从业人员数及占就业人数比	142.9万人，48.5%

资料来源：根据《中国统计年鉴2016》数据计算所得。

通过计算可得，2015年天津市服务业增加值区位商为1.11，大于1，说明天津市服务业增加值比重高于全国平均水平。天津市的批发和零售业、金融业、其他服务业的区位商均大于1，分别为1.31、1.37和1.08，这说明这三个服务业细分产业的比重高于全国平均水平，其发展具有相对优势。而传统服务业包括交通运输、仓储和邮政业，住宿和餐饮业，房地产业的区位商值仅为0.96、0.69和0.81，均小于1，因此天津市服务业在这三个细分产业处于相对劣势地位。其中表现最差的细分服务业为住宿和餐饮业，其增加值区位商仅为0.69。

进一步分析2015年天津市服务业从业人员数区位商可得，2015年，天津市服务业从业人员数区位商0.97，说明天津市服务业从业人员数量比重低于全国平均水平。天津市的批发和零售业，交通运输、仓储和邮政业，住宿和餐饮业，金融业，房地产业的从业人员数区位商均大于1，分别为1.24、1.08、1.15、1.23和1.08，这说明这五个服务业细分产业从业人员数的比重高于全国平均水平，其发展具有相对优势；而其他服务业的区位商值仅为0.88，小于1，因此与全国范围内比较处于劣势的地位。

二、天津市服务业竞争力分析

（一）天津市服务业竞争力排名

经计算可得天津市服务业竞争力及一级指标排名如表3－10所示。

表3－10　天津市服务业竞争力排行榜

城市	竞争力	发展水平	发展活力	发展条件	发展环境
天津	73.4	67.1	69.4	88.3	64.2

从表3－10的数据可以看到，2015年天津市服务业竞争力指数为73.4，全国排名第6。其中，天津市服务业发展水平指数为67.1，在全国288个城市对比中位列第6；服务业发展活力指数得分为69.4，全国排名第9；服务业发展条件指标得分为88.3，全国排名第3，仅次于上海和北京；服务业发展环境得分为64.2，全国排名第27，可见天津市服务业发展环境仍需进一步优化。

（二）天津市服务业发展水平排名

表3-11 天津市服务业发展水平排行榜

城市	发展水平	总量水平	比重水平	生产率水平
上海	67.1	65.0	58.1	71.3

从服务业发展水平来看，天津市服务业发展水平指数为67.1，全国排名第6。从细分指标来看，天津市表现最好的指标为服务业总量水平指数以65.0分排名全国第6；表现最差的指标为服务业比重水平，其得分为58.1，位列全国第53位；而服务业生产率水平指数表现一般，得分为71.3，全国排名第18。

（三）天津市服务业发展活力排名

表3-12 天津市服务业发展活力排行榜

城市	发展活力	规模活力	比重活力	生产率活力	投资活力	消费活力	金融活力
天津	69.4	70.1	50.9	38.5	91.2	71.2	52.6

从服务业发展活力来看，天津市在服务业发展活力上具有优势地位，服务业发展活力指数69.4分，排名全国第9。从细分指标来看，表现最好的服务业投资活力指数和规模活力指数，得分分别为91.2和70.1，全国排名分别为第2和第6位；表现最不理想的指标是服务业发展比重活力和生产率活力，得分分别仅有50.9和38.5，全国排名分别为第128和第237位；其他指标如消费活力以71.2分，在全国排名中分别位列第12位；金融活力指数为52.6，位列全国第31位。

（四）天津市服务业发展条件排名

表3-13 天津市服务业发展条件排行榜

城市	发展条件	产业条件	投资条件	人口条件
天津	88.3	76.2	99.2	71.7

从服务业发展水平条件来看，天津市服务业发展条件指数为88.3，全国排名第3，是表现最好的一级指标。从细分指标来看，天津市服务业发展投资条件得分为99.2分，居全国第2位，说明天津市服务业投资条件在全国范围内具有绝对优势，位于第一梯队，仅落后于重庆；服务业发展产业条件指标为76.2分，居全国第6位；人口条件指标方面，天津市的服务业人口条件指数得分71.7，全国排名第16位。

（五）天津市服务业发展环境排名

表3-14　天津市服务业发展环境排行榜

城市	发展环境	教育环境	交通环境	通信环境	公共服务	生活环境	社会保障
天津	64.2	71.2	57.9	61.7	54.7	64.3	59.0

从服务业发展环境来看，天津市的服务业发展环境指数为64.2，全国排名第27。从细分指标来看，天津市服务业发展教育环境指数为71.2分，全国排名第15位；天津市交通环境指标以57.9分排名居全国第39位；通信环境指标得分为61.7，全国排名第18；公共服务环境指数为54.7，全国排名第73；生活环境指标水平为64.3分，位列全国第27位；社会保障指数得分为59.0，全国排名第30。以上数据表明天津服务业发展环境指标表现不佳，仍需进一步完善服务业发展环境。

三、天津市服务业发展的结论与建议

当前，天津市正面临京津冀协同发展、"一带一路"建设、滨海新区开发开放、中国（天津）自由贸易试验区、滨海自主创新示范区等重大战略机遇，改革、创新、政策等叠加优势有利于聚集服务业发展所需的人才、资金、技术等要素，为服务业加快发展带来基础保障和强劲动力。从整体来看，天津市服务业发展水平与发展条件表现突出，但发展活力与发展环境排名较低，仍有提升空间。

从天津市城市服务业竞争力情况来看，加快促进服务业发展应从以下方面着力：

（一）激活服务业发展活力

天津市服务业发展的金融活力、比重活力与生产率活力是限制天津市服务业的发展活力得分的主要原因。天津市应充分发挥东疆保税港区融资租赁先行先试和自贸试验区政策优势，依托飞机、船舶和基础设施等租赁板块，丰富融资租赁业务，推进租赁业政策制度创新，建设国家租赁创新示范区，提升天津市服务业金融活力。同时，天津应推动以跨境电商为代表的外向型电子商务聚合升级，促使大数据技术应用为基础的大型商务、服务业创新运营平台在天津落地，提升天津市服务业创新活力与比重活力。

（二）优化服务业发展环境

天津市服务业发展环境指标中交通环境居全国第39名，公共服务环境居全国第73名，是限制天津服务业发展环境得分的主要原因。天津市应大力发展公共交通，构建立体式大交通服务体系，连接全市所有中心镇及以上城镇、重要的产业园区、交通枢纽和旅游景区，覆盖一般建制镇，形成"支撑双城双港布局、服务城镇体系构建、支持服务业格局调整、推动区域联动发展"的市域干线公路网络，助力天津市服务业腾飞。在公共服务环境方面，天津应以调整优化公共服务资源布局为着力点，通过坚持以人为本，民生优先，加快社会领域重点项目建设，优化公共服务资源和基础设施布局；同时，通过建立中小企业公共服务平台，发布政策资源，充分发挥政策引导功能，切实为广大中小服务业企业知晓理解、用足用好政府平台和通道，打通政策落实的"最后一公里"。

第四节 河北省城市服务业竞争力报告2016

一、河北省社会经济与服务业发展总体情况

河北省是我国重要的工业基地，既是全国粮食主产区，也是国家综合运

输网络的中心区域和重要的能源、原材料基地。近年来，河北省大力发展以农产品、特色工业品流通为主的现代物流业，以传统文化、自然生态资源为支撑的休闲旅游业，以电子商务、连锁配送、乡村旅游等为特色的农村服务业，推动了河北省物流业、旅游业等服务业的快速发展。2015 年，河北省的国内生产总值为 29806.11 元，比 2014 年增长 6.8%，其中服务业增加值为11979.79 亿元，比 2014 年增长 11.2%，在国民经济中占 40.2%，低于工业占比的 48.3%，服务业对经济增长的贡献率达 62.6%，远高于工业对经济增长的贡献率 33.3%。虽然河北省服务业占比低于工业占比，但服务业对河北省经济增长的贡献率最大。

表 3 – 15　2015 年河北省社会经济及服务业发展整体情况

项　目	数　据
土地面积	19 万平方公里
常住人口	7424.9 万人
GDP 及增长率	29806.11 亿元，6.8%
服务业增加值及占 GDP 比重	11979.79 亿元，40.2%
三次产业的比重	11.5:48.3:40.2
服务业从业人员数及占就业人数比	370.9 万人，57.6%

资料来源：根据《中国统计年鉴 2016》数据计算所得。

通过计算可得，2015 年河北省服务业增加值区位商仅为 0.85，这表明，与全国平均水平相比，河北省服务业增加值比重相对较低，服务业专业水平有待进一步提升。河北省的传统服务业只有交通运输、仓储和邮政业的区位商大于 1，为 1.71，这说明这个服务业细分产业的比重高于全国平均水平，其发展具有相对优势；而批发和零售业、住宿和餐饮业、金融业、房地产业和其他服务业的区位商值仅为 0.83、0.62、0.70、0.96 和 0.70，均小于 1，因此处于相对劣势的地位；房地产业的区位商值为 0.96，接近全国平均水平。

进一步分析 2015 年河北省服务业各产业的劳动生产率情况可以得到，2015 年，河北省服务业劳动生产率为 32.30 万元/人，低于全国平均的 37.96 万元/人，其中金融业和其他服务业的劳动生产率分别为 49.51 万元/人和14.49 万元/人，分别低于全国的 84.49 万元/人和 22.70 万元/人，这两个服务业的劳动生产率仅为全国平均水平的58.6%和60.1%。而河北省的批发和零售业，交通运输、仓储和邮政业，住宿和餐饮业以及房地产业的劳动生产率分别为87.74万元/人、80.85万元/人、69.64万元/人和119.66万元/人，高于全国平均的78.48万元/人、39.04万元/人、57.12万元/人和79.53万元/人，这表明河北省这四大服务业细分产业劳动生产率较高，具有发展的相对比较优势，尤其是交通运输、仓储和邮政业，住宿和餐饮业，房地产这三大传统服务业，河北省的劳动生产率远高于全国平均水平，分别为全国水平的2.07、1.55和1.50倍。

二、河北省城市服务业竞争力分析

（一）河北省各城市服务业竞争力排名

经计算可得河北省各城市服务业竞争力及一级指标排名如表3-16所示。

表3-16　河北省各城市服务业竞争力排行榜

排行	城市	竞争力	城市	发展水平	城市	发展活力	城市	发展条件	城市	发展环境
1	廊坊	55.5	石家庄	55.6	廊坊	62.4	石家庄	58.5	秦皇岛	51.7
2	石家庄	55.0	廊坊	55.4	石家庄	52.7	唐山	57.2	石家庄	50.6
3	沧州	51.9	沧州	54.9	沧州	50.1	沧州	51.9	唐山	49.5
4	唐山	51.5	唐山	52.0	邢台	49.4	廊坊	51.3	廊坊	47.5
5	邯郸	49.3	秦皇岛	51.3	衡水	48.5	邯郸	51.1	沧州	47.4
6	秦皇岛	48.9	邯郸	50.1	邯郸	48.4	保定	50.9	邯郸	47.2
7	邢台	47.8	张家口	49.9	唐山	47.0	邢台	47.7	保定	46.5
8	衡水	47.4	衡水	49.7	承德	46.7	秦皇岛	47.6	张家口	46.4
9	张家口	47.3	邢台	48.5	张家口	45.6	承德	47.0	承德	45.8
10	承德	46.8	承德	47.9	秦皇岛	45.3	张家口	46.6	邢台	44.7
11	保定	46.4	保定	47.0	保定	42.9	衡水	46.3	衡水	43.3

从表3-16的数据可以看到，2015年河北省城市服务业竞争力排名中，廊坊、石家庄、沧州、唐山和邯郸居于前五位，其中廊坊和石家庄的得分相近，分别为55.5和55.0分，均大于全国平均的50分水平线，这表明这两个城市服务业竞争力在河北省具有领先地位，在全国范围内也高于全国的平均

水平；廊坊和石家庄服务业竞争力在全国排名分别为第 43 和 45 位，不能跻身全国前列；邢台、衡水、张家口、承德和保定则分别以 47.8、47.4、47.3、46.8 和 46.4 分居于河北省城市服务业竞争力排名最后五位。

从服务业发展水平来看，石家庄、廊坊、沧州、唐山和秦皇岛分别以 55.6、55.4、54.9、52.0 和 51.3 分居河北省城市服务业发展水平的前五位；河北省有 6 个城市超过了全国平均水平的 50 分线，但河北省没有城市居于全国服务业发展水平前 30 位，这表明其服务业发展水平在全国范围属中上水平；张家口、衡水、邢台、承德和保定城市服务业发展水平在河北省各城市中最低，居最末五位。

从服务业发展活力来看，2015 年居河北省前五位的城市为廊坊、石家庄、沧州、邢台和衡水，分别获得 62.4、52.7、50.1、49.4 和 48.5 分。其中廊坊、石家庄和沧州超过了全国平均水平的 50 分线，这表明其在全国范围看也具有一定程度的优势地位；而廊坊城市服务业发展活力指数居全国第 13 位，居于全国服务业发展水平前列；唐山、承德、张家口、秦皇岛和保定城市服务业发展活力在河北省各城市中最低，居最末五位，其中保定以 42.9 分居于全国第 262 位，在全国 288 个地级及以上城市中居于最后 30 位。

从服务业发展条件来看，石家庄和唐山服务业发展条件较好，服务业发展条件指标得分分别为 58.5 和 57.2 分，在全国范围内分别居第 32、39 位；张家口和衡水的服务业发展条件得分分别为 46.6 和 46.3 分，居最末两位，在全国范围内分别居第 166 位和 179 位。可见，河北省服务业发展条件整体上较为均衡，没有明显的短板城市。

从服务业发展环境来看，河北省的秦皇岛、石家庄、唐山、廊坊和沧州的服务业发展环境指标居前五位，得分为 51.7、50.6、49.5、47.5 和 47.4，其中得分大于全国平均分的城市只有秦皇岛和石家庄；河北服务业发展环境居末五位的城市为保定、张家口、承德、邢台和衡水。

（二）河北省各城市服务业发展水平排名

石家庄、唐山、保定、邯郸和沧州服务业发展总量水平指数分别以 53.3、52.0、50.7、50.6 和 50.4 分居前五位，高于全国 50 分的平均水平；其中石家庄在全国范围内排名第 24 位，其余城市的总量水平均在平均水平以下，且均为48—50分左右，这表明河北省各城市服务业发展水平相对接近，发展相对均衡。

由于城镇单位就业人员数中服务业就业人员比重较高，河北秦皇岛的服务业比重水平最高达65.6分，在全国排名第25位；石家庄和张家口的服务业比重水平也达61.9分，共同居第2位；排名最末的两个城市为保定和唐山，得分分别为44.7和44.4分；除这两个城市以外，其余城市的比重水平均在平均水平之上。

河北省城市服务业生产率水平指数中，廊坊最高，达到65.7分，居全国第20名；沧州、唐山和石家庄这三个城市的分数分别为62.6、57.5和53.1分，均超过全国平均的50分水平；以上这些城市都是河北省工业较为发达的城市，表明工业发达城市的服务业生产率水平也相对较高；秦皇岛、邢台、张家口、保定和承德的服务业生产率水平位居河北省最末五位。

（三）河北省各城市服务业发展活力排名

廊坊和石家庄在服务业发展规模活力上具有优势地位，分别以54.4和51.6分居前两位，均大于50分的全国平均水平。其中廊坊在全国范围排名第31位，其余城市服务业发展规模活力均低于全国平均水平，保定更是居于全国倒数前30位。

河北省各城市服务业发展比重活力呈现出两极分化的情况，居河北省前两名的是廊坊和邢台，发展比重活力指数为90.8和65.9分，全国排名分别为第3和28位；沧州、衡水和保定高于全国平均水平，其余城市均远低于全国平均水平；在全国288个城市中，唐山居全国服务发展比重活力的倒数30位。

廊坊市服务业发展生产率活力指数达83.7分，居河北省第1位和全国第5位；保定、邢台、沧州和邯郸依次为第2位至第5位；河北省有6个城市服务业生产率高于全国平均水平；秦皇岛、石家庄、唐山、张家口和承德的服务业发展生产率活力得分较低，位列河北省的倒数前5位，其中承德是全国服务业发展生产率活力的最末30位城市。

服务业投资活力指数方面，排名前两位的城市是廊坊和石家庄，分别以85.5和67.6分的投资活力指数居于全国第3和11位；河北省有7个城市高于全国城市服务业发展投资活力的平均水平；排名最末的两个城市分别为承德和保定。

石家庄和唐山的城市服务业发展的消费活力指数分别为58.1和51.9分，居前两位；其余城市均低于全国平均水平，其中保定以28.7的分数，在全国范围内居于服务业发展消费活力的最末30位。

河北省服务业发展金融活力指数最高的廊坊以55.1分居全国第18位；此外第二名的城市为衡水，得分为50.7；除此之外，其余城市的金融活力指数均低于全国平均水平，秦皇岛以46.2的金融活力指数居全国的最末30位。

（四）河北省各城市服务业发展条件排名

作为河北省城市规模最大、经济发展水平最高的两个城市，石家庄和唐山的服务业发展条件指数远优于其他城市。石家庄、唐山、沧州、保定和邯郸的服务业发展产业条件指数居河北省前五位，其中石家庄以57.3的分数居全国第28位；邢台、衡水、承德、秦皇岛和张家口的服务业发展产业条件指数分别以48.9、48.2、47.4、47.3和47.3分居最后五位。

石家庄和唐山的服务业投资条件较好，在河北省的11个地级市中居前两位，分别位于全国的第18位和第28位；邢台、张家口、承德、衡水和秦皇岛位列最后五位，河北省低于全国服务业发展投资条件平均水平的城市有4个。

就人口条件看，唐山、廊坊、石家庄、秦皇岛和沧州分别以56.2、54.0、51.9、50.4和47.8位列前五位，其中高于全国范围平均水平的城市有4个；保定、张家口、邯郸、衡水和邢台发展人口条件较差，位居河北省各城市最后五位。

（五）河北省各城市服务业发展环境排名

秦皇岛和石家庄的服务业发展环境指数中河北省较为领先。石家庄、廊坊和秦皇岛的服务业发展教育环境指数分别为53.2、50.7和50.4分，居全省前三位，高于全国平均水平，人均科技经费支出、人均教育经费支出、每万人在校大学生数等指标在河北省均居于领先地位；张家口、保定、邯郸、衡水和邢台位列最末五位。

邯郸、沧州、石家庄、张家口和邢台的交通环境中河北省居于前列，分别以53.0、52.6、52.2、52.1和51.2分排名前五位；排名末5位的城市分别为唐山、保定、承德、衡水和廊坊；河北省共有6个城市的服务业发展交通环境指数低于全国平均水平。

廊坊、唐山、石家庄和秦皇岛通信环境相对较好，分别以51.1、50.2、50.1和50.0分位居前四位，高于或等于全国范围内的平均水平，这表明这四个城市的人均邮政业务总量、人均电信业务总量、固定电话年末用户数等指标在全省领先；沧州、承德、张家口、邢台和邯郸的人均交通指标较低，位列最后五位。

秦皇岛和保定的公共服务环境指数最高，分别为57.7和50.4分，居河北省前两位；河北的11个城市中，有9个城市的公共服务环境指数低于全国平均水平的50分；廊坊、邯郸、邢台、衡水和张家口位居最后五位。

邯郸、石家庄和秦皇岛的生活环境较好，分别以53.9、51.1和50.4分位列前三位，且其指数均大于50分；邢台、廊坊、衡水、保定和承德位列最末位。

河北省各城市的社会保障指数相对较低，唐山和秦皇岛的指数分别为51.8和51.4分位列前两位；河北的11个城市中，有9个城市的社会保障指数低于全国平均水平的50分，这表明这些城市的城镇职工基本养老保险、基本医疗保险、失业保险参保情况较差；邯郸、保定、沧州、衡水和邢台位列最后五位。

三、河北省服务业发展的结论与建议

近年来，河北省现代服务业与农业、制造业融合度显著增强，全省现代商贸物流重要基地建设取得显著成效，金融、科技、信息、商务服务等高端生产性服务业和旅游、文化、健康养老等生活性服务业持续快速发展，成为河北省服务业增长的主要力量。从整体来看，河北省服务业竞争力不强，超过一半城市低于全国平均水平。其服务业发展水平、发展活力与发展环境较差，仅发展条件表现相对较好。

从河北省城市服务业竞争力情况来看，服务业发展的战略政策可从以下

方面着力：

（一）提升服务业发展水平

河北省应充分发挥石家庄市省会优势，加快发展现代服务业，着力构建以服务经济为主导的城市经济体系，把石家庄市打造成京津冀现代服务业发展"第三极"。依托保定、廊坊、承德、张家口市及众多特色城镇，重点发展商贸物流、科技服务、金融服务、文化旅游、健康养老等现代服务业和高端服务业，打造商贸物流基地、金融服务基地、大数据产业基地、科技成果交易转化基地、环首都休闲度假基地、健康养老基地等，形成全省服务业发展新增长极。

（二）激发服务业发展活力

河北省因服务业条件长期落后，与之对应的投资活力表现相对疲软。在京津冀协同发展的大背景下，河北省要牢牢抓住这一机遇，争取有利的分工地位，与北京和天津有效对接，错位发展，争取更多的服务业投资机遇。同时推进区域合作和对外开放，激发河北省的投资活力。在吸引外来资本上以新理念、新机制、新业态为原则，提升河北省生产性与生活性服务业的发展层次，吸引京津服务业品牌企业来河北投资。

（三）优化服务业发展环境

河北省服务业发展的通信环境与交通环境是限制其发展环境排名得分的主要原因。全省有承德、张家口、邢台与邯郸这四个城市未能进入全国通信环境两百强；衡水与廊坊未能进入全国交通环境两百强。河北省应大力发展云计算、大数据及物联网产业，加快石家庄卫星导航、承德智能仪表、唐山智能工控、保定智能电网等产业基地和张家口、廊坊、承德、秦皇岛、石家庄数据产业基地建设。在交通环境方面，河北省应制定全省现代化综合交通体系规划，推进北京新机场、张呼铁路、津石高速公路等项目建设，开工建设石衡高速公路，力争太行山高速公路建成通车，为全省服务业提供完善的交通基础设施保障。

第五节　上海市服务业竞争力报告2016

一、上海市社会经济与服务业发展总体情况

上海市是国家中心城市、沪杭甬大湾区核心城市，是国际经济、金融、贸易、航运、科技创新中心。2015 年，上海市的国内生产总值为 25123.45 亿元，比 2014 年增长 7.31%，其中服务业增加值为 17022.63 亿元，比 2014 年增长 10.61%，服务业增加值占地区生产总值比重为 67.8%，服务业对经济增长的贡献率达 95.4%，服务业在上海市国民经济发展中居于首要地位。

表 3 - 17　2015 年上海市社会经济及服务业发展整体情况

项　目	数　据
土地面积	0.58 万平方公里
常住人口	2415.3 万人
GDP 及增长率	25123.45 亿元，7.31%
服务业增加值及占 GDP 比重	17022.63 亿元，67.8%
三次产业的比重	0.4:31.8:67.8
服务业从业人员数及占就业人数比	402.3 万人，63.1%

资料来源：根据《中国统计年鉴 2016》数据计算所得。

通过计算可得，2015 年上海市服务业增加值区位商为 1.44，说明上海市服务业增加值比重远高于全国平均水平，服务业专业水平属于国内第一梯队。上海市的批发和零售业、金融业、房地产业、其他服务业的区位商均大于 1，分别为 1.59、2.34、1.47 和 1.24，说明这四个服务业细分产业的比重高于全国平均水平，其发展具有相对优势；其中上海金融业的发展水平较高，在全国处于绝对领先地位。而传统服务业包括交通运输、仓储和邮政业，住宿和餐饮业的区位商值仅为 0.98 和 0.68，均小于 1，上海市服务业在这两个细分产业较低于全国平均水平，处于相对劣势的地位。

进一步分析 2015 年上海市服务业从业人员数区位商可得，2015 年，上海市服务业从业人员数区位商 1.27，说明上海市服务业从业人员数量比重高于全国平均水平。上海市的批发和零售业，交通运输、仓储和邮政业，住宿和餐饮业、金融业、房地产业的从业人员数的区位商均大于 1，分别为 2.51、1.71、2.46、1.58 和 1.78，这说明这五个服务业细分产业从业人员数的比重高于全国平均水平，其发展具有相对优势；而其他服务业从业人员数区位商值仅为 0.90，小于 1，处于相对劣势的地位。

二、上海市服务业竞争力分析

（一）上海市服务业竞争力排名

经计算可得上海市服务业竞争力及一级指标排名如表 3 – 18 所示。

表 3 – 18　上海市服务业竞争力排行榜

城市	竞争力	发展水平	发展活力	发展条件	发展环境
上海	91.1	87.7	90.8	100	70.6

从表 3 – 18 的数据可以看到，2015 年，上海市服务业竞争力指数为 91.1，全国排名第 2，仅落后于北京市。其中，上海市服务业发展水平指数为 87.7，在全国 288 个城市对比中位列第 2，仅次于北京；服务业发展活力指数得分为 90.8，全国排名第 2，次于北京；服务业发展条件指标得分为 100，全国排名第 1；服务业发展环境得分为 70.6，全国排名第 9，可见上海市服务业发展环境仍需进一步完善。

（二）上海市服务业发展水平排名

表 3 – 19　上海市服务业发展水平排行榜

城市	发展水平	总量水平	比重水平	生产率水平
上海	87.7	91.3	81.2	63.9

从服务业发展水平来看，上海市服务业发展水平指数为 87.7，全国排名第 2，这表明上海市服务业发展水平较高，服务业在全国具有优势地位。从细

分指标来看，上海市服务业总量水平得分为91.3，全国排名第2；服务业比重水平得分为81.2，全国排名第7；服务业生产率水平指数为63.9，全国排名第33，这表明上海市服务业生产率水平有待提升。

（三）上海市服务业发展活力排名

表3－20　上海市服务业发展活力排行榜

城市	发展活力	规模活力	比重活力	生产率活力	投资活力	消费活力	金融活力
上海	90.8	80.2	48.5	52.3	53.7	85.0	89.7

从服务业发展活力来看，上海市在服务业发展活力上具有优势地位，以服务业发展活力指数90.8分排名全国第2。从细分指标来看，表现最好的是服务业规模活力和金融活力指数分别为80.2和89.7，全国排名均为第2位，以及消费活力以85.0分在全国排名中位列第5位；表现最不理想的指标是服务业发展比重活力、生产率活力和投资活力，得分分别仅有48.5、52.3和53.7，全国排名分别为第153、112和133位。

（四）上海市服务业发展条件排名

表3－21　上海市服务业发展条件排行榜

城市	发展条件	产业条件	投资条件	人口条件
上海	100	100	89.7	90.1

从服务业发展条件来看，上海服务业发展条件指数为100，全国排名第1。从细分指标来看，上海市服务业发展产业条件指标为100分，居全国第1位；服务业发展投资条件得分为89.7分，居全国第3位，落后于重庆和天津；人口条件指标方面，作为全国城市规模最大、经济发展水平最高的城市之一，上海市的服务业人口条件指数得分90.1，全国排名第2。

（五）上海市服务业发展环境排名

表 3 – 22　上海市服务业发展环境排行榜

城市	发展环境	教育环境	交通环境	通信环境	公共服务	生活环境	社会保障
上海	70.6	72.0	62.4	60.4	72.8	59.8	70.4

从服务业发展环境来看，上海市的服务业发展环境指数为70.6，全国排名第9。从细分指标来看，上海市服务业发展教育环境指数为72.0分，全国排名第12位；交通环境指标以62.4分排名居全国第21位；通信环境指标得分为60.4，全国排名第23；公共服务环境指数为72.8，全国排名第9；生活环境指标水平为59.8分，位列全国第48；社会保障指数得分为70.4，全国排名第9。以上数据表明上海服务业发展环境指标表现不佳，与其经济体量全国排名第一的体量不相符，仍需进一步完善服务业发展环境。

三、上海市服务业发展的结论与建议

当前，上海市服务业布局不断优化，集聚发展格局逐步完善；中心城区服务业发展能级和水平进一步提升，郊区各具特色的服务业快速发展；上海国际旅游度假区、世博园区、虹桥商务区等标志性区域的大型服务业项目建设加快推进；现代服务业集聚区、文化创意产业园区、生产性服务业功能区等服务业集聚区蓬勃发展，产业集聚效应日益凸显。整体而言，上海市服务业发展条件较好，但发展水平、发展活力与发展环境均落后于北京，仍具有一定的提升空间。

从上海市城市服务业竞争力情况来看，加快促进服务业发展应从以下方面着力：

（一）提升服务业发展水平

上海市应深入参与国际经济竞争与合作，加快开放步伐，增强创新能力，不断完善要素市场体系建设，进一步提升金融、航运、贸易等服务业领域的全球影响力；提升会展业发展水平，吸引国际知名展会和会展企业落户；推进吴淞口国际邮轮港建设，优化近海邮轮航线，鼓励开发远洋邮轮航线，加快邮轮产业发展；大力发展家庭教育、健康养老、文化旅游与住宿餐饮等服务业，推动生活性服务业向精细化和高品质提升。

（二）激发服务业发展活力

上海市服务业发展活力相对较低，其服务业比重活力、生产率活力与投资活力亟待进一步提升。上海市应积极推进服务业与制造业深度融合，通过增值服务促进制造业转型升级，推动制造业向价值链高端延伸，以产业融合赋予服务业新的内涵与活力。同时，动态跟踪"四新"发展特点，加强引导，着力营造有利于服务业科技创新的环境，着力培育产业新增长点，进一步提升服务业创新活力和能力。

（三）优化服务业发展环境

上海市服务业发展的交通环境、生活环境与通信环境是造成上海市服务业发展环境得分不高的主因。上海需加快推进综合客运枢纽、综合货运枢纽和物流园区、综合交通枢纽系统建设，提升公共交通整体服务水平和可靠性。在生活环境方面，上海市应全面落实清洁空气行动计划要求，围绕能源、产业、交通、建设等重点领域，进一步深化强化防控措施，继续加大治理力度，加快改善环境空气质量，为服务业发展提供良好的生活环境保障。在通信环境方面，上海市要充分发挥信息通信企业在信息化建设中的主力军作用，推动互联网与实体经济深度融合，支持企业依法合规利用公共信息资源提供面向公众的各类信息服务，加快推动上海信息服务业的发展和"智慧城市"建设。

第六节　江苏省城市服务业竞争力报告2016

一、江苏省社会经济与服务业发展总体情况

作为沿海经济强省，江苏省在电子信息、新能源、材料、科技兴贸等领

域都有较强实力。江苏省始终把加快发展现代服务业作为深化产业结构调整的战略重点，坚持规划引领，创新体制机制，以现代服务业"十百千"行动计划为统领，加大推进力度，狠抓政策落实，现代服务业提速发展取得明显成效，呈现出比重提高、结构优化、水平提升的良好态势。2015 年，江苏省的国内生产总值为 70116.38 亿元，比 2014 年增长 8.53%，其中服务业增加值为 34085.88 亿元，比 2014 年增长 9.44%，在国民经济中占 48.6%，超过工业占比的 45.7%，服务业对经济增长的贡献率达 53.2%，服务业在江苏国民经济发展中居于重要地位。

表 3-23　2015 年江苏省社会经济及服务业发展整体情况

项　目	数　据
土地面积	10 万平方公里
常住人口	7976.3 万人
GDP 及增长率	70116.38 亿元，8.53%
服务业增加值及占 GDP 比重	34085.88 亿元，48.6%
三次产业的比重	5.7:45.7:48.6
服务业从业人员数及占就业人数比	505.7 万人，32.6%

资料来源：根据《中国统计年鉴 2016》数据计算所得。

通过计算可得，2015 年江苏省服务业增加值区位商为 1.03，这表明，江苏省服务业增加值比重略高于全国平均水平。江苏省的服务业包括批发零售业、金融业、房地产业和其他服务业的区位商均大于 1，分别为 1.04、1.07、1.17 和 1.06，说明这四个服务业细分产业的比重高于全国平均水平，其发展具有相对优势；而作为传统服务业的交通运输、仓储和邮政业，住宿和餐饮业的区位商值仅为 0.84 和 0.78，均小于 1，这表明江苏省这两个传统服务业在全国范围内处于相对劣势的地位。

进一步分析 2015 年江苏省各服务业的劳动生产率情况可以看到，2015 年，江苏省服务业劳动生产率为 67.40 万元/人，是全国平均水平的 1.76 倍，这表明江苏省服务业及其细分部门劳动生产率较高，在全国范围内处于领先位置。其中批发和零售业，交通运输、仓储和邮政业，住宿和餐饮业，金融业，房地产业以及其他服务业的劳动生产率分别为119.32万元/人、54.95万元/人、68.58万元/人、151.29万元/人、165.84万元/人和43.08万元/人，均高于全国平均水平的78.48万元/人、39.04万元/人、57.12万元/人、84.49万元/人、79.53万元/人和22.70万元/人，这表明江苏省这六大服务业细分产业劳动生产率较高，具有发展的相对比较优势；尤其是金融业、房地产业和其他服务业这三大服务业，江苏省的劳动生产率远高于全国平均水平，分别达到全国水平的1.79、2.09和1.90倍。

二、江苏省城市服务业竞争力分析

（一）江苏省各城市服务业竞争力排名

经计算可得江苏省各城市服务业竞争力及一级指标排名如表3-24所示。

表3-24　江苏省各城市服务业竞争力排行榜

排行	城市	竞争力	城市	发展水平	城市	发展活力	城市	发展条件	城市	发展环境
1	南京	67.8	苏州	65.9	南京	63.5	苏州	77.3	南京	70.6
2	苏州	66.5	南京	64.5	南通	55.3	南京	70.9	苏州	67.9
3	无锡	61.1	无锡	62.5	淮安	54.8	无锡	67.2	无锡	64.8
4	常州	58.8	常州	59.5	盐城	54.8	南通	61.9	常州	60.6
5	南通	57.2	镇江	57.1	苏州	53.9	常州	61.2	南通	56.7
6	镇江	55.6	南通	54.6	泰州	53.1	徐州	57.0	镇江	55.0
7	徐州	53.8	徐州	54.0	徐州	52.7	镇江	56.9	扬州	54.4
8	扬州	53.5	泰州	53.4	常州	52.6	扬州	55.6	泰州	51.4
9	泰州	53.4	扬州	52.8	连云港	51.9	泰州	54.4	淮安	50.6
10	盐城	53.0	盐城	52.0	镇江	51.6	盐城	53.9	徐州	49.5
11	淮安	52.0	淮安	50.5	扬州	51.2	淮安	51.4	盐城	49.5
12	连云港	50.0	连云港	49.1	无锡	49.2	连云港	50.2	宿迁	49.4
13	宿迁	48.6	宿迁	48.1	宿迁	49.1	宿迁	48.6	连云港	48.1

从表3-24的数据可以看到，2015年，江苏省城市服务业竞争力排名中，南京、苏州、无锡、常州和南通分别以67.8、66.5、61.1、58.8和57.2分居于江苏省城市服务业竞争力排名前五位，其中南京、苏州、无锡和常州这四

个城市的全国排名分别为第 9、10、15、25 位，说明这四个城市的服务业不仅在省内处于领先地位，在全国范围对比中依然具有十分明显的优势；排名居江苏省后五位的城市分别为泰州、盐城、淮安、连云港和宿迁，服务业竞争力指数得分分别为 53.4、53.0、52.0、50.0 和 48.6 分，除了排名最后的宿迁，其余 12 个城市均大于全国平均的 50 分水平线，且均进入全国服务业竞争力百强城市，这表明江苏省服务业在全国范围内优势明显，具有十分强劲的竞争力。

从服务业发展水平来看，苏州、南京、无锡、常州和镇江分别以 65.9、64.5、62.5、59.5 和 57.1 分居江苏省城市服务业发展水平前五位，且分别以全国排名第 7、10、14、21 和 27 位进入全国城市服务业发展水平前 30 位；扬州、盐城、淮安、连云港和宿迁的城市服务业发展水平在江苏省各城市中最低，居最末五位；在江苏省 13 个地级城市中，超过了全国平均水平的 50 分线的城市有 11 个，这表明江苏省居于全国服务业发展水平前列。

从服务业发展活力来看，江苏省服务业发展活力指数最高的两大城市分别为南京和南通，分别以 63.5 和 55.3 居全国的第 11 位和第 29 位；淮安、盐城和苏州紧跟其后，分别以 54.8、54.8 和 53.9 分居江苏省服务业发展活力指数第 3—5 位；居江苏省末 5 位的城市分别为连云港、镇江、扬州、无锡和宿迁，其服务业发展活力指数得分分别为 51.9、51.6、51.2、49.2 和 49.1 分，可见除了排名最末的无锡和宿迁这两个城市，江苏省其余所有 11 个城市的发展活力指数均高于全国平均水平 50 分。由此可以看到，江苏省城市服务业发展活力普遍较高，具有十分强劲的服务业发展活力。

从服务业发展条件来看，江苏省排名前五位的苏州、南京、无锡、南通和常州服务业发展条件较好，服务业发展条件指标得分分别为 77.3、70.9、67.2、61.9 和 61.2 分，在全国范围内分别居第 7、11、15、20 和 23 位；泰州、盐城、淮安、连云港和宿迁的服务业发展条件得分分别为 54.4、53.9、51.4、50.2 和 48.6 分，居最末五位，其中除了宿迁，江苏省其余 12 个城市的服务业发展条件指数均高于全国平均水平。

从服务业发展环境来看，江苏省的南京、苏州、无锡、常州和南通的服务业发展环境指标较高，分别为 70.6、67.9、64.8、60.6 和 56.7 分居前五位，其中全国排名前 30 位的城市有 3 个；淮安、徐州、盐城、宿迁和连云港的服务业发展环境居末五位；在江苏省所有 13 个城市中，高于全国服务业发展环境指数平均水平的城市有 9 个，这表明江苏省各城市服务业发展环境整体较好。

（二）江苏省各城市服务业发展水平排名

苏州、南京、无锡和南通服务业发展总量水平指数分别以 60.1、59.7、54.5 和 52.5 分居江苏省前四位，在全国范围内排名第 9、10、21 和 30 位；除淮安、连云港和宿迁这三个城市，江苏省其余 9 个城市的服务业发展总量水平均在平均水平以上，这表明江苏省在服务业增加值与服务业就业人员数等方面具有较强优势。

由于城镇单位就业人员数中服务业就业人员比重较高，江苏省南京市的服务业比重水平最高达 65.5 分，在全国范围内排第 28 位；连云港和常州的服务业比重水平也达 50.8 与 50.7 分，居第二和第三位；其余城市的比重水平均在平均水平之下，排名居末 5 位的城市分别为盐城、宿迁、扬州、泰州和南通，其中排名最低的南通以 35.2 的分数居全国排名后 30 位，全国排名为第 270 位。

江苏省城市服务业生产率水平指数中，超过全国平均的 50 分水平的城市有 12 个；苏州和无锡最高，分别达到 92.3 和 90.0 分，居全国第 2 和第 3 名；常州、镇江、南通、泰州、扬州和南京六个城市的分数分别为 82.3、79.3、74.2、73.4、70.1 和 68.6 分，均进入全国城市服务业生产率水平前 30 名；盐城、徐州、淮安、宿迁和连云港的服务业生产率水平位居最末五位，其中连云港服务业生产水平得分仅为 47.6 分，低于全国服务业生产率平均水平。

（三）江苏省各城市服务业发展活力排名

南京、苏州和常州在服务业发展规模活力上具有优势地位，分别以 61.8、58.0 和 56.5 分居前三位，在全国排名分别为第 9、16 和 20 名；大于 50 分的全国平均水平的城市分别为南通、扬州、镇江、泰州、淮安、无锡、盐城、连云港和徐州，得分分别为 53.7、53.0、52.9、52.3、52.1、51.5、51.5、51.0 和 51.0 分；排名最末的城市为宿迁，得分为 48.6 分，是江苏省唯一得分低于全国服务业发展规模活力平均水平的城市。

相对于其他指标，江苏省各城市服务业发展比重活力普遍不高，江苏省高于全国平均水平的城市仅有6个，没有城市进入全国前30位；淮安、盐城、泰州、连云港和宿迁的发展比重活力指数分别以60.4、58.0、55.7、55.4和51.7分居江苏省前5位；居江苏省末5位的城市分别为镇江、南京、徐州、苏州和无锡，其中无锡以31.6的分数排名最低，在全国288个城市中，排名第265位，居全国服务发展比重活力的倒数后30位。

江苏省有10个城市服务业生产率高于全国平均水平；淮安、南通和苏州服务业生产率提升较快，其服务业发展生产率活力指数分别达到78.5、76.5和70.2分，居江苏省前三位，同时分别居全国第12、15和23位；泰州和常州则依次为第4位和第5位；盐城、无锡、宿迁、镇江和连云港的服务业发展生产率活力得分较低，位列江苏省的倒数后5位。

位于江苏省城市服务业投资活力指数前五位的城市分别为盐城、泰州、徐州、淮安和镇江，得分分别为64.1、63.4、60.9、60.9和58.9分，进入全国城市前30位的城市有4个；宿迁、无锡、南京、常州、苏州的服务业投资获利指数较低，分别以54.0、52.6、42.5、41.7和28.2分居江苏省末五位，其中苏州以全国排名第266位居中国城市服务业发展投资活力的最末30位。

江苏省各城市服务业发展的消费活力指数高于全国平均水平的城市有9个；南京、苏州、徐州、无锡和南通城市服务业发展的消费活力指数分别为65.0、60.2、59.3、53.7和53.2分，居前五位，其中，南京以全国排名第26名的成绩跻身全国城市服务业发展消费活力30强；连云港、镇江、泰州、扬州和宿迁的消费指数居最后五位。

江苏省服务业发展金融活力指数最高的南京以61.1分，居全国第5位；此外盐城、南通、淮安、苏州和连云港的金融活力指数高于全国平均水平；镇江、徐州、常州、扬州和无锡金融活力指数居江苏省的最末5位。

（四）江苏省各城市服务业发展条件排名

作为江苏省城市规模最大、经济发展水平最高的两个城市，苏州和南京的服务业发展条件指数远优于其他城市。苏州、南京、无锡、南通、常州和徐州这6个城市服务业发展条件均较好，其服务业发展产业条件指标分别78.9、64.7、63.1、60.8、58.1和56.9分，居全国第4、14、15、19、25和

30 位；扬州、镇江、淮安、宿迁和连云港的服务业发展产业条件指数分别以54.3、53.6、52.1、50.5 和50.4 分居最后五位。由此可见，江苏省所有城市的服务业发展产业条件均大于全国平均水平，服务业发展条件卓越。

苏州、南京、无锡、南通和徐州的服务业投资条件较好，在江苏省的14 个地级市中居前五位，分别位于全国的第 8、15、21、26 和 29 位；镇江、泰州、淮安、连云港和宿迁位列最后五位，其中宿迁以 49.5 的分数略低于全国平均水平，其余城市得分均大于 50 分。

就人口条件看，得益于较高的人均值和建成区密度，南京、苏州、无锡、常州和镇江分别以 84.8、76.5、76.3、70.3 和 65.7 位列前五位，分别位于全国的第 5、9、10、19 和 27 位；徐州、盐城、连云港、淮安和宿迁发展人口条件较差，位居江苏省各城市最后五位。

（五）江苏省各城市服务业发展环境排名

南京和苏州的服务业发展环境指数中江苏省较为领先。南京和苏州的服务业发展教育环境指数分别为 71.7 和 64.3 分，居全省前两位，在全国范围内分别居第 14 和 28 位，其人均科技经费支出、人均教育经费支出、每万人在校大学生数等指标在江苏省均居于领先地位；徐州、连云港、宿迁、盐城和泰州位列最末五位，江苏省共有 6 个城市位低于中国城市服务业发展教育环境指数平均水平。

江苏省共有 7 个城市的服务业发展交通环境指数高于全国平均水平；其中，南京的交通环境中江苏省居于领先地位，以 71.0 分排名第一，居全国的第 9 位。盐城市的交通环境指数为 46.8 分，居江苏省最末尾。

苏州、南京和无锡通信环境相对较好，分别以 62.9、61.8 和 58.9 分位居前三位，这表明这三个城市的人均邮政业务总量、人均电信业务总量、固定电话年末用户数等指标在全省领先；常州和镇江位列其后；宿迁、连云港、徐州、盐城和淮安的人均交通指标较低，位列最后五位。

江苏省的 13 个城市中，有 12 个城市的公共服务环境指数高于全国平均水平的 50 分。苏州和南京的公共服务环境指数最高，分别达 67.9 和 64.0 分，居全国的第 15 和 26 位；无锡、南通和常州以 60.2、56.9 和 55.0 的分数位列其后；徐州、扬州、镇江、宿迁和连云港这五大城市位居最后五位。

南通、无锡、常州、苏州、扬州和南京的生活环境较好，分别以 77.9、73.7、73.3、70.8、65.5 和 64.5 分位列前六位，且均进入全国排名前 30 位；淮安、泰州、盐城、徐州和连云港位列最末五位，其中连云港市江苏省唯一低于全国平均水平的城市。

社会保障指数方面，苏州、无锡和南京的指数分别为 68.5、66.9 和 64.81 居江苏省前三位，且分别居全国的第 10、13 和 15 位，这表明这些城市的城镇职工基本养老保险、基本医疗保险、失业保险参保情况良好；而淮安、盐城、连云港、徐州和宿迁位列最后五位。

三、江苏省服务业发展的结论与建议

近年来，江苏省确立现代服务业"十百千"行动计划的重要抓手，立足十大领域，以百个重大项目建设、百个集聚区提升和百个创新示范企业培育为着力点，加大推进力度，重点发展金融、现代物流、软件信息、科技研发、文化创意等生产性服务业，服务业发展的产业质态日趋优化。整体而言，江苏省服务业竞争力较强，全省只有宿迁市没进入全国百强，全省各城市服务业发展水平、发展活力与发展环境仍需进一步优化。

从江苏省城市服务业竞争力情况来看，加快促进服务业发展应从以下方面着力：

（一）提升服务业发展水平

江苏省 13 个城市中，仅 3 个城市服务业比重水平高于全国平均水平，是限制江苏省服务业发展水平得分的主要原因。江苏省应深化拓展"十百千"行动计划内涵和外延，狠抓重大项目建设、集聚区提升和企业创新三大关键环节，大力发展生产性服务业和现代服务业，提升江苏省各城市的服务业比重水平。

（二）激发服务业发展活力

作为江苏省经济体量最大的城市，苏州和南京服务业投资活力低于全国平均水平，未能进入全国投资活力两百强。究其原因，苏南地区服务业的外资比重远低于制造业,多数跨国公司只把生产基地设在苏南,而其研发中心落户在近邻上海。江苏省应加强对外资企业的服务与引导,创造有利于引资的外部环境。如制定有利于促进江苏省服务业对外开放的政策,以提高江苏省服务业对外开放总量规模和质量水平作为重要经济发展的衡量指标,形成倒逼改革发展和产业结构调整的新思路。

（三）优化服务业发展环境

除南京、苏州和无锡等几个城市服务业发展基础环境相对较好外,江苏省其余城市的公共服务、交通、社保环境仍有待进一步提升。江苏省需围绕促进城乡、区域、群体间的均等化,强化清单制度安排,推动城乡、区域、人群间均等享有基本公共服务。其次,要注重加大对徐州、连城、宿迁与连云港等经济薄弱地区基本公共服务财政投入和公共资源配置的倾斜力度。江苏省需抓住机场、轨道交通、深水航道等重点工程建设机遇,加快形成南京、徐州、连云港三大国家级区域性物流枢纽城市,打造苏锡常、南通省级区域性物流枢纽城市（群）。

第七节 浙江省城市服务业竞争力报告2016

一、浙江省社会经济与服务业发展总体情况

浙江省是中国第三批自由贸易试验区,在充分发挥国有经济主导作用的前提下,其以民营经济的迅速发展带动经济的起飞,形成了具有鲜明特色的"浙江经济"。作为中国经济最活跃的省份之一,其区域性经济特色明显,义乌商贸、横店影视、嘉善木材、海宁皮革、绍兴轻纺等区域产业集群加快了区域经济发展。近些年,在"互联网＋"的带动下,浙江省出台了一系列政策措施加快现代信息技术与传统产业加速融合,推动服务业新产业、新业态和新商业模式的蓬勃发展。2015年,浙江省的国内生产总值为42886.49元,比2014年增长8.0%,其中服务业增加值为21341.91亿元,比2014年增长

11.3%，服务业增加值占地区生产总值比重为 49.8%，服务业对经济增长的贡献率达 67.9%，服务业对国民经济稳定发展发挥着重要作用。

表 3 - 25   2015 年浙江省社会经济及服务业发展整体情况

项　目	数　据
土地面积	10 万平方公里
常住人口	5539 万人
GDP 及增长率	42886.49 亿元，8.0%
服务业增加值及占 GDP 比重	21341.91 亿元，49.8%
三次产业的比重	4.3∶46.0∶49.8
服务业从业人员数及占就业人数比	417.2 万人，38.5%

资料来源：根据《中国统计年鉴 2016》数据计算所得。

通过计算可得，2015 年浙江省服务业增加值区位商为 1.05。这表明，与全国平均水平相比，浙江省服务业增加值比重相对较高，服务业专业水平有提升空间。浙江省的传统服务业包括批发零售业、住宿和餐饮业、房地产业和其他服务业的区位商均大于 1，分别为 1.28、1.06、1.19 和 1.01，这说明这两个服务业细分产业的增加值比重高于全国平均水平，其发展具有相对优势；而交通运输、仓储和邮政业，金融业的区位商值仅为 0.82、0.96，均小于 1，因此处于相对劣势的地位。

进一步分析 2015 年浙江省各产业的劳动生产率情况可以看到，2015 年，浙江省服务业劳动生产率为 51.15 万元/人，远高于全国平均的 37.96 万元/人，其中仅金融业劳动生产率 69.09 万元/人，低于全国的 84.49 万元/人。而浙江省的批发和零售业，交通运输、仓储和邮政业，住宿和餐饮业房地产业以及其他服务业的劳动生产率分别为 124.58 万元/人、51.07 万元/人、73.73 万元/人、117.26 万元/人和 30.30 万元/人，高于全国平均的 78.84 万元/人、39.04 万元/人、57.12 万元/人、79.53 万元/人和 22.7 万元/人，这表明浙江省这五大服务业细分产业劳动生产率较高，具有发展的相对比较优势，尤其是批发和零售业、房地产这两大传统服务业，浙江省的劳动生产率远高于全国平均水平，分别达到全国水平的 1.59 和 1.47 倍。

二、浙江省城市服务业竞争力分析

(一) 浙江省各城市服务业竞争力排名

经计算可得浙江省各城市服务业竞争力及一级指标排名如表3－26所示。

表3－26 浙江省各城市服务业竞争力排行榜

排行	城市	竞争力	城市	发展水平	城市	发展活力	城市	发展条件	城市	发展环境
1	杭州	71.6	杭州	65.3	杭州	70.0	杭州	73.9	杭州	76.2
2	宁波	60.8	宁波	57.0	温州	56.8	宁波	67.9	舟山	65.6
3	温州	56.4	金华	56.0	宁波	55.7	嘉兴	57.7	宁波	63.9
4	金华	53.9	温州	55.6	衢州	51.4	温州	57.3	湖州	60.2
5	绍兴	53.9	丽水	55.0	台州	50.4	绍兴	57.1	绍兴	59.7
6	嘉兴	53.9	台州	53.2	湖州	49.6	金华	54.8	嘉兴	57.7
7	舟山	53.5	嘉兴	53.2	金华	48.6	台州	53.5	金华	55.7
8	台州	52.9	绍兴	52.9	嘉兴	48.5	舟山	52.7	衢州	54.9
9	湖州	52.5	舟山	52.8	绍兴	48.3	湖州	52.4	丽水	54.3
10	衢州	51.7	衢州	51.5	舟山	47.0	衢州	49.5	台州	54.3
11	丽水	51.3	湖州	50.8	丽水	45.9	丽水	49.3	温州	54.0

从表3－26的数据可以看到，2015年，浙江省所有城市的服务业竞争力指数均高于50分的全国平均水平线，说明浙江省服务业整体竞争力全国具有领先地位。在城市服务业竞争力排名中，杭州、宁波和温州居于前三位，其中杭州和宁波分别以71.6分和60.8分，在全国排名第7位和第17位，居于全国前列；湖州、衢州和丽水分别以52.5、51.7和51.3分居于浙江省城市服务业竞争力排名最后三位；浙江省所有城市服务业竞争力在全国288个地级及以上城市中都居于前80位。

服务业竞争力指数的一级指标中，发展水平一级指标衡量的是各城市服务业发展现状水平。

从服务业发展水平来看，浙江省所有城市的服务业发展水平指数均高于全国平均水平线，这表明其在全国范围看也具有较大程度的优势地位。其中杭州、宁波和金华分别以65.3、57.0和56.0分居浙江省城市服务业发展水平前三位，其中杭州和宁波位居全国第 8 位和第 28 位，居于全国服务业发展水平前列；舟山、衢州和湖州城市服务业发展水平在浙江省各城市中最低，居最末三位。

从服务业发展活力来看，浙江省所有城市的发展活力差距大，其中杭州温州和宁波服务业发展活力指数最高，分别以 70.0、56.8 和 55.7 分居全国的第 6、25 和第 27 位，城市的发展活力指数居于全国前 30 位；而绍兴、舟山和丽水分别以 48.3、47.0 和 45.9 分居全国第 176、198 和 224 位。由此可以看到，浙江省城市服务业发展活力有待协调发展。

从服务业发展条件来看，杭州和宁波服务业发展条件较好，服务业发展条件指标得分分别为 73.9 和 67.9 分，在全国范围内分别居第 8、13 位；衢州和丽水的服务业发展条件低于全国平均水平分别以 49.5 分和 49.3 分居最末两位，在全国范围内分别居第 92 位和 93 位。

从服务业发展环境来看，浙江省城市的服务业发展环境指标较高，均高于全国平均水平，整体排名居全国前 70 位，其中杭州、舟山和宁波分别为 76.2、65.6 和 63.9 分居前三位，且居于全国第 7、21 和 29 位；丽水、台州和温州服务业发展环境居末三位。

（二）浙江省各城市服务业发展水平排名

杭州和宁波服务业发展总量水平指数分别以 61.1 分和 54.7 分位居全国第 8 和 20 位，温州服务业发展总量水平指数以 52.4 分接近全国第 30 位，湖州、舟山、丽水和衢州低于全国 50 分的平均水平，但均为 48 分以上，这表明浙江省服务业整体发展态势良好。

由于城镇单位就业人员数中服务业就业人员比重较高，浙江丽水的服务业比重水平最高达 68.5 分，在全国服务业比重水平中居第 17 位；杭州、舟山、衢州和温州的服务业比重水平分别为 63.0、61.2、57.4 和 56.1 分，居第二位至第四位；其余城市的比重水平均在平均水平之下，最低的绍兴服务业比重水平以 35.0 分排全国倒数 30 位。

浙江城市服务业生产率水平指数均超过全国平均 50 分的水平，这表明浙江省服务业劳动生产率整体较高。金华、绍兴、杭州、宁波和嘉兴的服务业生产率水平位于浙江省前五位，且分别居全国第 13、17、21、24 和 26 位；丽水、衢州和舟山的服务业生产率水平分别以 58.3、54.0 和 53.9 分居最末三位。

（三）浙江省各城市服务业发展活力排名

杭州和温州在服务业发展规模活力上在全省具有优势地位，分别以69.1分和55.5分居浙江省前2位，居全国第7和第24位；嘉兴、金华和丽水分别以49.4、48.5和48.3分居省最末3位，低于全国平均水平；其他城市均高于全国平均水平，说明浙江省城市服务业发展规模活力在全国具有优势。

浙江省各服务业发展比重活力中，衢州发展比重活力指数高达73.4分，在浙江省位居第一位，在全国范围排名第14位；温州、杭州、丽水和湖州紧随其后均高于全国平均水平；其余城市均低于全国平均水平，舟山、绍兴和宁波分别以41.9、41.1和39.7分居全国第219、224和233位。

湖州市服务业生产率提升较快，其服务业发展生产率活力指数达57.5分，居浙江省第1位和全国第77位；杭州和绍兴服务业发展生产率活力以57.3分和54.2分紧随其后居全国前100位；温州、金华、宁波、舟山和丽水的服务业发展生产率活力低于全国平均水平，丽水以37.6分为最后一位居全国第241位。

浙江省各城市服务业投资活力指数都相对较高。杭州、宁波和温州分别得分65.0和60.3，位居浙江投资活力指数前2位，居全国范围第13和32位；丽水和衢州接近50分低于全国平均水平，其他城市均服务业投资活力指数高于全国平均值；这表明2015年浙江省各城市的投资活力具有优势地位。

杭州城市服务业发展的消费活力指数以71.2分位于浙江省排名第1位，居全国第13位；宁波和温州服务业发展的消费活力也比较高，分别为64.0分和57.9分；舟山、衢州和丽水服务业发展的消费活力低于全国平均水平，分别位居全国第208、222和228位。

浙江省服务业发展金融活力发展差距较大。最高的杭州为57.5分居全国第9位，此外宁波和温州的服务业发展金融活力指数高于全国平均水平，其他城市均低于全国平均水平；衢州、舟山、丽水、嘉兴、绍兴和金华金融活力以46.6、46.5、46.4、46.3、46.0和45.8分居浙江省的最末6位，居全国第259、262、263、268、275和277位，即位列全国服务业发展金融活力指数最差的30个城市之中。

（四）浙江省各城市服务业发展条件排名

杭州、宁波和温州的服务业发展产业条件指标分别以 68.4、65.9 和 57.6 分居全国第 8、10 和第 26 位，绍兴以 56.9 分接近全国前 30 位，以上四个城市服务业发展条件均较好；丽水、衢州和舟山的服务业发展产业条件指数分别以 47.8、47.7 和 47.0 分居最后三位，均低于全国平均水平，其他城市服务业发展产业条件指数均大于平均值，这说明浙江服务业发展产业条件整体较好。

杭州和宁波的服务业投资条件较好，在浙江省的 11 个地级市中居前两位，分别位于全国的第 9 位和第 19 位；衢州和丽水服务业投资条件以 46.0 分和 45.7 分位列最后二位，全国排名 200 名之后。

就人口条件看，得益于较高的人均值、职工平均工资等，浙江个城市服务业人口条件指数均高于全国平均值，说明浙江省服务业人口条件具有明显竞争优势。杭州、宁波和舟山分别以 82.3、72.9 和 67.3 分位列前三位，分别位于全国的第 6、15 和第 22 位；丽水、温州和台州发展人口条件相对较弱，位居浙江省各城市最后三位。

（五）浙江省各城市服务业发展环境排名

杭州和宁波的服务业发展环境指数中浙江省较为领先。杭州和宁波的人均科技经费支出、人均教育经费支出、每万人在校大学生数等指标在浙江省均居于领先地位，服务业发展教育环境指数分别以 71.8 和 63.6 分，居全省第 1 和第 2 位，居全国第 13 和 29 位；除温州以 48.9 分位列最末低于全国平均水平，其他城市均在全国平均水平之上；以上情况说明浙江省城市服务业发展教育环境具有优势。

舟山的交通环境中浙江省居于领先地位，以 68.2 分位居第一，居全国的第 11 位；舟山、宁波和湖州服务业发展交通环境指数居第二至四位均高于全国平均水平；其他城市均低于全国水平，台州、金华和丽水以 47.4、46.6 和 45.9 分居浙江省最末三位。

从通信环境看，浙江省城市服务业通信环境均高于全国平均水平，均居全国前 60 位，说明浙江省城市的人均邮政业务总量、人均电信业务总量、固定电话年末用户数等指标具有领先地位。舟山、杭州、宁波、金华和湖州分别以 70.5、70.2、61.4、58.8 和 58.5 分，分居全国第 4、5、19、28 和 29 位；台州和衢州的人均交通指标较低，位列最后两位。

杭州的公共服务环境指数最高，达 74.0 分，居全国的第 7 位，舟山则以 60.7 分居浙江省次位；温州、金华和丽水位居末三位。浙江省的 11 个城市的公共服务环境指数均高于全国平均水平的 50 分，说明服务业公共服务环境整体较好。

湖州、丽水、舟山和绍兴的生活环境较好，分别以 74.0、68.8、68.7 和 62.9 分位列前四位，且其指数均位列全国前 30 位；除嘉兴以 48.3 分位居最末位且低于全国平均水平，其他城市均高于全国平均水平。

浙江省各城市的社会保障指数较高，全省均高于全国平均水平，这表明浙江省各城市的城镇职工基本养老保险、基本医疗保险、失业保险参保情况良好。全省 11 个城市有 6 个城市位列全国前 30 位，杭州、宁波、绍兴、嘉兴、湖州和舟山指数分别以 74.1、68.5、62.9、62.7、62.1 和 60.6 分位列前六位，且分别居全国的第 7、11、17、18、22 和第 27 位；台州、丽水和温州位列最后三位。

三、浙江省服务业发展的结论与建议

当前，浙江省发达的民营经济，浓厚的电商氛围，特色的专业市场，独特的区位优势为服务业发展创造了良好的环境。浙江省各市整体发展水平和发展环境均高于全国平均水平，服务业有效投资不断扩大，吸纳就业人口不断增多，同时杭州国家自主创新示范区、舟山江海联运服务中心、钱塘江金融港湾等大平台的建设，大数据、云计算、物联网、跨境电商等新技术、新业态的崛起，为浙江省服务业发展创造了巨大空间。整体而言，浙江省服务业发展整体竞争水平较高，但服务业发展活力和发展条件有待进一步改善。

从浙江省城市服务业竞争力情况来看，加快促进服务业发展应从以下方面着力：

（一）优化服务业发展环境

浙江省各城市教育环境、通信环境、公共服务、社会保障等服务业发展环境指标均较好，其服务业整体竞争力相对较强，但各城市交通环境有待进

一步改善。作为"电子商务之省"，物流快递的发展制约着浙江电子商务发展，因此着力改善交通环境，完善物流体系，对加快电子商务发展至关重要。浙江省应加快多式联运转运通道建设，配建联运物流园区，构建多式联运物流体系，加强城市配送车辆管理模式创新，研究试行城市共同配送模式，探索城区夜间配送制度。同时，依托国家交通运输物流公共信息平台，加强智慧物流技术推广应用，构建智慧物流公共服务平台系统，破除制约电子商务发展的物流快递瓶颈问题。

（二）提升服务业发展活力促进区域协同发展

浙江省部分城市服务业发展活力较低，其中投资活力、金融活力和消费活力都亟待提升。浙江省可充分利用"一带一路"和长江经济带战略，以杭州、宁波、温州、金华、义乌五大都市区核心城市为引领，促进区域服务业协调发展，引领和带动全省服务业相关活力水平提升。鼓励湖州、嘉兴、绍兴、衢州、舟山、台州、丽水等地立足资源优势和发展实际，积极承接产业转移带动城市消费活力、投资活力的提升，有选择、有重点、分层次地发展优势服务业。

（三）改善服务业发展条件

浙江省区域间经济发展速度不同，其中一个原因是各城市间服务业发展条件差距较大，杭州、宁波、温州等较发达城市对服务业投资吸引力更大，服务业要素资源集聚效果明显。因此，浙江省需积极优化舟山、丽水、衢州等后发地区服务业的发展投资条件，加快重大服务业项目落地，吸引服务业投资，促进区域服务业发展要素资源的集聚与服务业竞争力的增强。作为信息经济发展较强省份，浙江省进一步扩大信息技术的覆盖面，对推动服务业发展条件改善至关重要，积极推进云计算技术与服务、大数据技术与服务、新一代信息网络技术与服务、电子商务服务与生态系统、"互联网＋"应用支撑服务的发展，推动信息技术与金融的融合，促进宁波港口金融和航运金融中心城市、丽水农村金融体系改革城市、义乌贸易金融创新城市、舟山海洋金融创新城市、衢州绿色金融城市等金融特色城市和宁波梅山海洋金融小镇、义乌丝路金融小镇等示范型金融特色小镇建设，有利于各城市服务业发展条件的持续改善和优化。

第八节　福建省城市服务业竞争力报告2016

一、福建省社会经济与服务业发展总体情况

福建省位于东海与南海的交通要冲，由海路可以到达南亚、西亚、东非，是历史上海上丝绸之路、郑和下西洋的起点，也是海上商贸集散地，其依山伴海的地理位置带动了闽台农产品、安溪茶叶、厦门旅游业等优势产业迅速发展。近年来，国家推动建设21世纪海上丝绸之路、中国（福建）自由贸易试验区等重大战略，推进了福建省物流、旅游、金融、文创等服务业的发展快速。2015年，福建省的国内生产总值为25979.82元，比2014年增长9.0%，其中服务业增加值为10796.9亿元，比2014年增长12.3%，服务业增加值占地区生产总值比重为41.6%，服务业对经济增长的贡献率达54.8%，服务业整体规模不断扩大。

表3-27　2015年福建省社会经济及服务业发展整体情况

项　　目	数　　据
土地面积	12万平方公里
常住人口	3839万人
GDP及增长率	25979.82亿元，9.0%
服务业增加值及占GDP比重	10796.9亿元，41.6%
三次产业的比重	8.2:50.3:41.6
服务业从业人员数及占就业人数比	248.7万人，37.5%

资料来源：根据《中国统计年鉴2016》数据计算所得。

通过计算可得，2015年福建省服务业增加值区位商仅为0.88，这表明，与全国平均水平相比，福建省服务业在全国发展水平相对滞后较低，专业化水平有待进一步提升。福建省的传统服务业仅交通运输、仓储和邮政业的区位商为1.29大于1，这说明此类服务业在全国具有专业化的比较优势；而批

发和零售业、金融业、房地产业和其他服务业的区位商值仅为 0.82、0.91、0.90 和 0.81，住宿和餐饮业的区位商值仅为 0.7，低于全国平均水平。

进一步分析 2015 年福建省各产业的劳动生产率情况可知，2015 年，福建省服务业劳动生产率为 43.42 万元/人，高于全国平均的 37.96 万元/人，其中批发和零售业、住宿和餐饮业和房地产业的劳动生产率分别为 72.15 万元/人、40.66 万元/人和 70.49 万元/人，分别低于全国的 78.48 万元/人、57.12 万元/人和 79.53 万元/人。而福建省的交通运输、仓储和邮政业，金融业以及其他服务业的劳动生产率分别为 63.15 万元/人和 25.82 万元/人，高于全国平均的 39.04 万元/人、84.49 万元/人和 22.70 万元/人，这表明福建省这三大服务业细分产业劳动生产率较高，具有发展的相对比较优势，尤其是交通运输、仓储和邮政业，其劳动生产率远高于全国平均水平，是全国水平的 1.62 倍。

二、福建省城市服务业竞争力分析

（一）福建省各城市服务业竞争力排名

经计算可得福建省各城市服务业竞争力及一级指标排名如表 3-28 所示。

表 3-28　福建省各城市服务业竞争力排行榜

排行	城市	竞争力	城市	发展水平	城市	发展活力	城市	发展条件	城市	发展环境
1	厦门	59.5	福州	55.1	福州	59.6	福州	61.2	厦门	81.1
2	福州	58.7	厦门	54.3	泉州	55.2	泉州	58.2	福州	58.2
3	泉州	54.0	三明	51.5	厦门	53.5	厦门	56.2	泉州	51.9
4	漳州	50.7	漳州	50.8	漳州	52.4	漳州	51.0	莆田	50.8
5	龙岩	50.2	泉州	50.6	龙岩	51.1	三明	49.9	三明	50.1
6	三明	49.9	龙岩	50.2	莆田	50.7	龙岩	49.6	南平	49.8
7	南平	49.3	南平	49.6	南平	49.4	莆田	48.4	龙岩	49.4
8	莆田	48.3	宁德	48.6	三明	47.9	南平	48.3	漳州	46.9
9	宁德	47.4	莆田	45.5	宁德	46.9	宁德	47.8	宁德	46.3

从表 3-28 的数据可以看到，2015 年，福建省城市服务业竞争力排名中，厦门、福州、泉州、漳州和龙岩居于前五位，其中厦门和福州的得分相近，均大于全国平均的 50 分水平线，分别为 59.5 和 58.7 分，这表明这两个城市

服务业竞争力在福建省具有领先地位，也高于全国的平均水平，厦门和福州服务业竞争力在全国排名分别为第 21、26 位，居于全国前列。三明和南平分别为 49.9 和 49.3 分，接近全国平均水平。莆田和宁德则分别以 48.3 分和 47.4 分居于福建省城市服务业竞争力排名最后 2 位。

从服务业发展水平来看，福州、厦门、三明和漳州分别以 55.1、54.3、51.5 和 50.8 分位居福建省城市服务业发展水平前四位，超过了全国平均水平的 50 分线，这表明其在全国范围也具有一定的优势地位；而南平、宁德和莆田城市服务业发展水平在福建省各城市中居最末三位，其中莆田以 45.5 分居全国城市服务业发展水平第 242 位。

从服务业发展活力来看，福建省所有城市的发展活力福州以 59.6 分居全国第 22 位排名最高，泉州和厦门分别以 55.2 和 53.5 分居全国第 31 位和第 49 位，服务业发展活力指数相对较高；南平、三明和宁德的城市服务业发展活力分别为 49.4、47.9 和 46.9 分，均低于 50 分的全国平均水平线，且在福建省各城市发展活力指数中排名最末三位。

从服务业发展条件来看，福州服务业发展条件较好，服务业发展条件指标得分为 61.2 分，在全国范围内分别居第 22 位；泉州和厦门的服务业发展条件分别为 58.2 和 56.2 分，超过了全国平均水平的 50 分线；南平和宁德服务业发展条件得分分别以 48.3 和 47.8 分居最末两位，在全国范围内分别居第 118 位和 128 位。

从服务业发展环境来看，厦门和福州的服务业发展环境指标较高，分别以 81.1 分和 58.2 分居前两位，其中厦门在全国范围内服务业发展环境位于第 4 位，这说明厦门服务业发展环境相对较好；而漳州和宁德的服务业发展环境居末两位。

（二）福建省各城市服务业发展水平排名

福州、厦门和三明服务业发展总量水平指数分别以 55.1、54.3 和 51.5 分居前三位；莆田、宁德和南平的总量水平指数分别以 48.5、48.4 和 48.4 分居最后三位；全省各市服务业发展总量水平指数均在 48 分以上，这表明福建省各城市服务业发展水平相对均衡，但仍有待提升。

从城镇单位就业人员数中服务业就业人员比重看，厦门、南平和龙岩服务业比重水平分别以 54.0、51.2 和 50.6 分位居前三位；福州和龙岩得分相同；漳州、莆田和泉州以 39.6、32.6 和 30.0 分居于全国第 238、279 和 285 位；莆田和泉州服务业比重水平位于全国后 30 位，说明其城市服务业比重水平有待改善。

福建省城市服务业生产率水平指数中，全省城市服务业生产率水平均高于全国的 50 分水平，且居全国 100 位之内，这表明福建省服务业生产率整体水平相对较高。其中泉州最高，达到 65.3 分，居全国第 31 名；漳州和三明以 63.6 和 60.6 分紧随其后；龙岩、南平和莆田的服务业生产率水平分别以 53.7、51.6 和 51.0 分位居最末三位。

（三）福建省各城市服务业发展活力排名

福州和厦门在服务业发展规模活力上具有优势地位，分别以 57.6 和 54.5 分居前两位，在全国范围分别排第 17 位和第 30 位；泉州和福田发展规模活力位列第 3 和第 4，均大于 50 分的全国平均水平；其余城市服务业发展规模活力均低于全国平均水平，宁德服务业发展规模活力以 46.4 分居于全国倒数前 30 位。

从服务业发展比重活力看，漳州发展比重活力指数为 64.6 分，居福建省第 1 位；福州和泉州以 59.0 和 57.1 分位居第 2 和第 3 位；除宁德和厦门服务业发展比重活力以 49.3 和 43.8 分位居最末两位，且低于全国平均水平外，福建其他 7 个城市服务业发展比重活力均高于全国平均水平。

泉州市服务业生产率提升较快，其服务业发展生产率活力指数达 67.1 分，为福建最高，居全国第 28 位；漳州和南平则以 62.0 分和 57.4 分依次为第 2 位和第 3 位，高于全国平均水平；厦门的服务业发展生产率活力最低，以 25.5 分位居全国第 280 位，是全国服务业发展生产率活力的最末 30 位城市。以上数据表明福建省城市间服务业生产活力差距大。

福建省各城市服务业投资活力指数整体较高，均高于全国平均水平，泉州和漳州分别以 62.3 分和 61.0 分居全国第 21 位和第 26 位；三明和宁德服务业投资活力分别以 57.3 分和 50.1 分位列最后两位；这表明 2015 年福建省各城市的服务业具有较好的投资吸引力，投资水平显著上升。

福建、泉州和龙岩城市服务业发展的消费活力指数分别为 70.5、59.9 和

52.3 分，居前三位且在全国平均水平之上，其中福州位列全国前 30 位；最后三位南平、厦门和三明分别以 46.9、45.7 和 43.8 分居全国第 169、192 和 218 位。

福建省服务业发展金融活力指数最高的厦门以 56.1 分居全国第 13 位，金融活力较好；福州以 50.0 分居福建第 2 位；此外龙岩等 7 个城市金融活力指数均低于全国平均水平，宁德、泉州和三明金融活力指数居福建省的最末 3 位。

（四）福建省各城市服务业发展条件排名

泉州和福建的服务业发展产业条件指标分别 59.2 分和 57.6 分，两个城市服务业发展条件远优于其他城市，居全国第 21 和第 27 位；龙岩和南平服务业发展产业条件指数分别以 48.2 分和 47.9 分居最后两位。

福州的服务业投资条件较好，在福建省的 9 个地级市中居第一位，居全国的第 24 位；泉州以 56.0 分接近全国前 30 位；南平和宁德服务业发展投资条件以 49.1 分和 47.4 分位列最后两位，相对省内其他城市较差。

就人口条件看，得益于较高的人均值、平均工资和建成区密度，厦门和福州分别以 67.4 分和 65.5 分位列前两位，分别位于全国的第 23 位和第 30 位；宁德和莆田发展人口条件较差，位居福建省各城市最后两位。

（五）福建省各城市服务业发展环境排名

厦门的服务业发展环境指数中福建省较为领先，厦门的人均科技经费支出、人均教育经费支出、每万人在校大学生数等指标在福建省均居于领先地位，服务业发展教育环境指数为 73 分，居全省第 1 位和全国第 11 位，远高于全国平均水平；福州以 58.4 分位列其后居全国第 38 位；漳州和宁德以 45.8 分和 45.0 分位列最末两位。

厦门的交通环境中福建省居于领先地位，以 83.3 分排第 1 位，居全国的第 3 位；福建共有 8 个城市，除厦门和福州的服务业发展交通环境指数高于全国平均水平，其他城市均低于全国水平；宁德和南平的交通环境指数为 44.3 分和 44.2 分，居福建省最末两位，位列全国第 237 和 238 位。

厦门和莆田通信环境相对较好，分别以 69.3 分和 60.2 分位居前两位，居全国第 6 和 24 位，表明这两个城市的人均邮政业务总量、人均电信业务总量、固定电话年末用户数等指标在全省领先；漳州以 49.7 分位列最末位且低于全国平均水平，其他城市服务业通信环境均高于平均水平。

福建省的 9 个城市中，有 5 个城市的公共服务环境指数高于全国平均水平的 50 分；厦门的公共服务环境指数最高达 62.4 分，居全国的第 32 位，三明则以 55.2 分居福建省次位，漳州和宁德位列最后两位。

厦门和福州的生活环境较好，分别以 89.7 分和 64.3 分位列前两位，居全国第 3 和 26 位；漳州和三明以 49.2 分和 47.9 分位列最末位低于全国平均水平。

福建省各城市的社会保障指数相对较高，厦门、福州和南平的指数分别为 74.8、52.5 和 50.5 分，位列前三位，且分别居全国的第 5、68 和第 91 位，高于全国平均水平，这表明这些城市的城镇职工基本养老保险、基本医疗保险、失业保险参保情况良好；而莆田、漳州和宁德位列最后三位。

三、福建省服务业发展的结论与建议

近年来，福建省积极出台政策加快发展现代服务业，推动生产性服务业向专业化和价值链高端延伸、生活性服务业向精细和高品质转变，促进服务业发展提速增效、比重提高，不断改善发展条件，扩大服务业发展空间，使得服务业综合实力不断提升。但从整体经济看，福建省服务业在国民经济中占比低于工业，产业结构需要进一步优化。

从福建省城市服务业竞争力情况来看，服务业发展的政策建议可从以下方面着力：

（一）拓宽服务业发展合作平台，改善服务业发展条件

福建省仅有四个城市服务业发展条件高于全国平均水平，一个重要原因是福建省产业结构主要以鞋业、陶瓷、茶叶、食品、水暖、电子、工艺品等第二产业为主，服务业产业基础和发展条件相对较差，致使服务业投资受到影响，制约了服务业的发展。因此福建省可积极利用自贸试验区和"海丝"核心区建设，加快与台湾和"海丝"沿线国家服务业合作，加强对台商和"海丝"沿线国家服务业投资吸引，改善服务业发展条件。加快福州、厦门、泉州、莆田等国家电子商务示范城市建设，利用福建省对台区位和华侨资源

优势，拓宽服务业发展合作平台，打通经台进出口跨境电商国际新通路。

（二）提升服务业发展活力

福建省服务业发展活力相对较低，投资活力、金融活力和生产率活力都亟待提升。福建省可充分利用国家建立现代服务业重大项目库政策优势，激发内在动力，以自贸试验区金融创新为核心，提升福州金融活力。加快服务企业经济发展，推进生产性服务业与资源型产业的融合，推进生产性服务业与装备制造业融合发展，促进福州等市产业逐步从生产制造型向生产服务型转变。利用国家级、省级服务业综合改革试点改革创新服务业，促进服务业向专业化、高端化和规模化方向发展，提高福建省各市服务业金融活力和生产率，实现服务业升级发展。

（三）优化服务业发展环境

福建省交通环境仅厦门、福建高于全国平均水平，其他城市交通环境有待进一步改善。交通环境是旅游业重要的依托，因此福建省需继续优化交通环境来改善旅游业发展环境，提升厦门蓝色滨海旅游带、武夷山绿色生态旅游带，构建红色文化旅游带，提升服务业整体水平。同时，福建省需继续优化各城市社会保障环境，引进高层次、高技能、通晓国际通行规则和熟悉现代管理的专业化第三产业人才或团队，推进各城市服务业快速发展。

第九节　山东省城市服务业竞争力报告2016

一、山东省社会经济与服务业发展总体情况

山东省地处华东沿海、黄河下游、京杭大运河中北段，是华东地区的最北端省份，也是中国经济第三大省、人口第二大省份。2007年以来，山东省经济总量稳居全国第3位，是中国经济发展较快的省份之一。山东工业发达，大型企业较多，号称"群象经济"，近年来，山东省积极加快全省经济转型升

级和结构调整，良好的工业基础，为推动服务业发展创造了良好的条件。2015 年，山东省的国内生产总值为 63002.33 元，比 2014 年增长 8.0%，其中服务业增加值为 28537.35 亿元，比 2014 年增长 9.5%，在国民经济中占 45.3%，服务业对经济增长的贡献率达 52.8%，服务业在山东省国民经济发展中居重要地位。

表 3－29 2015 年山东省社会经济及服务业发展整体情况

项　目	数　据
土地面积	15 万平方公里
常住人口	9847.16 万人
GDP 及增长率	63002.33 亿元，8.0%
服务业增加值及占 GDP 比重	28537.35 亿元，45.3%
三次产业的比重	7.9:46.8:45.3
服务业从业人员数及占就业人数比	565.8 万人，45.8%

资料来源：根据《中国统计年鉴 2016》数据计算所得。

通过计算可得，2015 年山东省服务业增加值区位商仅为 0.96。这表明，与全国平均水平相比，山东省服务业增加值比重相对较低，服务业专业水平有待进一步提升。山东省的传统服务业仅批发零售业区位商均大于 1，为 1.39，这说明该服务业细分产业的增加值比重高于全国平均水平，其发展具有相对优势；而交通运输、仓储和邮政业，住宿和餐饮业，房地产业和其他服务业的区位商值仅为 0.86、0.95、0.90 和 0.89，均小于 1，因此处于相对劣势的地位；金融业的区位商值仅为 0.67，远低于全国平均水平。

进一步分析 2015 年山东省各产业的劳动生产率情况可以看到，2015 年，山东省服务业劳动生产率为 50.43 万元/人，远高于全国平均的 37.96 万元/人。其中金融业的劳动生产率为 72.06 万元/人，低于全国的 84.49 万元/人；其余服务业细分产业批发和零售业，交通运输、仓储和邮政业，住宿和餐饮业、房地产业及其他服务业的劳动生产率分别为 140.52 万元/人、51.73 万元/人、92.71 万元/人、99.40 万元/人和 27.76 万元/人，高于全国平均的 78.84 万元/人、39.04 万元/人、57.12 万元/人、79.53 万元/人和 22.70 万元/人，这表明山东省这五大服务业细分产业劳动生产率较高，具有发展的相对比较优势；尤其是住宿和餐饮业、批发和零售业这两大传统服务业，山东省的劳动生产率远高于全国平均水平，分别达到全国水平的 1.62 和 1.79 倍。

二、山东省城市服务业竞争力分析

（一）山东省各城市服务业竞争力排名

经计算可得到山东省各城市服务业竞争力及一级指标排名如表 3－30 所示。

表 3－30 山东省各城市服务业竞争力排行榜

排行	城市	竞争力	城市	发展水平	城市	发展活力	城市	发展条件	城市	发展环境
1	青岛	63.4	青岛	61.7	青岛	58.1	青岛	69.5	济南	65.5
2	济南	60.5	济南	60.5	济南	54.4	烟台	61.1	青岛	62.2
3	烟台	56.1	烟台	54.4	烟台	54.3	济南	61.0	威海	60.3
4	潍坊	54.8	潍坊	54.2	威海	51.0	东营	59.1	潍坊	56.7
5	威海	54.7	威海	53.3	潍坊	50.8	潍坊	57.9	东营	56.4
6	东营	53.2	泰安	51.8	临沂	50.2	淄博	56.5	烟台	53.9
7	淄博	52.3	临沂	51.6	济宁	49.9	威海	56.0	淄博	53.8
8	临沂	51.1	淄博	51.6	菏泽	49.7	临沂	54.6	莱芜	51.9
9	济宁	50.4	东营	51.6	德州	49.2	济宁	53.0	日照	49.4
10	泰安	50.2	济宁	50.5	泰安	48.4	德州	51.6	滨州	49.1
11	德州	49.4	日照	50.1	淄博	48.2	泰安	51.4	泰安	48.0
12	滨州	49.0	德州	50.0	聊城	47.8	滨州	50.7	枣庄	47.9
13	聊城	48.6	聊城	49.9	东营	47.7	聊城	50.5	济宁	47.5
14	菏泽	48.1	滨州	49.8	滨州	46.7	菏泽	49.2	临沂	46.4
15	日照	48.1	菏泽	49.1	枣庄	45.7	日照	48.6	德州	45.6
16	枣庄	47.1	枣庄	47.7	日照	44.6	枣庄	48.1	聊城	45.3
17	莱芜	45.6	莱芜	45.4	莱芜	42.6	莱芜	46.3	菏泽	42.7

从表 3－30 的数据可以看到，2015 年，山东省城市服务业竞争力排名中，青岛、济南、烟台、潍坊和威海居于前五位，均大于全国平均的 50 分水平线，其中青岛和济南的得分相近，分别为 63.4 和 60.5 分，这表明这两个城

市服务业竞争力在山东省具有领先地位，在全国范围内也高于全国的平均水平，青岛服务业竞争力在全国排名第 13 位，济南全国排名为第 20 位，均居于全国前列；聊城、菏泽、日照、枣庄和莱芜则分别以 48.6、48.1、48.1、47.1 和 45.6 分居于山东省城市服务业竞争力排名最后五位，而莱芜在全国 288 个地级及以上城市中排第 233 位。

从服务业发展水平来看，青岛、济南、烟台、潍坊和威海分别以 61.7、60.5、54.4、54.2 和 53.3 分居山东省城市服务业发展水平前五位，且都超过了全国平均水平的 50 分线，这表明其在全国范围内也具有一定程度的优势地位，而青海和济南城市服务业发展水平分别居全国第 16 位和 17 位，居于全国服务业发展水平前列；聊城、滨州、菏泽、枣庄和莱芜城市服务业发展水平在山东省各城市中最低，居最末五位。

从服务业发展活力来看，山东省所有城市的发展活力差距明显，青岛服务业发展活力指数最高，以 58.1 分居全国第 21 位；济南、烟台、威海和潍坊以 54.4、54.3、51.0 和 50.8 分位居全省第 2—4 位，居全国第 40、43、96、100 位；东营、滨州、枣庄、日照和莱芜城市服务业发展活力以 47.7、46.7、45.7、44.6 和 42.6 分在山东省各城市中居最末五位，其中莱芜城市的发展活力指数居于全国最后的 30 位。

从服务业发展条件来看，青岛、烟台、济南和东营服务业发展条件较好，服务业发展条件指标得分分别为 69.5、61.1、61.0 和 59.1 分，在全国范围内分别居第 12、24、26 和 30 位；枣庄和莱芜的服务业发展条件得分分别为 48.1 和 46.3 分，居最末两位，在全国范围内分别居第 121 位和 177 位，位于全国城市服务业发展条件的中等水平。

从服务业发展环境来看，山东省济南服务业发展环境指标最高，以 65.5 分居全国城市服务业发展环境的第 22 位；青岛、威海、潍坊和东营的服务业发展环境指标较高，分别为 62.2、60.3、56.7 和 56.4 分居第 2—4 位；济宁、临沂、德州、聊城和菏泽的服务业发展环境居末五位。

山东省有一半城市服务业发展总量水平指数高于全国 50 分的平均水平，且全部城市服务业发展总量水平在 47 分以上，这表明山东省服务业集聚发展的态势较为明显。其中，青岛、济南和烟台的服务业发展总量水平分别以 56.6、55.1 和 52.8 分居全国第 13、17 和 29 位，位于全国前 30 名；枣庄、日照和莱芜的服务业发展总量水平分别以 49.0、48.6 和 47.7 分位居最后三位；莱芜服务业发展总量水平在全国居最后 30 位。

由于城镇单位就业人员数中服务业就业人员比重较高，山东济南市的服务业比重水平最高达 67.9 分，居全国第 20 位；青岛、菏泽、临沂、德州和潍坊分别以 56.6、52.7、52.5、50.9 和 50.0 分居于山东省前第 2 至 6 位；其他城市服务业比重水平都低于全国平均分，枣庄、滨州、淄博、莱芜和东营服务业比重水平分别居全国第 211、224、233、240 和 274 位，其中东营属于全国服务业比重水平最低的 30 个城市。

山东省城市服务业生产率水平指数中，青岛最高，达到 73.3 分，居全国第 16 名；东营和威海的服务业生产率水平分别以 71.1 和 68.0 分居全国前 30位；枣庄、德州、莱芜和菏泽服务业生产率水平居最末四位；除最后四个城市，其他城市服务业生产率水平均超过全国平均的 50 分水平，这表明山东省各城市服务业生产率水平整体相对较高。

（二）山东省各城市服务业发展活力排名

青岛、烟台、威海和潍坊在服务业发展规模活力上具有优势地位，分别以 58.4、53.8、53.7 和 53.1 分居前四位，其中青岛在全国范围排名第 13 位，同时济南、淄博和东营服务业发展规模活力均大于全国平均水平；其余城市服务业发展规模活力均低于全国平均水平，枣庄、德州、聊城和莱芜分别以 47.8、47.4、47.2 和 46.3 分居山东省服务业发展规模活力最末四位，其中莱芜更是居于全国倒数 30 位。

山东省部分城市服务业发展比重活力较低，潍坊市和菏泽发展比重活力指数分别为 66.3 和 53.2 分，在山东省位居前两位，高于全国平均水平；其余城市均低于全国平均水平，在全国 288 个城市中，淄博、枣庄、东营和莱芜分别以 35.7、35.6、34.5 和 12.7 分居于全国第 250 位之后，其中莱芜服务业发展比重活力远低于全国平均水平，居全国服务发展比重活力的倒数 30 位。

山东省有 11 个城市服务业生产率高于全国平均水平，潍坊和莱芜服务业生产率提升较快，服务业发展生产率活力指数达 73.2 和 72.8 分居山东省前两位，居全国排名第 19 和 20 名；烟台、济宁和青岛以 64.5、60.3 和 58.2 分依次为第 3 位至第 5 位；而聊城、淄博、菏泽、日照、枣庄和滨州服务业发展生产率活力得分均低于全国水平，位列山东省的倒数后 6 位。

山东省各城市服务业投资活力指数较高，青岛和烟台服务业投资活力以 68.8 和 61.4 分位居全国第 8 名和第 25 名；最低的潍坊指数仅有 16.3 分，居全国第 283 位。从整体情况看，除潍坊其他城市均在全国平均水平之上，这表明 2015 年山东省各城市的投资水平显著上升。

青岛、济南和烟台的城市服务业发展的消费活力指数分别为 61.6、60.0 和 57.4 分，位列山东省前三位，以高于全国平均水平分居全国第 37、42 和 49 位；莱芜、滨州和东营分别以 44.3、44.3 和 43.7 分居最末 3 位，低于全国平均水平。

山东省服务业发展金融活力指数最高的济南和德州分别为 52.1 和 50.3 分，分别居全国第 39 位和第 90 位，此外位列第 3 的菏泽的金融活力指数也高于全国平均水平；其他城市服务业发展金融活力均低于全国平均发展水平 50 分，威海、淄博、莱芜和日照的金融活力分别以 46.4、46.3、46.3 和 43.1 分居山东省的最末 4 位，也位列全国服务业金融活力指数最末的 30 个城市之中。

（三）山东省各城市服务业发展条件排名

从整体情况看，山东省 17 个城市中有 14 个城市服务业发展产业条件高于全国平均水平，这说明山东省服务业发展条件具有相对优势。青岛、烟台、潍坊和济南的服务业发展产业条件指标分别为 65.0、59.0、58.5 和 57.0 分，居全国第 11、22、23 和第 29 位；枣庄、日照和莱芜的服务业发展产业条件指数分别以 48.6、48.0 和 46.4 分居最后三位，低于全国平均水平。

青岛、烟台和潍坊的服务业投资条件较好，在山东省的 17 个地级市中居前三位，以 68.4、58.5 和 58.0 分分别位于全国的第 7、25 和 27 位；枣庄、日照和莱芜服务业发展投资条件仍居最后三位，低于全国平均水平。

就人口条件看，得益于较高的人均值和建成区密度，东营服务业人口条件改善很大，以 74.2 分居全国 11 位，位列山东省第一；济南和青岛分别以 70.7 和 68.8 分位列第 2、3 位，分别位于全国的第 18 位和第 20 位；枣庄、聊城和菏泽发展人口条件较差，位居山东省各城市最后三位。

（四）山东省各城市服务业发展环境排名

济南和青岛的服务业发展环境指数在山东省较为领先。济南和青岛的人均科技经费支出、人均教育经费支出、每万人在校大学生数等指标在山东省均居于领先地位，服务业发展教育环境指数分别为 66.2 和 62.7 分，居全省第 1 和第 2 位，位列全国第 23 和 31 位；莱芜、聊城和菏泽以 45.4、45.1 和 43.2 分位列最末三位。

青岛和济南的交通环境中山东省居于领先地位，分别以 62.8 和 61.6 分排名前两位，居全国的第 18 位和第 23 位，山东全省共有 7 个城市的服务业发展交通环境指数高于全国平均水平；泰安、德州和菏泽的交通环境指数分别为 46.7、46.6 和 43.8 分，居山东最末三位。

潍坊通信环境相对较好，以 65.0 分位居第 1 位，这表明城市的人均邮政业务总量、人均电信业务总量、固定电话年末用户数等指标在全省领先；济南服务业通信环境以 58.0 分位列其后居全国第 32 位；德州、聊城和菏泽的人均交通指标较低，位列最后三位，其中菏泽以 43.7 分位居全国城市服务业通信环境倒数 30 位。

山东省的 17 个城市中，有 10 个城市的公共服务环境指数高于全国平均水平的 50 分。济南和潍坊的公共服务环境指数较高，分别达 74.0 和 64.5 分，居全国的第 8 和 25 位；威海和东营则紧随其后。德州、菏泽和聊城位居山东全省最后三位。

威海、日照、临沂和东营的生活环境较好，分别以 66.9、60.6、60.0 和 59.7 分位列前四位，威海位居全国服务业生活环境前 30 位；除菏泽、济宁和烟台位列最后三位且低于全国水平；其他城市服务业生活环境指数均高于全国平均水平。

从山东省各城市的社会保障指数看，青岛和威海相对较高，分别以 61.4 和 59.6 分位居全省前两名，居全国第 25 和 29 位，济南和烟台社会保障以 57.8 和 56.5 分位列其后，表明这些城市的城镇职工基本养老保险、基本医疗保险、失业保险参保情况良好；而德州、聊城、临沂和菏泽位列最后四位。

三、山东省服务业发展的结论与建议

当前，山东省发展服务业正当其时。较高的工业化程度、国际化的农业水平、较大的城镇人口规模、独特的区位优势以及国家服务业综合试点的设立给山东省发展服务业带来诸多优势和有利条件。

从山东省城市服务业竞争力情况来看，服务业发展的政策建议可从以下方面着力：

（一）提升服务业发展水平

山东长期以轻工业和重工业为主，导致服务业发展总量水平和比重水平高于全国平均水平的城市相对较少。在国家政策支持下，在工业主导向服务业主导转变的过程中，山东省应积极利用中韩、中澳自贸协定，鲁港、鲁台经贸合作引导社会资金投入服务业，带动产业结构由"二三一"向"三二一"的转变，提升山东省各城市服务业发展水平。同时，山东省应继续扩大服务业对外开放，发挥山东的比较优势，整合优势产业，提升各城市服务业生产率水平，推动优势服务业产品"走出去"，扩大齐鲁文化、教育、劳务合作等服务贸易出口，拓展服务业发展空间。

（二）提升服务业发展活力

山东省各城市服务业发展活力相对较低，其规模活力、比重活力和金融活力都有待提升。山东省各城市可充分利用"一带一路"战略以及中韩金融合作，特别是两国货币直接交易、跨境融资、区域债券市场开放等在山东先行先试的机遇，不断扩大金融业对外开放，激发金融业内在活力，加快推进青岛财富管理金融综合改革试验区建设。积极推动青岛、济南、菏泽、淄博等地区经济转型升级和结构调整，立足当地资源、产业优势和城市发展，鼓励生产制造型企业向生产服务型转变，整合服务业资源，推动制造企业中的生产性服务业分离，促进生产性服务业向专业化、高端化和规模化方向发展，提升城市规模活力和比重活力。

（三）改善服务业发展环境

山东省服务业教育环境、交通环境、通信环境、社会保障等指标高于全国平均水平的城市未超过半数，服务业发展环境有待进一步改善。山东省各城市应抓紧供给侧结构性改革机遇，持续加大对服务业基础设施建设，加快推进城市地铁和轻轨建设，推进青岛、菏泽等5市机场新建和扩建，增开洲际直达航线；加快多式联运及转运设施建设，改善交通环境。加快农村电网和城镇配电网改造建设，扩大全省通信设备覆盖面。加大科技和教育领域的经费投入，鼓励院校为本地企业提供职业教育和技术等专业服务，提高服务业人才综合素质。

第十节 广东省城市服务业竞争力报告2016

一、广东省社会经济与服务业发展总体情况

广东省是中国第一经济大省，自1989年开始，广东省国民生产总值在中国31个省市中连续居第一位，2015年广东省全省实现地区生产总值72812.55亿元，经济总量占全国的十分之一，人均GDP达到67503元，按平均汇率折算为10838美元，已达到中等发达国家水平。广东省服务业也处于不断发展之中，2015年，服务业增加值达36853.47亿元，增长9.5%，总量居全国第一位，服务业增加值占地区生产总值比重为50.6%，服务业对经济增长的贡献率达58.8%，服务业发展优势明显。

表3-31 2015年广东省社会经济及服务业发展整体情况

项　　目	数　　据
土地面积	18万平方公里
常住人口	10849万人
GDP及增长率	72812.55亿元，8.0%
服务业增加值及占GDP比重	36853.47亿元，50.6%
三次产业的比重	4.6:44.8:50.6
服务业从业人员数及占就业人数比	786.5万人，40.4%

资料来源：根据《中国统计年鉴2016》数据计算所得。

通过计算可得，2015年广东省服务业增加值区位商为1.02，这表明广东省服务业服务业增加值也相对比重较高，专业水平高于全国水平。广东省的

传统服务业包括批发零售业、金融业、房地产业和其他服务业的区位商均大于1，分别为1.09、1.11、1.53和1.02，这说明这四个服务业细分产业的增加值比重高于全国平均水平，其发展具有相对优势；而交通运输、仓储和邮政业，住宿和餐饮业的区位商值仅为0.87和0.91，均小于1，因此处于相对劣势的地位。

进一步分析2015年广东省各产业的劳动生产率情况可以看到，2015年，广东省服务业劳动生产率为46.86万元/人，高于全国平均的37.96万元/人。其中交通运输、仓储和邮政业，住宿和餐饮业的劳动生产率分别为35.38万元/人和39.00万元/人，分别低于全国的39.04万元/人和57.12万元/人，其余服务业细分产业批发和零售业其劳动生产率仅为全国平均水平的78%；而广东的金融业、房地产业和其他服务业的劳动生产率分别为124.96万元/人、79.53万元/人和29.72万元/人，高于全国平均的84.49万元/人、79.53万元/人和22.70万元/人，这表明广东省这三大服务业细分产业劳动生产率较高，具有发展的相对比较优势，尤其是传统金融服务业，广东省的劳动生产率远高于全国平均水平，达到全国水平的1.48倍。

二、广东省城市服务业竞争力分析

（一）广东省各城市服务业竞争力排名

经计算可得广东省各城市服务业竞争力及一级指标排名如表3-32所示。

表3-32　广东省各城市服务业竞争力排行榜

排行	城市	竞争力	城市	发展水平	城市	发展活力	城市	发展条件	城市	发展环境
1	深圳	85.2	广州	79.6	深圳	87.1	深圳	81.0	珠海	100.0
2	广州	80.8	深圳	72.8	广州	75.4	广州	80.0	深圳	99.9
3	珠海	60.9	佛山	55.6	佛山	54.9	佛山	61.4	广州	80.6
4	佛山	59.5	东莞	54.5	东莞	52.1	东莞	59.3	东莞	76.4
5	东莞	59.1	珠海	52.5	揭阳	50.4	珠海	57.5	佛山	69.2
6	中山	53.6	中山	51.4	汕头	50.4	中山	52.9	中山	65.1
7	惠州	51.1	茂名	51.0	湛江	49.3	惠州	52.2	惠州	59.5

续表

排行	城市	竞争力	城市	发展水平	城市	发展活力	城市	发展条件	城市	发展环境
8	江门	50.0	湛江	50.9	阳江	49.2	江门	50.1	江门	54.3
9	湛江	48.6	清远	50.4	中山	49.0	汕头	48.6	韶关	49.0
10	汕头	48.4	韶关	49.6	惠州	49.0	肇庆	48.5	汕头	48.9
11	清远	48.1	江门	49.0	云浮	48.6	湛江	48.0	肇庆	47.8
12	韶关	47.5	梅州	48.7	江门	48.6	茂名	47.7	河源	47.3
13	阳江	47.5	阳江	48.5	清远	48.3	揭阳	47.5	清远	46.4
14	茂名	47.4	汕尾	48.0	珠海	48.2	韶关	46.4	云浮	46.2
15	肇庆	46.9	惠州	47.9	潮州	47.8	阳江	46.3	梅州	45.6
16	梅州	46.8	河源	47.8	梅州	47.6	清远	45.8	阳江	45.1
17	河源	46.5	潮州	46.9	河源	46.5	河源	44.9	湛江	43.8
18	云浮	46.5	汕头	46.9	肇庆	46.0	云浮	44.9	汕尾	43.8
19	揭阳	45.7	肇庆	46.7	茂名	45.8	梅州	44.8	潮州	42.9
20	潮州	45.6	云浮	46.6	汕尾	45.7	潮州	44.1	茂名	42.9
21	汕尾	45.5	揭阳	44.4	韶关	45.4	汕尾	43.7	揭阳	40.2

从表3-32的数据可以看到，2015年，广东省城市服务业竞争力排名中，深圳、广州、珠海、佛山、东莞居于前五位，这说明广东省该五个城市在全国城市服务业竞争力较强。其中深圳和广州的得分遥遥领先，分别为85.2分和80.8分，这表明深圳和广州两城市服务业竞争力在广东省具有显著的领先地位，且分别居全国第3位和第4位；珠海、佛山和东莞分别以60.9、59.5和59.1分居全国第16、22和24位。河源、云浮、揭阳、潮州和汕尾分别以46.5、46.5、45.7、45.6和45.5分居于最后五位。

从服务业发展水平来看，广州、深圳分别为79.6分和72.8分，居全国第3和第4位，位于全省前2位；佛山、东莞和珠海市则分别以55.6、54.5和52.5居全省第3至5位；潮州、汕头、肇庆、云浮和揭阳发展水平分别以46.9、46.9、46.7、46.6和44.4分在广东省各城市中最低，其中揭阳在全国288个地级及以上城市中居于262位。

从服务业发展活力来看，深圳得分为87.1，高于广州的75.4，居于前两位，在全国排第 3 和第 5 位，这表明这两个城市 2015 年服务业发展活跃程度较高；佛山、东莞和揭阳市紧随其后，分别以 54.9、52.1 和 50.4 分居全国第 33、75 和 111 位；受基础条件的制约，河源、肇庆、茂名、汕尾和韶关的服务业发展活力相对较差，居于全国第 208、222、230、233 和 237 位，位于广东省最后五位。

从服务业发展条件来看，深圳、广州、佛山和东莞分别为 81.0、80.0、61.4 和 59.3 分，分别居全国第 5、6、21 和 29 位，城市服务业发展潜力巨大，珠海市以 57.5 分位居全国 36 位、全省第 5 位；而粤东西北落后山区的河源、云浮、梅州、潮州和汕尾则居最后五位，汕尾以 43.7 分位居全国后 30 位，服务业发展条件有待改善。

从服务业发展环境来看，珠海和深圳的服务业发展环境指标最高，分别为 100 和 99.9 分，居全国第 1 和第 2 位，广州、东莞、佛山和中山分别以 80.6、76.4、69.2、65.1 分居全国第 5、6、11 和 23 位，广东省 6 大城市服务业发展环境位居全国前 30 位，服务业发展环境较好；而湛江、汕尾、潮州、茂名和揭阳分别以 43.8、43.8、42.9、42.9 和 40.2 分位于最后五位，其中揭阳在全国排名倒数 30 位中。

(二) 广东省各城市服务业发展水平排名

从总量水平看，广州市和深圳市分别 72.7 分和 68.9 分居于前两位，东莞、佛山和惠州服务业发展水平也高于平均水平，分别居第 3、第 4 位和第 5 位，且广州、深圳、东莞和佛山分别以第 4、5、25 和 27 位排全国前 30 位；其余城市的总量水平均在平均水平以下，且均为 47 分以上，这在一定程度上表明广东省各城市服务业发展局部区域突出，整体仍有待提高。

由于服务业增加值比重和就业人员比重均居于广东省各城市之首，广州市的服务业比重水平最高为 80.4 分，深圳、梅州①、湛江和韶关的比重水平居于第 2、3、4、5 位；东莞、惠州、揭阳、中山和佛山的比重水平较低。

---

① 该数据一方面说明由于梅州市农业、工业发展程度均较低，服务业占比就相对较高；另一方面可能由于本数据中的就业人员比重采用的是城镇单位就业人员中第三产业人员的比重，存在一定程度高估的可能性。

珠三角城市的服务业生产率水平明显较高，其中，深圳、广州、佛山、中山和东莞的服务业生产率水平较高，分别为 83.4、81.6、78.5、67.8 和 66.7 分，以第 5、7、9、28 和 29 位居全国前 30 位；中山、珠海和东莞则紧随其后；而河源云浮、汕头、梅州和揭阳的服务业生产率水平位居最末五位，其中揭阳服务业生产率水平比深圳低一半。

（三）广东省各城市服务业发展活力排名

深圳、广州、佛山和东莞在服务业发展规模活力上优势地位较为明显，均大于 50 分的全国平均水平，分别以 78.7、73.5、55.3 和 54.5 分居前四位，在全国范围内排名分别为第 4、5、25 和 29 位；珠海、中山和惠州紧随其后均大于全国平均水平；其余城市服务业发展规模活力均低于全国平均水平，河源、茂名、梅州和汕尾以 46.7、46.5、46.4 和 44.5 分居全国第 255、258、263 和 285 位，梅州和汕尾居于全国倒数 30 位中。

广东省各服务业发展比重活力中，清远和阳江的发展比重活力指数最高，分别以 65.6 和 61.2 分居全国第 30 位和第 45 位；云浮、揭阳和深圳服务业发展比重活力居广东省第 3 至 5 位，均高于全国平均水平；其余城市均远低于全国平均水平，汕尾、肇庆和茂名以 39.6、38.0 和 29.5 分居最末三位，远低于全国平均水平，在全国 288 个城市中，茂名城市在全国服务发展比重活力居倒数 30 位。

阳江和佛山服务业生产率提升较快，服务业发展生产率活力指数达 66.7 和 65.6 分，位列广东省前 2 位，居全国排名第 30 和 35 名；江门、广州和中山以 59.5、59.4 和 59.4 分，依次为第 3 到 5 位；深圳①、云浮、肇庆、河源和茂名服务业生产率活力低于 40 分，居全国第 226、233、238、247 和 253 位，服务业生产率活力有进一步提升空间。

广东省各城市服务业投资活力指数都较高，深圳、梅州和湛江以 67.9、61.9 和 60.8 分，位居全国城市服务业发展投资活力的第 10 名、第 23 名和第 29 名，除东莞、阳江、清远、韶关和珠海服务业投资活力以 47.7、44.7、

---

① 深圳市服务业生产率活力较低，这说明深圳市服务业生产率继续提高具有较大挑战性，同时也说明服务业领先的城市持续保持活力的难度也相对较大。

44.1、38.1 和 22.9 分居广东省最末五位，低于全国平均水平，其他城市均高于全国平均水平 50 分。珠海服务业投资活力最低居全国第 270 位，说明珠海有进一步提升服务业投资活力的空间。

广州的城市服务业发展的消费活力指数为 90.0 分，居全国第三位，消费活力优势较为明显，佛山、东莞、揭阳、汕头、湛江、江门、肇庆和珠海高于全国平均水平，其余城市均低于全国平均水平。汕尾、河源、阳江、清远和深圳分别以 46.4、46.0、44.6、44.5 和 42.1 分居广东省最末 5 位。

广东省服务业发展金融活力指数最高的深圳和广州分别为 100.0 分和 59.7 分，分别居全国第 1 位和第 6 位，说明其金融活力竞争力较强；此外惠州和汕尾紧随其后，金融活力指数相同且高于全国平均水平；其余城市均低于全国平均水平，佛山、肇庆和中山以 46.8、46.8 和 46.4 分位居最后 3 位，其中中山服务业金融活力指数居全国最差的 30 个城市之中。

（四）广东省各城市服务业发展条件排名

作为广东省城市规模最大、经济发展水平最高的两个城市，深圳和广州的服务业发展条件指数远优于其他城市。深圳和广州的服务业发展产业条件指标分别 80.5 分和 78.4 分，两个城市服务业发展条件均较好，居全国第 3 和第 5 位；佛山和东莞以 64.9 和 61.0 分居全国第 12 和 17 位；梅州、云浮和汕尾服务业发展产业条件指数分别以 46.8、46.7 和 46.5 分位居最后三位，服务业发展产业条件相对较差。

广州和深圳的服务业投资条件较好，在广东省的 21 个地级市中居前两位，分别位于全国的第 10 位和第 13 位；东莞和佛山紧随其后，分别以 55.9 和 55.6 分居全国第 34 和 37 位；韶关、阳江河源、汕尾和潮州位列最后五位，其中潮州以 44.3 分居全国第 275 位，属于全国服务业发展投资条件最差的 30 个城市之一。

就人口条件看，得益于较高的人均值、职工平均工资和建成区密度，深圳、广州和珠海分别以 94.7、88.3 和 81.9 分位列前三位，居全国第 2、4 和 7 位；揭阳、潮州和汕尾发展人口条件差，其中汕尾以 39.9 分位居全国 267 位，即全国全国服务业人口条件最差 30 个城市之一。

(五) 广东省各城市服务业发展环境排名

珠海、深圳和广州的服务业发展环境指数在广东省居领先地位，珠海、深圳和广州的人均科技经费支出、人均教育经费支出、每万人在校大学生数等指标在广东省均居于领先地位，珠海服务业发展教育环境指数达到100.0分，发展环境位居全国第一，同时深圳和广州分别为83.0和82.1分居全国第2位和第3位；东莞和惠州以63.0和62.3分紧随其后居全国服务业发展教育环境指数前30位；清远、梅州。潮州、阳江和汕尾位列最末五位。

深圳、珠海和广州的交通环境中广东省居于领先地位，分别以100.0、91.3和77.8分排名前三位，居全国的第1、2和第4位；佛山和东莞也以66和62.7分居全国第16和19位；揭阳、云浮、茂名和潮州的交通环境指数分别为43.0、42.0、41.6和40.9分，居广东省最末4位，并位列全国交通环境最低的30个城市中。

珠海、深圳、广州、佛山、中山和东莞通信环境相对较好，分别以100、88.2、74.1、68.2、68.0和68.0分位居前六位，表明这六个城市的人均邮政业务总量、人均电信业务总量、固定电话年末用户数等指标在全省领先，且均居于全国服务业通信环境指数前10名；河源、梅州、清远、汕尾和揭阳人均交通指标较低，位列最后五位。

深圳的公共服务环境指数最高，达88.7分，居全国的第2位，东莞、珠海和广州则以71.5、69.5和66.2分居全国第12、14和19位，公共服务环境较好；揭阳、云浮、潮州、汕尾和湛江位居最后五位，潮州、汕尾和湛江以38.7、37.9和37.7分居全国服务业公共服务环境指数最差30位之中。

广东省的21个城市中，有14个城市的生活环境指数高于全国平均水平的50分，且其指数均大于50分；珠海、佛山、河源和广州的生活环境较好，分别以89.0、79.5、64.2和53.6分位列前四位，居全国服务业生活环境指数最优30位中；湛江、茂名、潮州和揭阳位列最后四位。

广东省各城市的社会保障指数相对较高，深圳、东莞、珠海的社保环境指数分别以100.0、83.7、80.8分居全国前三位；中山、广州、佛山和惠州的社保环境指数分别以74.6、73.5、66.9和62.2分位列第4至7位，且分别居全国的第6、8、12和20位，这表明这些城市的城镇职工基本养老保险、基本医疗保险、失业保险参保情况良好；而汕尾、梅州、湛江、茂名和揭阳位列最后五位。

三、广东省服务业发展的结论与建议

当前，广东省服务业发展恰逢其时。发达的经济环境、较大的市场活力和投资吸引力、毗邻港澳的地缘优势等都能给广东省发展服务业带来诸多优势和有利条件。但粤东西北地区发展相对落后，服务业发展活力较差，导致广东省各城市服务业发展不均衡，服务业整体发展水平不能显著提升。

从广东省城市服务业竞争力情况来看，服务业发展的政策建议可从以下方面着力：

（一）提升服务业发展活力

广东省 21 个城市中，仅 6 个城市服务业发展活力高于全国平均水平，主要原因是服务业规模活力、比重活力和金融活力指标相对较差。随着"一带一路"和自贸区等重大战略实施，广东省各城市可借此重大机遇深化对外合作水平，全方位提高各城市服务业对外合作层次，提升服务业规模活力。依托港澳发达的金融体系，继续深化粤港澳服务贸易自由化，推进珠三角金融服务业的快速发展，通过产业转移与扶持，带动粤东西北地区金融业发展，提升全省金融活力。同时，不断加大广东省服务业开放力度，强化面向"一带一路"的跨境服务，尤其是与 21 世纪海上丝绸之路沿线国家和地区的跨境金融、商贸、文化、科技等服务。

（二）改善服务业发展条件

广州、深圳、珠海等珠三角地区服务业比重大，发展环境较好，其服务业发展的产业条件和投资条件相对较优，促使总部经济、科技研发服务、投融资服务、商务服务等高端服务业聚集。而粤东西北地区城市投资条件相对较差，投资吸引力较小，导致广东省区域间服务业发展不均衡。因此广东省应围绕粤东西北振兴发展计划，积极改善欠发达地区服务业投资条件，加大力度吸引港澳地区服务业投资；主动对接珠三角地区服务业，加快建设与新

型城镇化、新型工业要求相匹配的现代服务体系，促使区域间服务业协调发展。

（三）改善服务业发展环境

除广州、深圳、珠海和东莞等几个城市服务业发展基础环境相对较好外，广东省其余城市的教育、交通、公共服务环境仍有待进一步提升。广东省各城市应持续加大对科技和教育领域的经费支出，加快推进广州南沙、深圳前海、珠海横琴和中新（广州）知识城、中德（佛山）工业服务区、中以（东莞）国际科技合作等协同创新平台建设，发展社会实验室、创新工厂；推动院校与企业合作，培养专业服务人才，提高本地劳动力的素质，改善服务业发展的人力资源结构。广东省应继续加大交通通信设施建设，打造便捷、通达的交通环境，降低服务业成本，进一步完善服务业公共服务环境，加大服务业发展投入，营造更好的服务业发展环境。

第十一节　海南省城市服务业竞争力报告2016

一、海南省社会经济与服务业发展总体情况

海南省位于中国最南端，其良好的生态环境，优越的地理位置加上得天独厚的气候，使得以旅游为龙头的第三产业成为海南经济腾飞的主要动力。近年来，海南加快建设海岛休闲度假旅游胜地，打造全国唯一的省域国际旅游岛，促进了海南省服务业的快速发展。2015年，海南省的国内生产总值为3702.76元，比2014年增长7.8%，其中服务业增加值为1972.22亿元，比2014年增长9.6%，服务业增加值占地区生产总值比重为53.3%，服务业对经济增长的贡献率达64.0%，服务业在海南省国民经济发展中居于首要地位。

表 3-33　2015 年海南省社会经济及服务业发展整体情况

项　目	数　据
土地面积	3.4 万平方公里
常住人口	910.82 万人
GDP 及增长率	3702.76 亿元，7.8%
服务业增加值及占 GDP 比重	1972.22 亿元，53.3%
三次产业的比重	23.1∶23.7∶53.3
服务业从业人员数及占就业人数比	72.8 万人，72.5%

资料来源：根据《中国统计年鉴 2016》数据计算所得。

通过计算可得，2015 年海南省服务业增加值区位商为 1.13，这表明，与全国平均水平相比，海南省服务业增加值比重较高，服务业发展专业优势明显。海南省的传统服务业包括批发零售业，交通运输、仓储和邮政业，房地产的区位商均大于 1，分别为 1.24、1.10 和 1.76，这说明这两个服务业细分产业的增加值比重高于全国平均水平，其发展具有相对优势；而金融业和其他服务业的区位商值仅为 0.92 和 0.87，均小于 1，因此处于相对劣势的地位；住宿和餐饮业的区位商值为 2.16，为全国最高，说明其发展优势明显。

进一步分析 2015 年海南省各产业的劳动生产率情况可得，2015 年，海南省服务业劳动生产率为 27.09 万元/人，远低于全国平均的 37.96 万元/人，其中除批发和零售业的劳动生产率为全国平均水平 78% 外，交通运输、仓储和邮政业，住宿和餐饮业，金融业，房地产业以及其他服务业的劳动生产率分别为 28.77 万元/人、29.25 万元/人、59.297 万元/人、38.94 万元/人和 14.00 万元/人，均低于全国平均的 39.04 万元/人、57.12 万元/人、84.49 万元/人、79.53 万元/人和 22.70 万元/人，这表明海南省这五大服务业细分产业劳动生产率较低，其发展处于相对比较劣势，尤其是住宿、餐饮业，金融业，房地产这三大传统服务业，远低于全国平均水平。

二、海南省城市服务业竞争力分析

（一）海南省各城市服务业竞争力排名

经计算可得海南省各城市服务业竞争力及一级指标排名如表 3-34 所示。

表 3-34　海南省各城市服务业竞争力排行榜

排行	城市	竞争力	城市	发展水平	城市	发展活力	城市	发展条件	城市	发展环境
1	三亚	57.2	海口	59.0	三亚	55.7	海口	49.2	海口	67.5
2	海口	56.4	三亚	57.3	海口	50.6	三亚	49.1	三亚	67.2

从表 3-34 的数据可知，2015 年，海南省城市服务业竞争力排名中，三亚居于第一，且三亚和海口的得分相近，分别为 57.2 分和 56.4 分，均大于全国平均的 50 分水平线，在全国范围内也高于全国的平均水平。

从服务业发展水平来看，海口以 59.0 分居海南省城市服务业发展水平第一位，且海口和三亚均超过了全国平均水平的 50 分线，这表明其在全国范围内也具有一定程度的优势地位，而海口和三亚城市服务业发展水平分别居全国第 23 位和 26 位，居于全国服务业发展水平前列。

从服务业发展活力来看，海南省 2 个城市的发展活力指数均高于 50 分的全国平均水平线，三亚以 55.7 分位居全国的第 28 名，而相比于三亚城市发展活力，海口城市的发展活力以 50.6 分居全国第 105 位，由此可知，海口市服务业发展活力有进一步提升的空间。

从服务业发展条件来看，海口和三亚服务业发展条件有进一步改善空间，服务业发展条件指标分别为 49.2 分和 49.1 分，在全国范围内分别居第 98、100 位，位于全国城市服务业发展条件的中等水平。

从服务业发展环境来看，海南省的海口和三亚的服务业发展环境指标较高，分别为 67.5 分和 67.2 分，在全国范围内分别居第 16 和 19 位。

（二）海南省各城市服务业发展水平排名

海口服务业发展总量水平指数接近全国 50 分的平均水平，在全国范围内排名第 70 名，三亚服务业发展总量水平在平均水平以下，居全国第 229 位。从服务业比重水平看，三亚和海口服务业比重水平都比较高，以 91.5 分和 90.9 分分别在全国排第 2 位和第 3 位，这说明易旅游业为主的海南服务业就业人数较多。海南省城市服务业生产率水平指数中，海口以 51.3 分超过全国平均的 50 分水平，三亚服务业生产率以 49.1 分居全国第 114 位，表明旅游业发达城市的服务业生产率水平相对较高。

（三）海南省各城市服务业发展活力排名

三亚和海口在服务业发展规模活力上具有优势地位，分别以 51.2 分和 50.4 分均大于 50 分的全国平均水平，其中三亚在全国范围排名第 63 位。

海南省两城市服务业发展比重活力普遍较低，均低于全国平均水平，海口发展比重活力指数为 46.8，在海南省位居第一位；三亚远低于全国平均水平，居全国 240 位之后。

海南省两城市服务业生产率整体活力不高，均低于全国平均水平，海口服务业发展生产率活力指数达 40.4 分，居全国第 217 位；三亚的服务业发展生产率活力得分较低，以 32.9 分位居全国城市服务业发展生产率活力的最末 30 位。

海南省两城市服务业投资活力指数差异大，海口的服务业投资活力指数为 56.0，位居全国第 82 位，高于全国平均分；三亚以 48.7 分位居全国第 205 位，这表明三亚需要进一步大力引进服务业投资。

海口和三亚的城市服务业发展的消费活力指数分别为 70.7 分和 44.9 分，三亚远高于全国平均水平，位居全国第 14 位，服务业城市消费活力较高；而海口位居全国后 100 位。

海南省两城市服务业发展金融活力指数海口和三亚分别为 55.2 分和 53.6 分，分别居全国第 17 位和第 23 位，高于全国平均水平且位于全国前 30 位，说明海南省两城市金融活力较强。

（四）海南省各城市服务业发展条件排名

海南省两城市服务业发展产业条件均小于全国平均水平，海口规模、经济发展水平高于三亚，海口以 46.9 分居全国 184 位，三亚以 45.5 分居全国第 257 位；三亚服务业投资条件比海口好，分别以 47.6 和 46.7 分居全国第 159 和 193 位。

就人口条件看，三亚、海口人口条件均大于全国平均水平，分别以 58.2 分和 57.3 分位于全国第 54 位和 58 位，这说明海南省两城市发展人口条件较好。

（五）海南省各城市服务业发展环境排名

海南省两城市的服务业发展环境均高于全国平均水平，具有优势地位。海口和三亚服务业教育环境分别以76.1分和69.8分居全国第6位和17位，这说明海南省的人均科技经费支出、人均教育经费支出、每万人在校大学生数等指标具有优势。

海口的交通环境居于领先地位，以77.5分居全国的第5位，三亚以57.3分居全国41位，两城市服务业交通环境指标均高于全国平均值。

三亚通信环境相对较好，以63.2分居全国前30位，这表明其人均邮政业务总量、人均电信业务总量、固定电话年末用户数等指标在全省领先；海口以57.5分位列全国38位，两城市的通信环境数据表明海南通信环境整体情况较好。

海口的公共服务环境指数高于三亚，海口以63.0分，居全国的第29位，三亚以54.2分居全国第80位，两个城市的公共服务环境均高于平均水平。

三亚以旅游为主生活环境较好，以97.4分位列全国第2位，海口生活环境指数也大于50分。

海南省两城市的社会保障指数相近，三亚以56.5分位居全国第40位，海口以53.8分居全国第61位，均在全国平均水平之上，这表明其城市的城镇职工基本养老保险、基本医疗保险、失业保险参保情况良好。

三、海南省服务业发展的结论与建议

海南省作为海岛省份，其独特的区位、优良的气候、丰富的资源，带动了以旅游业为龙头的现代服务业的快速发展，同时促进了物流，健康养老服务等相关服务业的发展。从服务业整体竞争力看，三亚和海口两城市服务业竞争力均高于全国水平，其服务业发展活力、发展环境和发展水平指标较好，仅发展条件相对较差。

从海南省城市服务业竞争力情况来看，海南省服务业发展的政策建议可从以下方面着力：

(一) 改善服务业发展条件

由于海南省服务业发展以旅游业和房地产为主，土地资源不断减少，其投资空间受到限制，导致其城市服务业发展产业条件和投资条件均低于全国平均水平。因此，为推动海南省城市服务业发展，海南省需要积极利用"一带一路"倡议、海洋强国战略、三沙建设等重大历史机遇，改善海南省各城市服务业发展条件，优化投资环境，吸引服务业重点企业进入海南省投资落户。

(二) 提升服务业发展活力

海南省服务业比重活力和生产率活力较差，拉低了服务业发展活力的整体水平。因此，海南省各城市可积极利用建设国际旅游岛战略，加快文体娱乐、健康服务、养老服务等生活性服务发展；利用洋浦保税港区和海口综合保税区的设立，26 国旅游团入境免签以及离岛旅客免税购物政策试点等政策的实施，加大力度促进商贸服务和现代物流业的发展，促使服务业多元化发展，提升服务业整体活力。

(三) 改善服务业发展环境

三亚和海口城市发展基础相对较好，但其服务业发展社保环境指标相对较低，拉低了各城市服务业发展环境总体水平，导致服务业专业型、领军型高端人才不足。社保环境是吸引服务人才的重要因素，海南省应积极改善各城市的城镇职工基本养老保险、基本医疗保险、失业保险参保等服务业社保环境，加大服务业人才引进力度，完善服务业人才福利体制，积极改善服务业发展环境。

第 四 章
中国中部地区城市服务业竞争力报告 2016

第一节　中国中部地区城市服务业竞争力总报告 2016

一、中部地区社会经济和服务业发展总体情况

本书所界定的中部地区指的是山西、安徽、江西、河南、湖北和湖南六省。近年来,我国中部地区在中部崛起的政策激励下,经济取得快速发展,成为中国经济发展的第二梯队。2015 年,中部地区的国内生产总值为146950.46 亿元,比 2014 年增长 8.1%,其中服务业增加值为 62302.20 亿元,比 2014 年增长 10.7%,服务业对经济增长的贡献率达 53.3%。可以看到,中部地区的国民经济中,服务业已超越工业成为国民经济的第一大产业部门,该数据表明中部地区已进入了服务经济时代。

表 4 – 1　2015 年中部地区社会经济及服务业发展整体情况

项　　目	数　　据
土地面积	99 万平方公里
常住人口	36488 万人
GDP 及增长率	146950.46 亿元, 8.1%
服务业增加值及占 GDP 比重	62302.20 亿元, 42.4%
三次产业的比重	10.8:46.8:42.4
服务业从业人员数及占就业人数比	1902.8 万人, 49.4%

资料来源:根据《中国统计年鉴 2016》数据计算所得。

通过计算可以得到，2015 年中部地区服务业增加值区位商仅为 0.90，这表明，与全国平均水平相比，中部地区服务业增加值比重相对较低，服务业的专业水平尚有提升空间。中部地区的传统服务业即住宿和餐饮业的区位商大于 1，为 1.09，这说明该服务业细分产业的比重高于全国平均水平，其发展具有相对优势；而交通运输、仓储和邮政业的区位商等于 1，与全国平均水平相当；批发和零售业，金融业，房地产业和其他服务业的区位商值仅为 0.79、0.79、0.83 和 0.96，均小于 1，处于相对劣势的地位。

进一步分析 2015 年中部地区各产业的劳动生产率情况可以看到，2015 年，中部地区服务业劳动生产率为 32.74 万元/人，略低于全国平均的 37.96 万元/人，其中批发和零售业、金融业和其他服务业的劳动生产率分别为 63.92 万元/人、70.70 万元/人和 19.80 万元/人，分别低于全国的 78.48 万元/人、84.49 万元/人和 22.70 万元/人，因此，中部地区此三大服务业细分部门劳动生产率较低。而中部地区的交通运输、仓储和邮政业，住宿和餐饮业以及房地产业的劳动生产率分别达 39.41 万元/人、78.96 万元/人和 83.58 万元/人，高于全国平均的 39.04 万元/人、57.12 万元/人以及 79.53 万元/人，这表明中部地区这三大服务业细分产业劳动生产率较高，具有发展的相对比较优势，尤其是住宿和餐饮业以及房地产业，其劳动生产率远高于全国平均水平，分别达到全国水平的 1.38 和 1.05 倍。

二、中部地区城市服务业竞争力排名

经计算可得到 2015 年中部地区各城市服务业竞争力及一级指标排名如表 4 - 2 所示。

表 4 - 2 2015 年中部地区各城市服务业竞争力排行榜

排行	城市	竞争力	城市	发展水平	城市	发展活力	城市	发展条件	城市	发展环境
1	武汉	68.6	武汉	63	长沙	69.9	武汉	71.4	太原	68.4
2	长沙	65.4	长沙	59.2	武汉	69.8	长沙	67.6	武汉	67.3
3	郑州	61.6	张家界	57	合肥	68.8	郑州	64.2	郑州	62.6
4	合肥	60.6	郑州	56.3	郑州	63	合肥	61.1	长沙	62

续表

排行	城市	竞争力	城市	发展水平	城市	发展活力	城市	发展条件	城市	发展环境
5	太原	56.2	太原	55.6	芜湖	60.1	南昌	57.3	合肥	61
6	南昌	56	常德	52.6	南昌	59.9	太原	54.2	南昌	59.2
7	芜湖	54	朔州	52	开封	58.7	洛阳	53.8	芜湖	54.9
8	洛阳	51.9	合肥	51.8	宿州	57.1	芜湖	53	新余	54
9	岳阳	51	怀化	51.4	益阳	55.3	宜昌	52.2	十堰	52.7
10	开封	50.6	洛阳	51.4	淮北	55.1	襄阳	51.6	马鞍山	51.8
11	常德	50.6	岳阳	51.3	黄冈	54.8	南阳	50.7	宜昌	51.5
12	新余	50.5	运城	51.2	岳阳	54.7	株洲	50.5	湘潭	51.5
13	马鞍山	50.5	黄山	51.1	衡阳	54.5	马鞍山	50.4	株洲	51.3
14	湘潭	50.1	忻州	50.2	永州	53.8	信阳	50.2	黄石	51.1
15	宜昌	50	永州	50	襄阳	53.5	九江	49.3	阳泉	50.8
16	衡阳	50	临汾	49.9	周口	53.2	岳阳	49.3	蚌埠	50.4
17	襄阳	49.6	南昌	49.5	常德	53.1	湘潭	49.1	晋城	49.7
18	张家界	49.6	衡阳	49.2	南阳	53.1	许昌	49	铜陵	49.6
19	郴州	49.5	大同	49.2	新乡	53	郴州	49	开封	49.5
20	株洲	49.1	郴州	49.1	商丘	52.8	衡阳	48.8	淮北	49.2
21	九江	49	晋中	49.1	马鞍山	52.8	赣州	48.6	洛阳	48.9
22	永州	49	新余	49	洛阳	52.5	焦作	48.5	萍乡	48.5
23	南阳	49	宣城	49	荆门	52.4	常德	48.4	晋中	48.5
24	朔州	48.9	邵阳	49	十堰	52.4	新乡	48	鄂州	48.5
25	十堰	48.9	芜湖	48.9	驻马店	52.4	滁州	47.8	郴州	48.4
26	益阳	48.9	池州	48.8	新余	52.3	新余	47.8	景德镇	48.3
27	宣城	48.8	湘潭	48.8	上饶	52.2	周口	47.8	焦作	48.2
28	蚌埠	48.7	益阳	48.7	九江	52	蚌埠	47.5	鹤壁	47.8
29	黄山	48.7	亳州	48.5	宜春	51.9	铜陵	47.5	大同	47.7
30	新乡	48.5	南阳	48.4	湘潭	51.9	宣城	47.4	襄阳	47.6
31	上饶	48.4	赣州	48.3	赣州	51.9	安庆	47.4	新乡	47.6
32	赣州	48.3	长治	48.3	宜昌	51.8	三门峡	47.3	三门峡	47.6
33	许昌	48.2	马鞍山	48	蚌埠	51.8	黄石	47.2	黄山	47.5
34	黄冈	48.1	九江	48	孝感	51.7	上饶	47.2	宣城	47.4
35	宿州	48.1	吕梁	47.9	许昌	51.6	安阳	47.2	滁州	47.4

续表

排行	城市	竞争力	城市	发展水平	城市	发展活力	城市	发展条件	城市	发展环境
36	怀化	48	上饶	47.6	荆州	51.4	黄冈	47.2	长治	47.4
37	三门峡	47.9	商丘	47.6	阜阳	51.4	荆州	47	池州	46.8
38	商丘	47.9	三门峡	47.5	郴州	51.2	荆门	47	九江	46.5
39	邵阳	47.7	株洲	47.3	吉安	51	孝感	46.9	平顶山	46.3
40	驻马店	47.6	阜阳	47.3	邵阳	50.8	开封	46.9	岳阳	46.3
41	荆门	47.5	驻马店	47.2	宣城	50.7	宜春	46.7	鹰潭	46.2
42	焦作	47.5	开封	47.2	鹤壁	50.4	吉安	46.7	安阳	46
43	周口	47.5	信阳	47.1	朔州	50.4	驻马店	46.6	上饶	46
44	淮北	47.5	娄底	47.1	鄂州	50	邵阳	46.6	安庆	46
45	萍乡	47.4	阳泉	47	随州	50	十堰	46.5	濮阳	45.9
46	黄石	47.4	安庆	46.9	焦作	49.8	商丘	46.5	衡阳	45.8
47	晋中	47.3	安阳	46.8	娄底	49.8	鄂州	46.4	孝感	45.6
48	安阳	47.3	平顶山	46.8	萍乡	49.8	平顶山	46.4	荆门	45.5
49	忻州	47.1	晋城	46.6	太原	49.8	鹰潭	46.4	许昌	45.4
50	吉安	47.1	许昌	46.6	抚州	49.6	晋中	46.2	忻州	45.2
51	滁州	47.1	随州	46.6	三门峡	49.5	黄山	46.2	淮南	45.1
52	荆州	47	蚌埠	46.5	濮阳	49.5	晋城	46.1	朔州	44.9
53	娄底	46.9	咸宁	46.5	安阳	49.4	大同	46.1	漯河	44.9
54	孝感	46.9	宜昌	46.5	滁州	49.4	阜阳	46.1	娄底	44.9
55	阜阳	46.8	黄冈	46.5	株洲	49.4	长治	46.1	咸宁	44.9
56	池州	46.8	萍乡	46.4	鹰潭	49.3	濮阳	46	吉安	44.8
57	宜春	46.8	襄阳	46.4	怀化	49	益阳	46	常德	44.6
58	大同	46.7	周口	46.2	亳州	48.9	咸宁	45.9	随州	44.1
59	平顶山	46.6	十堰	46.2	张家界	48.8	萍乡	45.8	张家界	43.9
60	随州	46.5	新乡	46.1	咸宁	48.6	永州	45.8	宿州	43.8
61	咸宁	46.4	吉安	46	黄山	48.6	运城	45.6	抚州	43.7
62	亳州	46.4	荆州	46	漯河	48.5	景德镇	45.5	永州	43.6
63	鹰潭	46.3	宜春	45.7	黄石	48.5	朔州	45.5	怀化	43.4
64	阳泉	46.3	宿州	45.6	平顶山	47.6	抚州	45.5	运城	43.4
65	鄂州	46.3	荆门	45.5	忻州	47.4	怀化	45.4	荆州	43.4

续表

排行	城市	竞争力	城市	发展水平	城市	发展活力	城市	发展条件	城市	发展环境
66	长治	46.2	景德镇	45.5	景德镇	46.4	临汾	45.4	益阳	43.2
67	运城	46	黄石	45.3	池州	46.4	娄底	45.4	商丘	43
68	濮阳	46	焦作	45.3	晋中	45.8	漯河	45.3	赣州	42.7
69	景德镇	45.9	铜陵	45.2	阳泉	44.7	六安	45.2	黄冈	42.7
70	临汾	45.6	滁州	45.2	大同	44.3	淮南	45.1	驻马店	42.7
71	抚州	45.6	淮南	44.8	长治	43.7	随州	45.1	六安	42.6
72	晋城	45.4	鹰潭	44.7	临汾	43.4	吕梁	45	邵阳	42.5
73	信阳	45.3	孝感	44.3	信阳	42.7	宿州	45	亳州	42.2
74	安庆	45.3	抚州	44.2	六安	42.6	淮北	44.9	临汾	42
75	鹤壁	44.8	濮阳	44.1	运城	42.3	池州	44.9	宜春	41.8
76	漯河	44.3	六安	43.8	安庆	42.2	阳泉	44.9	周口	41.6
77	铜陵	43.8	淮北	42.9	晋城	41.7	鹤壁	44.4	南阳	41.5
78	六安	43.2	鄂州	42.9	吕梁	38.8	忻州	44.2	信阳	41.2
79	吕梁	43.2	漯河	41.2	淮南	38.2	亳州	44.2	阜阳	40.7
80	淮南	42.7	鹤壁	40.4	铜陵	37	张家界	43	吕梁	40.4

从表4-2的数据可以看到，2015年，中部地区城市服务业竞争力排名中，武汉、长沙、郑州、合肥和太原居于前五位，其得分分别为68.6、65.4、61.6、60.6和56.2分，均大于全国平均的50分水平线，这表明此五大城市服务业竞争力在中部地区具有领先地位，在全国范围内也高于全国的平均水平，有一定的竞争能力。其中全国范围内的排名分别为第8、11、14、19和37位，居全国前30位的城市数为4个。漯河、铜陵、六安、吕梁和淮南则居于中部地区城市服务业竞争力排名最后五位，在全国范围的288个地级以上城市中也居于倒数30位，全国服务业竞争力排名倒数30位的城市中，中部地区占了5个。

武汉、长沙、张家界、郑州和太原分别以63.0、59.2、57.0、56.3和55.6分居于中部地区城市服务业发展水平前五位，超过了全国平均水平的50分线，这表明其在全国范围看也具有一定程度的优势地位，其中全国的排名分别为第 12、22、29、30 和 33 位，居全国城市服务业发展水平前 30 位的城市数量为 4 个。六安、淮北、鄂州、漯河和鹤壁城市服务业发展水平在中部地区各城市中最低，此外，居全国城市服务业发展水平最后 30 位城市的数量为 8 个，占了总数的 26.7% 之高。

从服务业发展活力来看，中部地区的长沙、武汉、合肥、郑州和芜湖的发展活力指数居前五位，分别为 69.9、69.8、68.8、63.0 和 60.1 分，居全国的第 7、8、10、12 和 15 位，还有南昌、开封、宿州和益阳这几个城市都在全国城市服务业发展活力的前 30 强。安庆、晋城、吕梁、淮南和铜陵的城市服务业发展活力指数分别以 42.2、41.7、38.8、38.2 和 37.0 分，居中部地区最末五位，中部地区共计有 8 个城市居全国城市服务业发展活力排名最末 30 位。由此可以看到，中部地区城市服务业发展活力较不均衡，提高服务业的整体发展活力成为服务业发展的必要前提。

武汉、长沙、郑州、合肥和南昌的服务业发展条件较好，其服务业发展条件指标得分分别为 71.4、67.6、64.2、61.1 和 57.3 分，在全国范围内分别居第 9、14、16、25 和 38 名，居全国城市服务业发展条件前 30 位的城市数量为 4 个。阳泉、鹤壁、忻州、亳州和张家界的服务业发展条件在中部地区居最末五位。但著名城市张家界的服务业发展条件甚至居全国末位，也属于全国服务业发展条件倒数前 30 位的城市之一。

中部地区太原、武汉、郑州、长沙和合肥的服务业发展环境指标较高，分别为 68.4、67.3、62.6、62.0 和 61.0 分居前五位，太原和武汉位居全国城市服务业发展条件前 30 位。周口、南阳、信阳、阜阳和吕梁的服务业发展环境相对较差，居末五位。中部地区共计有 8 个城市居全国城市服务业发展环境排名最末 30 位。

三、中部地区城市服务业竞争力趋势与展望

近年来，国家为促进中部地区经济发展，出来了一系列政策措施，聚焦区域经济发展一体化、产业优化升级以及新型城镇化等，这对中部地区服务业带来了重大的发展机遇。

（一）区域经济发展一体化改革给服务业的发展带来机遇

当前，中部地区区域经济一体化的进程正不断加快。随着不同区域规划蓝图的提出，例如"长江中游黄金三角带"、长株潭城市群、郑汴一体化、鄱阳湖生态经济区、皖江城市带等经济区域的提出对中部各省的发展带来了新机遇，推进各个经济带与城市群的协同发展，对周边地区的辐射与带动作用影响力不断加大，给中部地区服务业的发展带来新的机遇与挑战。

（二）中部地区传统产业的转型升级给服务业的发展带来机遇

中部地区的传统产业转型升级，传统要素驱动经济发展逐渐转变为创新驱动经济发展。现代服务业在服务业中的比重逐步提高，金融业、房地产业、网络信息和知识产业等的投入增大，促进了传统服务业的转型升级，逐步开始突破服务业发展竞争力提升的瓶颈，为中部地区六省的服务业发展奠定了良好的基础和条件。

（三）中部地区的新型城镇化也将给服务业的发展带来机遇

伴随着中部地区城镇一体化的不断加深，中部地区城乡差距的逐渐缩小；不仅提高中部地区城镇化质量，而且促进了服务业的发展。通过区域中心城市带动周边城市，加速产业的转型升级，推动各省城市经济的良性竞争，有效提升了经济的发展。不同城市之间通过加大基础设施建设，促进消费和刺激增长，提升了中部城市的服务业发展活力，改善了中部地区城市的公共服务环境与生活环境，切实提高人民群众的幸福指数，为提高服务业发展带来了良好的发展机遇。

第二节　山西省城市服务业竞争力报告2016

一、山西省社会经济与服务业发展总体情况

山西省是中国重要的煤炭生产基地，被称为"煤炭之乡"，长期以来，经济发展对煤炭的依赖程度较高。近年来，由于全国经济持续调整，煤炭行业举步维艰，全行业亏损面已超八成。煤炭行业发展发展减缓给山西省综合经济实力的提升也带来压力和影响。2015 年，山西省的国内生产总值为12766.49 亿元，比 2014 年增长 3.1%，其中服务业增加值为 6789.06 亿元，比 2014 年增长 10.0%，在国民经济中占 53.2%，超过工业占比的 40.7%，服务业对经济增长的贡献率达 109.8%，服务业在山西国民经济发展中居于首要地位。

表 4-3　2015 年山西省社会经济及服务业发展整体情况

项　目	数　据
土地面积	15 万平方公里
常住人口	3664.1 万人
GDP 及增长率	12766.49 亿元，3.1%
服务业增加值及占 GDP 比重	6789.06 亿元，53.2%
三次产业的比重	6.1:40.7:53.2
服务业从业人员数及占就业人数比	232.7 万人，52.8%

资料来源：根据《中国统计年鉴 2016》数据计算所得。

通过计算可以得到，2015 年山西省服务业增加值区位商为 1.13，这表明，与全国平均水平相比，山西省服务业增加值比重并不低，服务业水平仍有进步提高的空间。山西省的交通运输、仓储和邮政业，住宿和餐饮业，金融业，房地产业和其他服务业的区位商均大于 1，分别为 1.52、1.26、1.26、1.09 和 1.11，这说明这些服务业细分产业的比重高于全国平均水平，其发展具有相对优势；而批发和零售业的区位商值仅为 0.88，因此该细分产业处于相对劣势的地位。

进一步分析 2015 年山西省各产业的劳动生产率情况可以看到，2015 年，山西省服务业劳动生产率为 29.18 万元/人，略低于全国平均的 37.96 万元/人。而山西省服务业增加值区位商为 1.13，高于全国平均服务业水平，说明山西省服务业的发展主要依靠人力数量，其服务业效率仍需提升。批发零售业，交通运输、仓储和邮政业，金融业以及其他服务业的劳动生产率分别为

61.67 万元/人、37.01 万元/人、67.80 万元/人和 15.83 万元/人，分别低于全国的 81.14 万元/人、120.80 万元/人、84.49 万元/人和 24.11 万元/人，尤其是交通运输、仓储和邮政业，其劳动生产率仅为全国平均水平的 30%。而山西省的住宿和餐饮业以及房地产业的劳动生产率分别为 83.22 万元/人和 176.95 万元/人，高于全国平均的 45.08 万元/人和 79.53 万元/人，分别达到全国水平的 1.85 和 2.22 倍，这表明山西省这两大服务业细分产业劳动生产率较高，具有发展的相对比较优势。

二、山西省城市服务业竞争力分析

（一）山西省各城市服务业竞争力排名

经计算可得到山西省各城市服务业竞争力及一级指标排名如表 4 - 4 所示。

表 4 - 4　山西省各城市服务业竞争力排行榜

排行	城市	竞争力	城市	发展水平	城市	发展活力	城市	发展条件	城市	发展环境
1	太原	56.2	太原	55.6	朔州	50.4	太原	54.2	太原	68.4
2	朔州	48.9	朔州	52	太原	49.8	晋中	46.2	阳泉	50.8
3	晋中	47.3	运城	51.2	忻州	47.4	晋城	46.1	晋城	49.7
4	忻州	47.1	忻州	50.2	晋中	45.8	大同	46.1	晋中	48.5
5	大同	46.7	临汾	49.9	阳泉	44.7	长治	46.1	大同	47.7
6	阳泉	46.3	大同	49.2	大同	44.3	运城	45.6	长治	47.4
7	长治	46.2	晋中	49.1	长治	43.7	朔州	45.5	忻州	45.2
8	运城	46	长治	48.3	临汾	43.4	临汾	45.4	朔州	44.9
9	临汾	45.6	吕梁	47.9	运城	42.3	吕梁	45	运城	43.4
10	晋城	45.4	阳泉	47	晋城	41.7	阳泉	44.9	临汾	42
11	吕梁	43.2	晋城	46.6	吕梁	38.8	忻州	44.2	吕梁	40.4

从表 4 - 4 的数据可以看到，2015 年，山西省城市服务业竞争力排名中，仅太原以 56.2 分居于全省第一位，高于全国平均水平。其余的 10 个城市均低于全国平均水平，说明山西省的整体服务业竞争力不够，未来还要加强。临汾、晋城和吕梁市则分别以 45.6、45.4 和 43.2 分居于山西省城市服务业竞

争力排名最后三位，而吕梁在全国288个地级及以上城市中居于最后30位。

太原、朔州、运城和忻州分别以55.6、52.0、51.2和50.2分居山西省城市服务业发展水平前四位，超过了全国平均水平的50分线，这表明其在全国范围看也具有一定程度的优势地位。吕梁、阳泉和晋城服务业发展水平在山西省各城市中最低，居最末三位。

从服务业发展活力来看，山西省11个城市除朔州以外，其余城市的发展活力指数均低于50分的全国平均水平线，运城、晋城和吕梁均在全国288个地级及以上城市中居于最后30位。服务业发展活力指数最高的朔州以50.4分居全国第112位。由此可以看到，山西省城市服务业发展活力普遍不高，目前，提高服务业发展活力成为山西省服务业发展的刻不容缓之事。

太原服务业发展条件较好，以54.2分的服务业发展条件指标得分，在全国范围内居第52位，但也不算排名靠前。阳泉和忻州市的服务业发展条件得分分别为44.9和44.2分，居最末两位，在全国范围内分别居第236位和250位。

山西省的太原和阳泉的服务业发展环境指标较高，分别为68.4和50.8分居前两位，而太原还居全国第13位。运城、临汾和吕梁的服务业发展环境得分居全省末三位，而临汾和吕梁在全国288个地级及以上城市中居于最后30位。

(二) 山西省各城市服务业发展水平排名

太原的服务业发展总量水平指数高于全国50分的平均水平，以51.8分居第一位。其余城市的总量水平均在平均水平以下，且均为48分左右，这表明山西省服务业有一定的集聚发展态势。

山西省整体的服务业比重水平都比较高，11个城市当中有8个城市的得分高于全国平均水平。太原和忻州分别以69.0和65.6分居全省前两位，居全国第15和26位。吕梁、阳泉和晋城分别以48.2、47.8和41.2分居全省最末三位。

山西省城市服务业生产率水平指数中，朔州和太原的得分最高，分别为56.2和51.1分，超过全国平均的50分水平。晋中、大同和忻州的服务业生产率水平位居最末三位，分别为43.4、43.1和42.0分。

（三）山西省各城市服务业发展活力排名

太原市在服务业发展规模活力上具有优势地位，以54.3分居第一位，大于50分的全国平均水平。其余城市服务业发展规模活力均低于全国平均水平，临汾、长治、忻州、运城和吕梁更是居于全国倒数前30位。

山西省各服务业发展比重活力普遍较低，太原市发展比重活力指数为50.6分，在山西省位居第一位，仅略高于全国平均水平，其余城市均远低于全国平均水平。阳泉、长治和吕梁在全国288个城市中，居于全国第260位之后，居全国服务发展比重活力的倒数前30位。

大同、太原、临汾、阳泉和朔州的服务业发展生产率活力指数分别为59.7、56.7、51.9、51.0和50.3分，居山西省前五位，高于全国平均水平。长治、吕梁和晋中的服务业发展生产率活力得分较低，位列山西省的倒数前3位，而晋中以32.8分位列全国服务业发展生产率活力的最末30位城市之一。

山西省各城市服务业投资活力指数普遍较高，全省11个城市仅1个城市得分低于全国平均水平。晋中、太原和长治分别以54.8、53.9和53.8分居全省前三位。阳泉、朔州和大同分别以51.1、50.8和46.9分居全省最末三位。

朔州和忻州城市服务业发展的消费活力指数分别为64.1和60.7分，居前两位，高于全国平均水平，而朔州还居全国第30位。此外，运城、临汾、大同、晋城、吕梁和阳泉的指数居最后六位，也均在全国范围内居于服务业发展消费活力的最末30位。

山西省服务业发展金融活力指数最高的阳泉为51.1分，居全省第一位，高于全国平均水平的50分数线。其余城市的服务业发展金融活力指数均低于全国平均水平。临汾、长治、吕梁和晋城的金融活力指数居山西省的最末4位，还均在全国范围内居于服务业发展金融活力的最末30位。

（四）山西省各城市服务业发展条件排名

太原的服务业发展条件指数远优于其他城市。山西省11个城市中，仅太原的服务业发展产业条件指标以50.0分位列全省第一，其余城市得分均低于全国平均水平。大同、朔州、晋城和阳泉的服务业发展产业条件指数分别以45.2、45.0、44.7和44.0分居最后四位，也位列全国服务业发展产业条件指数最差的 30 个城市之中。

太原的服务业投资条件较好，在山西省的 11 个地级市中居第一位，但仅为 50.4 分，略高于全国平均水平。其余城市的服务业投资条件得分均低于全国平均水平。忻州、朔州和阳泉位列最后三位，分别为 46.8、46.4 和 45.4 分。

就人口条件看，太原的得分最高，为 65.3 分，高于全国平均水平。剩下的 10 个城市的发展人口条件指标得分均低于全国平均水平，长治、吕梁、临汾、运城和忻州的发展人口条件较差，位居山西省各城市最后五位。

（五）山西省各城市服务业发展环境排名

太原和阳泉的服务业发展环境指数在山西省较为领先。太原和晋中的人均科技经费支出、人均教育经费支出、每万人在校大学生数等指标在山西省均居于领先地位，其服务业发展教育环境指数分别为 75.6 和 53.5 分，居全省第 1 和第 2 位，而太原得分居全国第 7 位。吕梁、运城和临汾位列最末三位，而临汾则以 40.9 分位居中国城市服务业发展教育环境指数倒数前 30 位。

太原、阳泉和大同的交通环境中山西省居于领先地位，分别以 59.1、55.1 和 51.3 分排名前三位，高于全国平均水平。运城、忻州和吕梁市的交通环境指数分别为 44.2、43.5 和 42.7 分，居山西省末位，而吕梁还位列全国交通环境最低的 30 个城市中。

太原和阳泉的通信环境相对较好，分别以 58.4 和 50.5 分位居前两位，这表明这两个城市的人均邮政业务总量、人均电信业务总量、固定电话年末用户数等指标在全省领先。而山西省的其余 9 个城市的通信环境得分均低于全国平均水平，长治、吕梁和朔州的人均交通指标较低，位列最后三位。

太原、晋城、忻州、大同和阳泉的公共服务环境指数最高，分别以 78.9、59.4、53.8、51.9 和 50.4 分居全省前五位，而太原还居全国的第 4 位。朔州、临汾和吕梁市位居最后三位，而吕梁还位列全国公共服务环境最末的 30 个城市中。

长治、太原、晋中和朔州的生活环境较好，分别以 56.7、53.9、51.2 和 50.2 分位列前四位，且其指数均大于 50 分。忻州、大同和临汾位列全省最末 30 位中。

山西省各城市的社会保障指数相对较高，太原、阳泉、大同和晋城的指数分别为62.5、53.7、51.7和50.0分位列前四位，而太原还居全国第19位，表明这些城市的城镇职工基本养老保险、基本医疗保险、失业保险参保情况良好，而忻州、吕梁和运城位列最后三位。

三、山西省服务业发展的结论与建议

从山西省城市服务业竞争力情况来看，山西省服务业发展主要从以下几个方面着力：

（一）提升服务业的发展活力

山西省作为资源大省，重点应该结合供给侧结构性改革，解决山西省服务业发展状况大而不强、结构不优等突出问题，着力破解体制机制障碍，才能促进现代服务业提质增效，加快转型升级。提升山西省服务业的发展活力就是要注意以下几点：第一，提升以太原为核心的服务业规模总量，提高在全国的排名；提升以太原为中心的生产性服务业发展核心区，加快完善太原都市圈内服务业分工和布局，形成与太原互动发展和有机融合的交通物流、商贸商务、旅游文化、金融科技组群，建设特色鲜明的服务业集聚区，形成全省服务业发展核心区。第二，优化产业结构，均衡发展生产性服务业和生活性服务业，特别是对朔州、临汾和吕梁市的产业结构进行调整，大力提升服务业规模效应。第三，加大投资，促进消费，增加金融业、房地产业、租赁和商务服务业的发展，提升大同、临汾、阳泉、朔州、忻州、运城、长治和吕梁服务业的生产效率、发展活力。

（二）改善服务业的发展环境

山西的服务业发展环境和发展条件以太原、阳泉和大同的服务业发展环境较好。运城、忻州和吕梁市等市由于受到交通因素的影响相对较弱。需要继续优化服务业的发展环境，突破交通运输的瓶颈，加快发展商贸流通、农业服务业、社区服务业，依托能源等基础产品，提升物流交通服务。长治、吕梁和朔州通信环境也相对较弱，发展相对落后，广泛运用网络化、增强网络通信，加大科技的投入成为重点。忻州、吕梁和运城还需要考虑增加教育的投入，提升公共服务的质量，提高服务业的社会保障条件。

（三）加快实现资源型地区的产业升级以促进服务业发展

山西以煤炭资源为主的资源型产业和生产性服务业有着长期的互联关系。对促进服务业的发展有良好的基础。第一，山西一方面在提高煤炭资源产能的同时，需要制定实施加快建设区域性产业科技创新中心、区域性现代服务业高地，加快推动物流、金融、文化、旅游、养老服务、健康服务、节能环保服务等七个行业的发展，推动生产性服务业和生活性服务业的协同发展。第二，山西省需要扎实推进供给侧改革，培育形成一批富有竞争力和影响力的大企业大集团、打造一批具备较强产业集聚区，推动产业改造升级，持续降低融资、用能、用地、用工、物流成本，降低企业负担，丰富服务供给，推动服务业竞争活力。第三，山西省应加速大力开展生态修复治理，打造宜居生活环境。推动城市从资源型城市向环境宜居型城市转变，大力改善服务业的发展环境。

第三节　安徽省城市服务业竞争力报告2016

一、安徽省社会经济与服务业发展总体情况

安徽是中国重要的农产品生产、能源、原材料和加工制造业基地，汽车、机械、家电、化工、电子、农产品加工等行业在全国占有重要位置。2015年，安徽省的国内生产总值为22005.63亿元，比2014年增长8.7%，其中服务业增加值为8602.11亿元，比2014年增长10.8%，在国民经济中占39.1%，服务业对经济增长的贡献率达47.1%。

表4-5　2015年安徽省社会经济及服务业发展整体情况

项　目	数　据
土地面积	13 万平方公里
常住人口	6143.6 万人
GDP 及增长率	22005.63 亿元，8.7%
服务业增加值及占 GDP 比重	8602.11 亿元，39.1%
三次产业的比重	11.2:49.7:39.1
服务业从业人员数及占就业人数比	258.4 万人，50.3%

资料来源：根据《中国统计年鉴2016》数据计算所得。

通过计算可以得到，2015年安徽省服务业增加值区位商仅为0.83，这表明，与全国平均水平相比，安徽省服务业增加值比重相对较低，服务业专业水平有待进一步提升。安徽省服务业的细分部门的增加值区位商均小于1，其中，批发零售业，交通运输、仓储和邮政业，住宿和餐饮业，金融业，房地产业和其他服务业的区位商值分别为0.78、0.78、0.87、0.80、0.86和0.86，因此处于相对劣势的地位，说明安徽省需进一步提高服务业的整体水平。

进一步分析2015年安徽省各产业的劳动生产率情况可以看到，2015年，安徽省服务业劳动生产率为33.29万元/人，略低于全国平均的37.96万元/人，其中批发和零售业，交通运输、仓储和邮政业，金融业以及其他服务业的劳动生产率分别为69.40万元/人、35.56万元/人、64.97万元/人和19.93万元/人，分别低于全国的81.14万元/人、120.80万元/人、84.49万元/人和24.11万元/人，尤其是交通运输、仓储和邮政业，其劳动生产率仅为全国平均水平的29%。而安徽省的住宿和餐饮业以及房地产业的劳动生产率分别为70.20万元/人和83.52万元/人，高于全国平均的45.08万元/人和79.53万元/人，这表明安徽省这两大服务业细分产业劳动生产率较高，尤其是住宿、餐饮业，安徽省的劳动生产率远高于全国平均水平，达到全国水平的1.56倍。

二、安徽省城市服务业竞争力分析

(一) 安徽省各城市服务业竞争力排名

经计算可得到安徽省各城市服务业竞争力及一级指标排名如表4-6

所示。

表4–6　安徽省各城市服务业竞争力排行榜

排行	城市	竞争力	城市	发展水平	城市	发展活力	城市	发展条件	城市	发展环境
1	合肥	60.6	合肥	51.8	合肥	68.8	合肥	61.1	合肥	61
2	芜湖	54	黄山	51.1	芜湖	60.1	芜湖	53	芜湖	54.9
3	马鞍山	50.5	宣城	49	宿州	57.1	马鞍山	50.4	马鞍山	51.8
4	宣城	48.8	芜湖	48.9	淮北	55.1	滁州	47.8	蚌埠	50.4
5	蚌埠	48.7	池州	48.8	马鞍山	52.8	蚌埠	47.5	铜陵	49.6
6	黄山	48.7	亳州	48.5	蚌埠	51.8	铜陵	47.5	淮北	49.2
7	宿州	48.1	马鞍山	48	阜阳	51.4	宣城	47.4	黄山	47.5
8	淮北	47.5	阜阳	47.3	宣城	50.7	安庆	47.4	宣城	47.4
9	滁州	47.1	安庆	46.9	滁州	49.4	黄山	46.2	滁州	47.4
10	阜阳	46.8	蚌埠	46.5	亳州	48.9	阜阳	46.1	池州	46.8
11	池州	46.8	宿州	45.6	黄山	48.6	六安	45.2	安庆	46
12	亳州	46.4	铜陵	45.2	池州	46.4	淮南	45.1	淮南	45.1
13	安庆	45.3	滁州	45.2	六安	42.6	宿州	45	宿州	43.8
14	铜陵	43.8	淮南	44.8	安庆	42.2	淮北	44.9	六安	42.6
15	六安	43.2	六安	43.8	淮南	38.2	池州	44.9	亳州	42.2
16	淮南	42.7	淮北	42.9	铜陵	37	亳州	44.2	阜阳	40.7

从表4–6的数据可以看到，2015年，安徽省城市服务业竞争力排名中，合肥、芜湖、马鞍山、宣城和蚌埠居于前五位，其中合肥、芜湖和马鞍山，分别为60.6、54.0和50.5分，均大于全国平均的50分水平线，这表明这三个城市服务业竞争力在安徽省具有领先地位，在全国范围内也高于全国的平均水平，合肥服务业竞争力在全国排名第19位，居于全国前列，芜湖市全国排名为第50位。亳州、安庆、铜陵、六安和淮南市则分别以46.4、45.3、43.8、43.2和42.7分居于安徽省城市服务业竞争力排名最后五位，而铜陵、六安和淮南在全国288个地级及以上城市中居于最后30位。

合肥、黄山、宣城、芜湖和池州分别以51.8、51.1、49.0、48.9和48.8分居安徽省城市服务业发展水平前五位，其中合肥和黄山超过了全国平均水平的 50 分线，居于全国前 100 位，这表明其在全国范围看也具有一定程度的优势地位。铜陵、滁州、淮南、六安和淮北城市服务业发展水平在安徽省各城市中最低，居最末五位。

从服务业发展活力来看，服务业发展活力指数最高的几大城市分别为合肥、芜湖、宿州、淮北和马鞍山，分别以 68.8、60.1、57.1、55.1 和 52.8 分居全国前列，其发展活力很具优势。而安徽省服务业发展活力指数靠后的有池州、六安、安庆、淮南和铜陵，分别为 46.4、42.6、42.2、38.2 和 37.0 分，居全国水平的靠后位置。由此可以看到，安徽省城市服务业发展活力并不均衡，提高服务业发展活力需要考虑不同城市的情况，应做多方面均衡。

合肥、芜湖和马鞍山服务业发展条件较好，服务业发展条件指标得分分别为 61.1、53.0 和 50.4 分，在全国范围内分别居第 25、61 和 85 位，而淮南、宿州、淮北、池州和亳州市的服务业发展条件得分分别为 45.1、45.0、44.9、44.9 和 44.2 分，居最末五位。其中，亳州市在全国范围内居第 253 位，位于全国城市服务业发展条件倒数前 40 位。

安徽省的合肥、芜湖、马鞍山、蚌埠和铜陵的服务业发展环境指标较高，分别为 61.0、54.9、51.8、50.4 和 49.6 分，居前五位，淮南、宿州、六安、亳州和阜阳的服务业发展环境居末五位。

（二）安徽省各城市服务业发展水平排名

安徽省合肥市服务业发展总量水平指数高于全国 50 分的平均水平，以 52.9 分居第一位，在全国范围内排名第 28 位，其余城市的总量水平均在平均水平以下，且均为 48 分左右，这表明安徽省服务业呈现一枝独大，其余城市服务业发展总量相当的局面。

安徽省有多个城市的服务业比重水平高于全国平均水平，分别有黄山、亳州、阜阳、池州和宣城，分别为 67.6、58.8、57.1、56.6 和 53.0 分，其中黄山的服务业比重位居全国的第 19 位，这表明黄山作为重要的国家旅游城市，服务业比重相对较高。其余城市的比重水参差不齐。而最低的淮北服务业比重水平为 33.5 分。

安徽省城市服务业生产率水平指数中，合肥、马鞍山、芜湖这三个城市均超过全国平均的 50 分水平，分别为 53.2、53.0 和 52.9 分。滁州、亳州、六安、淮南和阜阳的服务业生产率水平位居最末五位，其中淮南和阜阳服务业生产水平得分分别为 38.8 和 36.7 分，属于全国服务业生产率水平最低的 30 个城市。

（三）安徽省各城市服务业发展活力排名

安徽省合肥、芜湖、马鞍山、蚌埠和黄山市在服务业发展规模活力上具有优势地位，分别以 57.0、56.3、51.7、50.5 和 50.3 分居前五位，均大于 50 分的全国平均水平，其中合肥在全国范围排名第 18 位，芜湖居全国的第 21 位，淮南和铜陵居于全国倒数前 30 位。

安徽省各服务业发展比重活力较不均衡，芜湖、宿州、蚌埠、马鞍山和六安市发展比重活力指数在安徽省位分居前五位，高于全国平均水平，其中芜湖的服务业发展比重活力甚至以 100 分居全国第 1 位，宿州、蚌埠、马鞍山和六安分别以 80.7、80.3、71.4 和 66.8 分居全国的第 6、7、18 和 24 位，此外，安徽省 16 个地级市中，有 12 个地级市服务业发展比重活力高于全国平均水平 50 分，仅 4 个城市服务业发展比重活力低于全国平均水平，这表明从全国范围来看，安徽省服务业发展比重提升较快。但是，铜陵和淮南在全国 288 个城市中，居于全国的倒数 30 位之后。

芜湖和铜陵市的服务业生产率较高，其服务业发展生产率活力指数分别达 98.1 和 86.8 分，居安徽省第 1 位和全国第 2 位，马鞍山、宿州和蚌埠则依次为第 3 位至第 5 位，在全国范围来看，这五个城市分别居于第 3、4、7、11 和 13 位，此外还有淮北的服务业生产率活力居全国的第 14 位，安徽省仅 4 个城市服务业生产率低于全国平均水平，安徽省城市服务业生产率提升较快。

安徽省各城市服务业投资活力指数从 31.2 到 65.1 分不等，其中，铜陵、合肥、阜阳、芜湖和宿州分别位于安徽省各城市服务业投资活力指数的前五位，其中铜陵的投资活力指数达 65.1，居全国的第 12 位。淮安、六安、黄山、安庆和蚌埠的服务业投资活力指数居全省的最末五位，其中蚌埠以 31.2 分居安徽省该指标的末位，全国第 262 位，属于服务业投资活力最弱的 30 位之列。

合肥的服务业发展活力指数达 100 分居全国第 1 位，淮北、宿州和阜阳城市服务业发展的消费活力指数分别为72.6、65.4和50.0分，高于全国平均水平，居安徽省的前四位，其中淮北、宿州分别居全国的第10位和第25位，淮南、铜陵、安庆和六安指数在全国范围内居于服务业发展消费活力的最末30位，居倒数的第2、3、4、5位。

安徽省服务业发展金融活力指数的前五位是合肥、阜阳、亳州、滁州和宣城，分别为53.9、52.4、51.8、51.2和50.9分，高于全国平均水平，其中合肥的服务业发展金融活力居全国第22位。马鞍山、淮南、铜陵、安庆和六安金融活力指数居安徽省的最末5位，淮南、铜陵、安庆和六安金融活力指数位居全国的倒数第4、5、6、7位。

（四）安徽省各城市服务业发展条件排名

合肥和芜湖的服务业发展条件指数远优于其他城市。合肥和芜湖的服务业发展产业条件指标分别为56.8和51.0分，两个城市服务业发展条件均较好，居全国第32和67位，高于全国平均水平。淮南和淮北的服务业发展产业条件指数分别以45.4分和44.9分居最后两位，也位列全国服务业发展产业条件指数最差的30个城市之中。

合肥、芜湖和马鞍山的服务业投资条件较好，在安徽省的16个地级市中居前三位，分别位于全国的第16、46和67位，得分均高于50分的全国平均分，亳州、淮南、淮北、池州和黄山位列最后五位。

就人口条件看，合肥、芜湖、马鞍山和铜陵分别以61.3、53.1、52.7和50.2分，分别位于全国的第40、73、77和98位，高于全国平均水平。六安、阜阳、宿州和亳州发展人口条件较差，位列全国服务业发展产业条件指数最差的30个城市之中。

（五）安徽省各城市服务业发展环境排名

合肥和芜湖的服务业发展环境指数中安徽省较为领先。合肥和芜湖的人均科技经费支出、人均教育经费支出、每万人在校大学生数等指标在安徽省均居于领先地位，服务业发展教育环境指数分别为65.2和64.5分，居全省第1和第2位，分别位列全国24、26位，远高于全国平均水平，铜陵、蚌埠、马鞍山分别以55.5、55.3和53.9分居第3—5位，均高于全国平均水平。安庆、淮北、阜阳、宿州和亳州位列安徽省最末五位。

合肥、芜湖、蚌埠、马鞍山和池州的交通环境中安徽省居于领先地位，分别以 58.1、54.4、53.3、51.3 和 50.3 分高于全国平均水平。安庆、宿州和宣城的交通环境指数分别为 45.5、45.2 和 43.8 分，居安徽省最末尾。

合肥的通信环境相对较好，以 52.1 分位列安徽省该指标的第一，表明其人均邮政业务总量、人均电信业务总量、固定电话年末用户数等指标在全省领先。但合肥以外的城市，通信环境指标得分均低于全国平均水平，其中，亳州、淮南、铜陵和阜阳的人均交通指标较低，位列最后四位，且都处在全国通信环境最差的 30 个城市之列。

合肥、淮北、芜湖和蚌埠分别以 56.9、52.8、52.8 和 50.7 分居全省前列。而宣城、六安和亳州则分别以 38.4、36.9 和 34.1 分居全省末尾，且位列全国服务业发展产业条件指数最差的 30 个城市之中。

合肥、宣城、铜陵、马鞍山和淮北的生活环境较好，分别以 83.7、76.3、65.8、61.0 和 57.5 分位列前五位。在安徽省的 16 个地级市中，仅两个城市的生活环境指标分数低于 50 分，其中合肥、宣城和铜陵分别位居全国的第 6、10 和 23 位，这说明安徽省整体的生活环境良好。另外，六安和阜阳位列最末位。

安徽省各城市的社会保障指数相对较高，马鞍山、合肥和淮北的指数分别为 52.2、51.8 和 50.0 分位列安徽省前三位，略高于全国的平均水平，这表明这些城市的城镇职工基本养老保险、基本医疗保险、失业保险参保情况仍需提高。而六安、宿州、阜阳和亳州位列最后四位，且位居全国社会保障指数最差的 30 个城市之列。

三、安徽省服务业发展的结论与建议

安徽省服务业的发展水平提升空间较大，全省人均 GDP 跨过 5000 美元，常住人口城镇化率超过 50%，步入产业转型升级和新型城镇化建设的关键阶段，加快发展服务业成为必然选择，总体来说从安徽省城市服务业竞争力情况来看，主要从以下方面着力：

（一）整体提升服务业的发展活力

安徽省各城市发展活力指标得分较不均衡，主要体现在部分城市消费活力、比重活力和投资活力的二级指标得分较高，而部分城市得分非常低，落差较大。由此带来安徽省服务业发展活力的整体落后。安徽省需要依托产业基础和资源禀赋，推动重点行业和区域协调发展，逐步放开市场准入和政府限制，激发各类投资主体的积极性，加速提升服务业市场竞争活力。同时，安徽省还要结合加快实施"一带一路"和长江经济带倡议的发展机遇，实现安徽省在大范围、宽领域、高层次的服务业开放合作。安徽省应加快推进城乡一体化建设，利用激励性财政补贴和税收优惠等转移支付手段可鼓励消费，加快承接服务业转移，加快向民间投资和省外境外资本开放，促进投资、鼓励消费整体提升服务业发展活力。

（二）改善服务业的发展环境

安徽省服务业发展环境较好，但仍有较大的提升空间，特别是公共服务环境和生活环境存在较大的改善潜力。这就需要：第一，安徽省应加大政府财政和金融支持，整合各级各类服务业发展专项资金，积极创新财政资金使用方式，重点支持服务业关键领域和薄弱环节发展，例如科技经费、交通经费等的投入。第二，安徽省应积极改善淮北地区服务业的发展环境，不断提升教育、交通、通信的发展水平，同时加强亳州、淮南、铜陵和阜阳四个城市的通信环境。第三，安徽省应降低企业运营成本，降低服务业企业社会保险缴纳比例，减少企业负担，改善六安、宿州、阜阳和亳州的社会保障条件。第四，安徽省应规范并优化产业机构，转型升级，改善宣城、六安和亳州的产业发展条件。

（三）提高服务业发展的比重水平

安徽省服务业发展水平指标主要是安徽省各城市的比重水平较不均衡。具体体现为服务业增加值占比与全国平均水平相比相对较低。对此，第一，安徽省应该大力改变生产性服务业和生活性服务业专业化发展水平，进一步提升销售业、交通运输、流通业、餐饮和酒店住宿业、金融业、房地产业和其他服务业服务水平和服务质量。第二，提高批发零售、金融业、交通运输、流通仓储和邮政业的劳动生产率，增加资本和人员投入，提高劳动生产率。第三，安徽省应发挥区域优势，充分发挥合肥和芜湖的带动作用，加大服务业发展的附加值，提高服务业发展的科技含量，依托产业基础和资源特色，推动重点行业和区域率先突破，带动服务业全面发展，拉动淮南和铜陵的发展比重。第四，安徽省应坚持新兴业态加快发展和传统业态改造提升并举，服务业和制造业分离并举的具体措施，形成各具特色、相互补充、协调联动的服务业发展格局。

第四节　江西省城市服务业竞争力报告2016

一、江西省社会经济与服务业发展总体情况

进入21世纪以来，江西大力实施以新型工业化为核心的发展战略，有色产业、电子信息、医药、汽车、航空、食品、纺织、光伏、锂电、钢铁、石化、建材等产业呈现了良好的发展势头。2015年，江西省的国内生产总值为16723.78亿元，比2014年增长9.1%，其中服务业增加值为6539.23亿元，比2014年增长10.1%，在国民经济中占39.1%，服务业对经济增长的贡献率达43.2%，服务业在江西国民经济发展中的地位较高。

表4-7　2015年江西省社会经济及服务业发展整体情况

项　目	数　据
土地面积	16万平方公里
常住人口	4565.6万人
GDP及增长率	16723.78亿元，9.1%
服务业增加值及占GDP比重	6539.23亿元，39.1%
三次产业的比重	10.6:50.3:39.1
服务业从业人员数及占就业人数比	224.1万人，46.6%

资料来源：根据《中国统计年鉴2016》数据计算所得。

通过计算可以得到，2015 年江西省服务业增加值区位商仅为 0.83，这表明，与全国平均水平相比，江西省服务业增加值比重相对较低，其服务业水平有一定提升空间。江西省仅住宿和餐饮业的区位商大于 1，为 1.07，说明其发展具有相对优势；而批发和零售业，交通运输、仓储和邮政业，金融业，房地产业和其他服务业的区位商值仅为 0.74、0.95、0.76、0.71 和 0.87，均小于 1，也就是处于相对劣势的地位。

进一步分析 2015 年江西省各产业的劳动生产率情况可以看到，2015 年，江西省服务业劳动生产率为 29.18 万元/人，低于全国平均的 37.96 万元/人，其中批发和零售业，交通运输、仓储和邮政业，金融业以及其他服务业的劳动生产率分别为 65.55 万元/人、34.78 万元/人、71.38 万元/人和 16.87 万元/人，分别低于全国的 81.14 万元/人、120.80 万元/人、84.49 万元/人、79.53 万元/人和 24.11 万元/人，特别是在交通运输、仓储和邮政业，其劳动生产率仅为全国平均水平的 29%，说明其细分部门的劳动生产率需要提高。而江西省的住宿和餐饮业及房地产业的劳动生产率分别为 88.46 万元/人及 86.21 万元/人，高于全国平均的 45.08 万元/人和 79.53 万元/人，这表明江西省这两大服务业细分产业劳动生产率较高，具有发展的相对比较优势，分别达到全国水平的 1.96 和 1.08 倍。

二、江西省城市服务业竞争力分析

（一）江西省各城市服务业竞争力排名

经计算可得到江西省各城市服务业竞争力及一级指标排名如表 4 - 8 所示。

表 4 - 8　江西省各城市服务业竞争力排行榜

排行	城市	竞争力	城市	发展水平	城市	发展活力	城市	发展条件	城市	发展环境
1	南昌	56	南昌	49.5	南昌	59.9	南昌	57.3	南昌	59.2
2	新余	50.5	新余	49	新余	52.3	九江	49.3	新余	54
3	九江	49	赣州	48.3	上饶	52.2	赣州	48.6	萍乡	48.5

续表

排行	城市	竞争力	城市	发展水平	城市	发展活力	城市	发展条件	城市	发展环境
4	上饶	48.4	九江	48	九江	52	新余	47.8	景德镇	48.3
5	赣州	48.3	上饶	47.6	宜春	51.9	上饶	47.2	九江	46.5
6	萍乡	47.4	萍乡	46.4	赣州	51.9	宜春	46.7	鹰潭	46.2
7	吉安	47.1	吉安	46	吉安	51	吉安	46.7	上饶	46
8	宜春	46.8	宜春	45.7	萍乡	49.8	鹰潭	46.4	吉安	44.8
9	鹰潭	46.3	景德镇	45.5	抚州	49.6	萍乡	45.8	抚州	43.7
10	景德镇	45.9	鹰潭	44.7	鹰潭	49.3	景德镇	45.5	赣州	42.7
11	抚州	45.6	抚州	44.2	景德镇	46.4	抚州	45.5	宜春	41.8

从表4-8的数据可以看到,2015年,江西省城市服务业竞争力排名中,南昌和新余分别以56.0和50.5分居于前两位,高于全国平均水平。江西省其余9个城市的服务业竞争力得分均低于全国平均水平的50分,鹰潭、景德镇和抚州市则分别以46.3、45.9和45.6分居于江西省城市服务业竞争力排名最后三位。

服务业竞争力指数的一级指标中,发展水平一级指标衡量的是各城市服务业发展现状水平,江西省所有城市的发展活力指数均低于50分的全国平均水平线,最高的南昌、新余,分别为49.5、49.0分。吉安、宜春、景德镇、鹰潭和抚州城市服务业发展水平在江西省各城市中最低,居最末五位。由此可以看到,江西省城市服务业发展活力普遍较低,提高服务业发展水平成为服务业发展的当务之急。

从服务业发展活力来看,南昌、新余、上饶、九江和宜春市分别以59.9、52.3、52.2、52.0和51.9分名列全省前五位,而南昌市还居全国第16位。江西省11个城市当中,共有7个城市得分高于全国平均水平。萍乡、抚州、鹰潭和景德镇分别以49.8、49.6、49.3和46.4分居全省最末四位,低于全国平均水平。

服务业发展条件一级指标衡量各城市服务业发展的基础和潜力,南昌的服务业发展条件较好,服务业发展条件指标得分为57.3分,高于全国平均水平。余下的10个城市的服务业发展条件得分均低于全国平均水平。萍乡、景德镇和抚州市的服务业发展条件得分分别为45.8、45.5和45.5分,居最末三位。

江西省的南昌和新余的服务业发展环境指标较高，分别以 59.2 和 54.0 分居前两位，抚州、赣州和宜春的服务业发展环境得分居全省末三位，而宜春还属于全国服务业发展环境指标得分最低的 30 个城市之一。

（二）江西省各城市服务业发展水平排名

南昌服务业发展总量水平指数高于全国 50 分的平均水平，分别以 51.4 分居全省第一位，其余城市的总量水平均在全国平均水平以下。景德镇、新余和鹰潭分别以 47.8、47.7 和 47.6 分位列全省最末三位，而鹰潭属于全国服务业发展总量水平指标得分最低的 30 个城市之一。

由于城镇单位就业人员数中服务业就业人员比重较高，江西赣州市的服务业比重水平最高达 54.1 分。其余城市的比重水平均在平均水平以下，最低的鹰潭服务业比重水平为 35.6 分，还属于全国服务业比重水平指标得分最低的 30 个城市之一。

江西省城市服务业生产率水平指数中，新余和南昌分别为 61.7 和 50.8 分，其余城市的服务业生产率水平均在全国平均水平以下。景德镇、抚州和赣州的服务业生产率水平位居最末三位，分别为 42.5、41.0 和 40.9 分。

（三）江西省各城市服务业发展活力排名

南昌、新余、赣州和九江市在服务业发展规模活力上具有优势地位，分别以 52.7、50.6、50.5 和 50.3 分居前四位，均大于 50 分的全国平均水平。其余城市服务业发展规模活力均低于全国平均水平，景德镇、吉安和抚州位列江西省的服务业发展规模活力最末三位。

江西省各服务业发展比重活力不够均衡，宜春、鹰潭、赣州、九江和吉安分别以 70.0、65.9、63.0、61.2 和 60.7 分居全省前五位，而宜春和鹰潭分居全国的第 19、29 位。江西省 11 个城市当中，共有 8 个城市的服务业发展比重活力高于全国平均水平。新余、南昌和景德镇分别以 49.5、47.7 和 46.8 分居全省最末三位。

新余和抚州市的服务业发展生产率活力指数分别为 60.8 和 50.6 分，居江西省第 1 和 2 位。江西省的其余 9 个城市服务业生产率均低于全国平均水平。上饶、景德镇和赣州的服务业发展生产率活力得分较低，位列江西省的倒数前 3 位，景德镇和赣州还是全国服务业发展生产率活力的最末 30 位城市。

服务业投资活力指数方面，南昌、九江、赣州、宜春和吉安分别以 58.9、57.2、56.8、55.0 和 54.8 分居全省前五位。江西省共 9 个城市的服务业投资活力指数均高于全国平均水平。江西省只有景德镇和新余分别以 48.6 和 48.3 分居全省得分最末两位，但仍旧接近全国平均水平。

服务业发展消费活力指数中，南昌、上饶、吉安、宜春和九江的得分分别为 86.3、56.7、55.0、54.6 和 50.7 分，高于全国平均水平。而萍乡、景德镇和新余指数居最后三位。

江西省服务业发展金融活力指数最高的新余、上饶和赣州分别为 56.0、51.8 和 51.2 分，新余还居全国第 15 位，此外南昌、九江、萍乡和吉安的金融活力指数高于全国平均水平。宜春、景德镇和鹰潭金融活力指数居江西省的最末 3 位。

（四）江西省各城市服务业发展条件排名

南昌的服务业发展条件指数远优于其他城市。南昌的服务业发展产业条件指标分别为 52.7 分，居全省第一位。而其他 10 个城市均低于全国平均水平，新余、鹰潭和景德镇这三个城市的服务业发展产业条件指标得分分别为 46.5、46.4 和 46.2 分，居全省最末三位。

南昌、赣州、九江和上饶的服务业投资条件较好，在江西省的 11 个地级市中居前四位，而南昌还位于全国的第 30 位，萍乡、景德镇和鹰潭位列最后三位，分别为 47.0、45.5 和 45.2 分。

就人口条件看，南昌、新余和鹰潭分别以 60.7、52.6 和 50.2 分位列前三位，高于全国平均水平。江西省其余 8 个城市的发展人口条件指标均低于全国平均水平。抚州、上饶和宜春的发展人口条件较差，位居江西省各城市最后三位。

（五）江西省各城市服务业发展环境排名

南昌和新余的服务业发展环境指数在江西省各城市中较为领先。南昌、新余和萍乡的人均科技经费支出、人均教育经费支出、每万人在校大学生数等指标在江西省均居于领先地位，服务业发展教育环境指数分别为71.0、57.2和50.4分，居全省第1、2和3位，高于全国平均水平。宜春、上饶和抚州位列最末三位。

南昌和新余的交通环境中江西省居于领先地位，分别以56.1和53.1分排名前两位，其余城市的服务业发展交通环境指数均低于全国平均水平。宜春市的交通环境指数为43.3分，居江西省末尾，并位列全国交通环境最低的30个城市中。

在江西省11个城市中，南昌和新余的通信环境相对较好，分别以54.6和50.8分位居前两位，这表明这两个城市的人均邮政业务总量、人均电信业务总量、固定电话年末用户数等指标在全省领先。而其余9个城市的通信环境得分均低于全国平均水平。吉安和抚州的人均交通指标得分分别为43.8和43.1分，位列全省最后两位，并位列全国通信环境最低的30个城市中。

南昌和萍乡的公共服务环境指数最高，分别为56.4和50.5分。江西省的11个城市中，共有9个城市的公共服务环境指数低于全国平均水平的50分。抚州、上饶和宜春市位居最后三位，而宜春还位列全国公共服务环境最低的30个城市中。

上饶、新余、吉安、南昌、九江和抚州的生活环境较好，得分均高于全国平均水平，而上饶还居全国第14位。鹰潭、宜春和赣州位列最末位，赣州还属于全国生活环境最低的30个城市中。

江西省各城市的社会保障指数相对不高，新余、南昌、萍乡和景德镇的指数分别以51.9、50.8、50.4和50.0分位列前四位。而上饶、吉安和赣州分别以45.2、44.7和44.2分位列最后三位。

三、江西省服务业发展的结论与建议

当前，江西省服务业发展态势良好。从江西省城市服务业竞争力情况来看，江西省服务业发展可从以下方面着力：

(一) 提升服务业的发展活力

江西省服务业发展的活力主要呈现出南昌一枝独秀，赣北强于赣南的局

面，整体的发展活力亟待提升。江西省应结合近年来江西省提出的以鄱阳湖生态经济区建设为龙头的战略，利用鄱阳湖生态经济区的经济辐射作用，进一步提升其周边地区的生产率和消费活力，大力促进投资消费，增强整体社会消费能力，同时扩大对外引资，引进金融资本，增强江西的金融能力和对外开放能力，达到改善江西服务业的发展活力。

（二）改善服务业的发展环境

江西服务业的发展环境除南昌市的发展基础相对较好外，其余城市的服务业发展环境，特别是教育环境和生活环境都需要得到进一步改善。目前江西在教育环境方面还缺乏较好的大学，部分地区公共环境和生活环境还处于较低水平。安徽省应着力扩大对基础教育和高等教育的投入，增加人才的培养。抚州、上饶和赣州、宜春市等城市还应扩大服务业新业态新模式，按照崇尚绿色环保、讲求质量品质、注重文化内涵的导向，运用现代服务技术和经营方式改造提升传统服务业，促进传统服务业转型升级。提高生活环境和公共环境的指数，提高人民群众的幸福指数，抢占未来服务业发展先机。

第五节　河南省城市服务业竞争力报告2016

一、河南省社会经济与服务业发展总体情况

河南省正处于工业化、城镇化加快发展阶段，发展的活力和后劲不断增强，作为我国农产品主产区和重要的矿产资源大省提供了丰富的经济发展资源，作为我国第一人口大省，提供了丰富的劳动力资源和巨大的消费市场，其GDP位于全国前列。2015年，河南省的国内生产总值为37002.16亿元，比2014年增长8.3%，其中服务业增加值为14875.23亿元，比2014年增长10.9%，在国民经济中占40.2%，低于工业占比的48.4%，服务业对经济增长的贡献率达50.1%，服务业在河南国民经济发展中所处地位不低。

表 4 - 9　2015 年河南省社会经济及服务业发展整体情况

项　目	数　据
土地面积	16 万平方公里
常住人口	9480 万人
GDP 及增长率	37002.16 亿元，8.3%
服务业增加值及占 GDP 比重	14875.23 亿元，40.2%
三次产业的比重	11.4:48.4:40.2
服务业从业人员数及占就业人数比	514.7 万人，45.7%

资料来源：根据《中国统计年鉴 2016》数据计算所得。

　　通过计算可以得到，2015 年河南省服务业增加值区位商仅为 0.85，这表明，与全国平均水平相比，河南省服务业增加值比重相对较低，服务业专业水平有待进一步提升。河南省服务业细分部门的区位商大于 1 的有交通运输、仓储和邮政业，住宿和餐饮业，分别为 1.06 和 1.28，这说明这两个服务业细分产业的比重高于全国平均水平，其发展具有相对优势；而批发和零售业，金融业，房地产业和其他服务业的区位商值仅为 0.74、0.76、0.98 和 0.81，均小于 1，因此处于相对劣势的地位。

　　进一步分析 2015 年河南省各产业的劳动生产率情况可以看到，2015 年，河南省服务业劳动生产率为 28.90 万元/人，低于全国平均的 37.96 万元/人，其中批发和零售业，交通运输、仓储和邮政业，金融业，房地产业以及其他服务业的劳动生产率分别为 47.52 万元/人、39.97 万元/人、81.75 万元/人、78.29 万元/人和 15.60 万元/人，分别低于全国的 81.14 万元/人、120.80 万元/人、84.49 万元/人、79.53 万元/人和 24.11 万元/人，尤其是交通运输、仓储和邮政业，其劳动生产率仅为全国平均水平的 33%。而河南省的住宿和餐饮业的劳动生产率为 91.44 万元/人，高于全国平均的 45.08 万元/人，这表明河南省该细分产业劳动生产率较高，具有发展的相对比较优势，达到全国水平的 2.03 倍。

二、河南省城市服务业竞争力分析

(一) 河南省各城市服务业竞争力排名

经计算可得到河南省各城市服务业竞争力及一级指标排名如表 4 - 10

所示。

表 4-10　河南省各城市服务业竞争力排行榜

排行	城市	竞争力	城市	发展水平	城市	发展活力	城市	发展条件	城市	发展环境
1	郑州	61.6	郑州	56.3	郑州	63.0	郑州	64.2	郑州	62.6
2	洛阳	51.9	洛阳	51.4	开封	58.7	洛阳	53.8	开封	49.5
3	开封	50.6	南阳	48.4	周口	53.2	南阳	50.7	洛阳	48.9
4	南阳	49.0	商丘	47.6	南阳	53.1	信阳	50.2	焦作	48.2
5	新乡	48.5	三门峡	47.5	新乡	53.0	许昌	49.0	鹤壁	47.8
6	许昌	48.2	驻马店	47.2	商丘	52.8	焦作	48.5	新乡	47.6
7	三门峡	47.9	开封	47.2	洛阳	52.5	新乡	48.0	三门峡	47.6
8	商丘	47.9	信阳	47.1	驻马店	52.4	周口	47.8	平顶山	46.3
9	驻马店	47.6	安阳	46.8	许昌	51.6	三门峡	47.3	安阳	46.0
10	焦作	47.5	平顶山	46.8	鹤壁	50.4	安阳	47.2	濮阳	45.9
11	周口	47.5	许昌	46.6	焦作	49.8	开封	46.9	许昌	45.4
12	安阳	47.3	周口	46.2	三门峡	49.5	驻马店	46.6	漯河	44.9
13	平顶山	46.6	新乡	46.1	濮阳	49.5	商丘	46.5	商丘	43.0
14	濮阳	46.0	焦作	45.3	安阳	49.4	平顶山	46.4	驻马店	42.7
15	信阳	45.3	濮阳	44.1	漯河	48.5	濮阳	46.0	周口	41.6
16	鹤壁	44.8	漯河	41.2	平顶山	47.6	漯河	45.3	南阳	41.5
17	漯河	44.3	鹤壁	40.4	信阳	42.7	鹤壁	44.4	信阳	41.2

从表 4-10 的数据可以看到，2015 年，河南省城市服务业竞争力排名中，郑州、洛阳和开封居于前三位，分别为 61.6、51.9 和 50.6 分，均大于全国平均的 50 分水平线，表明这三个城市服务业竞争力在河南省具有领先地位，在全国范围内也高于全国的平均水平，其中，郑州服务业竞争力在全国排名第 14 位，居于全国前列。平顶山、濮阳、信阳、鹤壁和漯河市则分别以 46.6、46.0、45.3、44.8 和 44.3 分居于河南省城市服务业竞争力排名最后五位，而漯河市在全国 288 个地级及以上城市中居于最后 30 位。

郑州、洛阳、南阳、商丘和三门峡分别以 56.3、51.4、48.4、47.6 和 47.5 分居河南省城市服务业发展水平前五位，其中，郑州和洛阳超过了全国平均水平的 50 分线，这表明其在全国范围看也具有一定程度的优势地位。濮阳、漯河和鹤壁市服务业发展水平在河南省各城市中最低，居最末三位。

从服务业发展活力来看，郑州、开封、周口、南阳和新乡居于前五位，分别为 63.0、58.7、53.2、53.1 和 53.0 分，均大于全国平均的 50 分水平线。漯河、平顶山和信阳市服务业发展活力水平在河南省各城市中最低，居最末三位。

郑州服务业发展条件较好，服务业发展条件指标得分为 64.2 分，在全国范围内居第 16 位，濮阳、漯河和鹤壁市的服务业发展条件得分分别为 46.0、45.3 和 44.4 分，居最末三位。

河南省仅郑州的服务业发展环境指标较高，为 62.6 分。其余的 16 个城市的服务业发展环境得分都低于全国平均水平，周口、南阳和信阳分别以 41.6、41.5 和 41.2 分居最末三位。

（二）河南省各城市服务业发展水平排名

河南省郑州、南阳和洛阳服务业发展总量水平指数高于全国 50 分的平均水平，分别以 55.8、50.9 和 50.7 分居前三位，在全国范围内排名第 14、47 和 51 位，其余城市的总量水平均在平均水平以下，且在 47—49 分的范围，这表明河南省服务业集聚发展的态势非常明显，但总量水平需要提高。

河南省城市服务业比重水平指数中，郑州、洛阳和南阳分别以 52.8、51.3 和 49.2 分分列全省前三位。许昌、焦作、濮阳、漯河和鹤壁市分别以 38.1、37.0、34.8、29.3、25.0 分居河南省该指标的最后五位，而焦作、濮阳、漯河和鹤壁市在全国 288 个地级及以上城市中居于最后 30 位。

河南省城市服务业生产率水平指数中，郑州、洛阳和三门峡这三个城市的分数分别为 57.3、52.6 和 52.3 分，均超过全国平均的 50 分水平。驻马店、南阳、信阳、鹤壁和漯河市的服务业生产率水平位居最末五位，其中漯河市服务业生产水平得分仅为 38.3 分，属于全国服务业生产率水平最低的 30 个城市。

（三）河南省各城市服务业发展活力排名

郑州、开封、南阳、洛阳和商丘市在服务业发展规模活力上具有优势地位，分别以 59.0、51.5、51.1、50.7 和 50.4 分居前五位，均大于 50 分的全国平均水平，其中郑州在全国范围排名第 12 位，信阳、安阳、三门峡、漯河和平顶山居于全国倒数前 30 位。

河南省各服务业发展比重活力普遍较高，周口、开封、商丘、驻马店和鹤壁的发展比重活力在河南省位居前五位，分别为 81.1、74.5、74.4、72.8 和 66.5 分，分别居于全国第 5、12、13、15 和 25 位，排名靠前。而安阳、漯河、焦作、洛阳和平顶山位列全省最末 5 位。

鹤壁、焦作、三门峡、许昌和洛阳服务业发展生产率活力指数分别为 60.4、59.5、58.7、54.2 和 54.0 分，居河南省前 5 位，河南省有 7 个城市服务业生产率高于全国平均水平。漯河、南阳、濮阳、驻马店和商丘的服务业发展生产率活力得分较低，位列河南省的倒数前 5 位，驻马店和商丘也是全国服务业发展生产率活力的最末 30 位城市。

河南省各城市服务业投资活力指数较高，郑州、洛阳分别以 74.2、63.1 分居全省第 1、2 位，居全国第 5、18 位。而南阳、许昌和信阳分别位于全省的第 3、4、5 位，分别为 58.7、56.8 和 56.2 分。鹤壁、平顶山和新乡分别以 52.6、50.4 和 46.6 分居全省末尾三位。

开封、郑州和新乡城市服务业发展的消费活力指数分别为 74.9、66.9 和 64.6 分，居前三位，也分别居于全国第 9、22 和 28 位，漯河、三门峡、焦作、鹤壁和信阳指数居最后五位，信阳在全国范围内居于服务业发展消费活力的最末 30 位。

河南省服务业发展金融活力指数最高的郑州和焦作分别为 54.7 和 50.0 分，分别居全国第 20 和 104 位，此外河南省其他城市的金融活力指数均低于全国平均水平。新乡、安阳、平顶山、三门峡和濮阳的金融活力指数居河南省的最末 5 位。

（四）河南省各城市服务业发展条件排名

郑州的服务业发展条件指数远优于其他城市。郑州、洛阳南阳的服务业发展产业条件指标分别为 61.1、52.7 和 51.8 分，这三个城市服务业发展条件均较好，居全国第 16、52 和 59 位。平顶山、三门峡和鹤壁的服务业发展产业条件指数分别以 47.3、46.4 和 45.9 分居最后三位。

郑州、洛阳、南阳、周口和新乡的服务业投资条件较好，在河南省的 17 个地级市中居前五位，分别为 64.8、56.6、54.7、51.2 和 50.8 分，平顶山、开封、濮阳、漯河和鹤壁位列最后五位。

就人口条件看，得益于较高的人均值和建成区密度，郑州和信阳分别以 61.1 和 51.8 分位列前两位。安阳、漯河、周口、驻马店和商丘发展人口条件较差，位居河南省各城市最后五位，周口、驻马店和商丘在全国范围内居于服务业发展消费活力的最末 30 位。

（五）河南省各城市服务业发展环境排名

郑州和开封的服务业发展环境指数中河南省较为领先。郑州、洛阳和鹤壁的人均科技经费支出、人均教育经费支出、每万人在校大学生数等指标在河南省均居于领先地位，服务业发展教育环境指数分别为 75.1、52.1 和 51.6 分，居全省第 1、2、3 位，高于全国平均水平，其中，郑州的服务业发展教育环境指数居全国第 8 位。平顶山、信阳、驻马店、周口和商丘位列最末五位。

开封和郑州的交通环境中河南省居于领先地位，分别以 59.6 和 57.2 分排名前两位，居全国的第 29 和 42 位。其余的 15 个城市的服务业发展交通环境指数低于全国平均水平，信阳市的交通环境指数为 42.3 分，居河南省最末尾，并位列全国交通环境最低的 30 个城市中。

郑州和三门峡通信环境相对较好，分别以 60.5 和 52.6 分位居前两位，这表明这两个城市的人均邮政业务总量、人均电信业务总量、固定电话年末用户数等指标在全省领先。洛阳、新乡和焦作位列其后。南阳、信阳、驻马店、周口和漯河的人均交通指标较低，位列最后五位，并位列全国交通环境最低的 30 个城市中。

郑州、焦作、濮阳、平顶山和鹤壁的公共服务环境指数居全省前五位，分别为 62.1、53.2、53.0、52.3 和 52.2 分。商丘、驻马店、周口、信阳和南阳 5 个城市位居最后五位。

河南省 17 个城市的生活环境指标指数均低于全国平均水平。鹤壁、漯河和郑州分居全省前三位，分别为 48.0、46.9 和 46.9 分。洛阳、信阳和南阳位列最末位。

河南省郑州的社会保障指数相对较高，为 54.2 分。平顶山、洛阳、焦作和三门峡分别以 48.8、48.8、48.2 和 47.6 分分居河南省第 2、3、4、5 位，低于全国平均水平，表明这些城市的城镇职工基本养老保险、基本医疗保险、失业保险参保情况需要提升，而信阳、南阳、驻马店、商丘和周口位列最后五位。

三、河南省服务业发展的结论与建议

作为全国人口大省和农业大省的河南，有自身的发展优势，从河南省城市服务业竞争力情况来看，河南省服务业发展可从以下方面着力。

（一）提高服务业的生产率水平

河南省的服务业整体发展处于全国中等水平，总量水平和比重水平相对较好，但生产率水平不足。南阳、信阳、鹤壁和漯河等城市应该深度融入"一带一路"倡议，依托郑州、洛阳的综合交通枢纽和信息网络优势，大力发展商贸业，拓展国际物流、区域物流、城市配送多层次大物流体系，提升物流服务水平。驻马店和商丘等城市处于黄淮经济区，受到自然环境影响较大，因此需要提高现代服务业的发展。大力发展物流、金融、信息服务、交通运输、邮政等行业，提高服务业生产率水平。

（二）改善服务业发展的人口条件

河南省是我国的农业大省、人口大省，农业从业人数众多。河南省应采用各种措施推动劳动力资源在农业、工业乃至服务业中的有序流转，通过各种方式提高劳动力素质，有效改善服务业发展的人口条件。特别对于驻马店和商丘等城市来说，应该加快服务业人才培养和引进，全面提高服务业从业人员服务技能和素质。加大现代物流、金融、信息技术、文化创意、商务服务等高端专业人才培养力度，扩大健康、养老、家政等专业技能人才规模，推动服务业从业人员职业化、专业化发展。

（三）改善服务业发展的教育环境

除郑州、洛阳、开封的教育环境发展基础相对较好外，河南省其余城市的教育环境仍有待进一步提升。整个河南省尚无一所全国性的知名高校，教育环境相对薄弱。河南省应持续加大对科技和教育领域的经费支出，借助政府补贴等创新创业鼓励政策健全人才激励机制，完善医疗、养老等配套政策，鼓励以技术入股、管理入股、股票期权激励等分配方式招揽人才，同时大力引进一批掌握核心技术资源、具有较强创新创业能力的领军人才和高层次紧缺人才积极推动河南省教育和科技事业的发展。

第六节　湖北省城市服务业竞争力报告2016

一、湖北省社会经济与服务业发展总体情况

湖北省城市发展中，武汉一枝独秀，襄阳和宜昌是第二梯队。借力长江经济带，湖北省各城市拥有发展的良好契机。2015年，湖北省的国内生产总值为29550.19亿元，比2014年增长8.9%，其中服务业增加值为12736.79亿元，比2014年增长10.7%，在国民经济中占43.1%，略低于工业占比的45.7%，服务业对经济增长的贡献率达51.2%，服务业在湖北国民经济发展中所处地位较高。

表4-11　2015年湖北省社会经济及服务业发展整体情况

项　目	数　据
土地面积	18万平方公里
常住人口	5851.5万人
GDP及增长率	29550.19亿元，8.9%
服务业增加值及占GDP比重	12736.79亿元，43.1%
三次产业的比重	11.2:45.7:43.1
服务业从业人员数及占就业人数比	351.8万人，49.4%

资料来源：根据《中国统计年鉴2016》数据计算所得。

通过计算可以得到，2015年湖北省服务业增加值区位商仅为0.91，这表明，与全国平均水平相比，湖北省服务业增加值比重相对较低，服务业专业

水平有待进一步提升。住宿和餐饮业的增加值区位商大于 1，为 1.07，这说明该服务业细分产业的比重高于全国平均水平，其发展具有相对优势；但是，湖北省大部分服务业细分部门增加值区位商小于 1，包括批发零售业，交通运输、仓储和邮政业，金融业和房地产业，分别为 0.82、0.91、0.88 和 0.84，因此处于相对劣势的地位，而其他服务业的区位商值为 0.96，也接近全国平均水平。

进一步分析 2015 年湖北省各产业的劳动生产率情况可以看到，2015 年，湖北省服务业劳动生产率为 36.20 万元/人，略低于全国平均的 37.96 万元/人，其中批发和零售业，交通运输、仓储和邮政业以及其他服务业的劳动生产率分别为 59.25 万元/人、36.11 万元/人及 22.52 万元/人，分别低于全国的 81.14 万元/人、120.80 万元/人和 24.11 万元/人，尤其是交通运输、仓储和邮政业，其劳动生产率仅为全国平均水平的 30%。而湖北省的住宿和餐饮业、金融和房地产业的劳动生产率分别为 69.57 万元/人、95.19 万元/人和 86.62 万元/人，高于全国平均的 45.08 万元/人、84.49 万元/人和 79.53 万元/人，分别达到全国水平的 1.54、1.13 和 1.09 倍，这表明湖北省这三大服务业细分产业劳动生产率较高。

二、湖北省城市服务业竞争力分析

（一）湖北省各城市服务业竞争力排名

经计算可得到湖北省各城市服务业竞争力及一级指标排名如表 4 - 12 所示。

表 4 - 12　湖北省各城市服务业竞争力排行榜

排行	城市	竞争力	城市	发展水平	城市	发展活力	城市	发展条件	城市	发展环境
1	武汉	68.6	武汉	63	武汉	69.8	武汉	71.4	武汉	67.3
2	宜昌	50	随州	46.6	黄冈	54.8	宜昌	52.2	十堰	52.7
3	襄阳	49.6	咸宁	46.5	襄阳	53.5	襄阳	51.6	宜昌	51.5
4	十堰	48.9	宜昌	46.5	荆门	52.4	黄石	47.2	黄石	51.1

排行	城市	竞争力	城市	发展水平	城市	发展活力	城市	发展条件	城市	发展环境
5	黄冈	48.1	黄冈	46.5	十堰	52.4	黄冈	47.2	鄂州	48.5
6	荆门	47.5	襄阳	46.4	宜昌	51.8	荆州	47	襄阳	47.6
7	黄石	47.4	十堰	46.2	孝感	51.7	荆门	47	孝感	45.6
8	荆州	47	荆州	46	荆州	51.4	孝感	46.9	荆门	45.5
9	孝感	46.9	荆门	45.5	鄂州	50	十堰	46.5	咸宁	44.9
10	随州	46.5	黄石	45.3	随州	50	鄂州	46.4	随州	44.1
11	咸宁	46.4	孝感	44.3	咸宁	48.6	咸宁	45.9	荆州	43.4
12	鄂州	46.3	鄂州	42.9	黄石	48.5	随州	45.1	黄冈	42.7

从表 4-12 的数据可以看到，2015 年，湖北省城市服务业竞争力排名中，武汉和宜昌居于前两位，分别为 68.6 和 50.0 分，这表明这两个城市服务业竞争力在湖北省具有领先地位，武汉服务业竞争力在全国排名第 8 位，居于全国前列。武汉、宜昌、襄阳、十堰和黄冈市则分别以 68.6、50.0、49.6、48.9 和 48.1 分居于湖北省城市服务业竞争力排名前五位，而随州、咸宁和鄂州居湖北省的最末三位。

武汉以 63.0 分居湖北省城市服务业发展水平第一位，并位列全国服务业竞争力指数的第 12 位，这表明其在全国范围看也具有一定程度的优势地位。但其余城市的服务业竞争力指数均低于全国平均水平的 50 分，孝感和鄂州分别以 44.3 和 42.9 分居全省最末两位，也位于全国城市服务业竞争力指数倒数前 30 位。

从服务业发展活力来看，湖北省有 10 个城市的发展活力指数高于或等于 50 分的全国平均水平线，且武汉以 69.8 分居全省第一位，位于全国服务业发展活力指标第 8 位。咸宁和黄石分别以 48.6 和 48.5 分位列湖北省最末两位，但尽管如此，其全国排名也在前 200 位，说明湖北省各城市的服务业发展活力在全国处于较好水平。

武汉、宜昌和襄阳服务业发展条件较好，服务业发展条件指标得分分别为 71.4、52.2 和 51.6 分，武汉的服务业发展条件得分在全国范围内居第 9 位，鄂州、咸宁和随州市的服务业发展条件得分分别为 46.4、45.9 和 45.1

分，居最末三位。

湖北省的武汉、十堰、宜昌和黄石的服务业发展环境指标较高，分别为67.3、52.7、51.5和51.1分居前四位，其中，武汉居全国第18位。而荆门、咸宁、随州、荆州和黄冈的服务业发展环境得分居末五位。

（二）湖北省各城市服务业发展水平排名

武汉、襄阳和宜昌服务业发展总量水平指数高于全国50分的平均水平，分别以59.1、50.6和50.3分居前三位，其中，武汉在全国范围内排名第11位，其余城市的总量水平均在平均水平以下，分数范围为47—49分。鄂州以47.7分位列湖北省服务业发展总量水平指数得分最末，且处于全国服务业发展总量水平指数最低的30个城市之中。

由于城镇单位就业人员数中服务业就业人员比重不高，湖北省各城市的服务业比重水平也不均衡，由最高的57.6分至最低的30.8分不等。武汉市的服务业比重水平达57.6分，居第一位。其余城市的比重水平均在平均水平以下。最低的宜昌和鄂州分别为36.9和30.8分，居湖北省该得分的最末两位，且处于全国服务业比重水平最低的30个城市之中。

湖北省城市服务业生产率水平指数中，武汉最高，达到70.8分，居全国第20名。其余城市的服务业生产率水平指数均低于全国平均水平的50分，最低的十堰和孝感分别以39.1和39.0位列最末湖北省两位，属于全国服务业生产率水平最低的30个城市。

（三）湖北省各城市服务业发展活力排名

武汉、襄阳、宜昌、十堰和鄂州市在服务业发展规模活力上具有优势地位，分别以63.2、53.3、52.4、50.6和50.0分居前五位，其中，武汉在全国范围排名第8位，其余城市服务业发展规模活力均低于全国平均水平，随州、咸宁和黄冈居湖北省最末三位，黄冈居于全国倒数前30位。

湖北省各服务业发展比重活力普遍较高，全省12个城市得分均高于全国平均水平。襄阳、十堰和荆州分别以64.7、63.4和59.9分居全省前三位。但是，全省12个城市的服务业发展比重活力指数排名没有进入全国前30名，说明全省的服务业发展比重活力整体较好，但并不突出。

服务业生产率方面，随州、黄冈、黄石、荆州和咸宁分别以67.0、64.6、58.0、52.3和51.7分居全省前5位，其中，随州居全国第29位。襄阳、鄂州和宜昌的服务业发展生产率活力得分较低，位列湖北省的倒数前3位，鄂州和宜昌也是全国服务业发展生产率活力的最末30位城市之一。

湖北省各城市服务业投资活力指数比较高，所有城市都位居中国城市服务业发展投资活力的平均水平以上，最高的武汉和襄阳指数分别为68.7和61.7分，分居全国第9位和第24位。随州、鄂州和黄石分别以53.0、52.4和51.8分居全省最末三位。

武汉、黄冈、荆门、十堰和孝感分别以91.2、69.7、60.9、56.3和55.9分居湖北省城市服务业发展的消费活力指数的前五位，其中，武汉和黄冈居全国该指数的第2位和第18位。随州、黄石和咸宁分别以48.4、48.3和45.3分居全省最末三位。由最高分的91.2分至最低分的45.3分来看，湖北省的消费活力较不均衡，需要进一步从整体提升湖北省各城市的消费活力。

湖北省服务业发展金融活力指数当中，武汉、黄冈、咸宁、孝感和随州分别以54.9、51.1、50.7、50.4和50.1分居全省前5位，其中，武汉居全国第19位。宜昌、襄阳和黄石分别以48.1、47.7和47.3分居全省最末三位。

（四）湖北省各城市服务业发展条件排名

武汉和宜昌的服务业发展条件指数相对较高。武汉、襄阳和宜昌的服务业发展产业条件指标分别为64.8、51.6和51.1分，居全省前三位，其中，武汉居全国第13位。其余9个城市的服务业发展产业条件指标得分均低于全国平均水平的50分。咸宁、随州和鄂州分别以47.3、46.9和46.4分居全省最末三位。

武汉、襄阳、宜昌和黄冈的服务业投资条件较好，在湖北省的12个地级市中居前四位，分别为71.8、52.8、52.3和50.1分，高于全国平均水平的50分，其中，武汉位于全国的第6位。十堰、鄂州和随州位列最后三位。

人口条件这个指标，武汉、宜昌分别以70.9、52.7分位列湖北省前两位，其中，武汉位于全国的第17位。随州、咸宁、孝感、荆州和黄冈的发展人口条件较差，位居湖北省各城市最后五位。

（五）湖北省各城市服务业发展环境排名

武汉的服务业发展环境指数在湖北省大为领先。武汉的人均科技经费支出、人均教育经费支出、每万人在校大学生数等指标在湖北省均居于领先地位，服务业发展教育环境指为 74.0 分，居全省第 1 位，位于全国第 9 位。然而，湖北省其余 11 个城市得分均低于全国平均水平的 50 分，孝感和随州分别以 41.7 和 40.6 分居全省最末两位，也位居中国城市服务业发展教育环境指数倒数前 30 位。

武汉、黄石、十堰和宜昌的交通环境中湖北省居于领先地位，分别以 63.2、54.6、50.0 和 50.0 分排名前四位，其中，武汉居全国的第 17 位。其余的 8 个城市的服务业发展交通环境指数低于全国平均水平。黄冈、孝感和咸宁市的交通环境指数居湖北省最末三位。

武汉和十堰的通信环境相对较好，分别以 60.6 和 57.7 分位居前两位，这表明这两个城市的人均邮政业务总量、人均电信业务总量、固定电话年末用户数等指标在全省领先。襄阳、荆门、荆州、黄冈和孝感的人均交通指标较低，位列最后五位。

十堰、武汉、宜昌、鄂州和黄石的公共服务环境指数分别以 64.7、64.6、58.0、53.3 和 52.4 分居全省前五位，其中，十堰和武汉分居全国第 22 位和第 23 位。孝感、咸宁和荆州位居全省最后三位。

武汉、孝感、宜昌、鄂州和襄阳的生活环境较好，分别以 67.9、66.3、52.5、51.7 和 50.8 分位列前五位，其中，武汉和孝感分居全国第 19 位和第 22 位。咸宁、荆州和黄冈位列全省最末位，荆州和黄冈居于全国倒数前 30 位。

湖北省各城市的社会保障指数相对较低，武汉、宜昌和黄石的指数分别以 56.9、51.8 和 51.8 分位列前三位，这表明这些城市的城镇职工基本养老保险、基本医疗保险、失业保险参保情况良好，而孝感、随州和黄冈位列最后三位。

三、湖北省服务业发展的结论与建议

当前，湖北省服务业保持稳步健康发展态势。从湖北省城市服务业竞争力情况来看，湖北省服务业发展可从以下方面着力：

（一）改善服务业发展环境

除武汉和孝感，这两个大城市和区域性中心城市的发展基础相对较好外，湖北省其余城市的发展环境仍有待进一步提升。对此，湖北省可从以下几个方向着手：第一，需要利用湖北省的地理位置和区位优势，结合中部崛起的机遇，大力发展商贸业、流通业、交通业、电子信息技术、提高服务业发展环境。第二，湖北省除武汉及周边的教育资源相对发达外，孝感和随州则需要加大政府在教育和科技上的投入，引进人才，积极推动教育环境进一步提升。第三，荆州和黄冈需要改善城市生活设施建设，改善城市生活环境，带动服务业向集聚化、高端化发展、减少环境污染，提高绿色环保意识，改善生活环境。

（二）提高服务业对外开放程度

湖北作为内陆省份，服务业的国际化基础相对较为薄弱。在开展国际合作和应对国际竞争方面经验不足，服务业整体开放程度偏低，产业渗透式发展不够，服务业"走出去"和"引进来"工作亟待加强。对此需要逐渐形成与国际接轨、布局合理、结构优化、功能完善、专业化程度高的服务体系，打造一批中西部领先、知名度高、影响力大的现代服务业品牌。

第七节　湖南省城市服务业竞争力报告2016

一、湖南省社会经济与服务业发展总体情况

长期来，湖南省以建立资源节约型与环境友好型的"两型社会"为其经济发展方式的目标和着力点，大力推进长株潭城市群建设，经济社会的发展取得了长足的进步。2015 年，湖南省的国内生产总值为28902.21 亿元，比2014 年增长 8.5%，其中服务业增加值为 12759.77 亿元，比 2014 年增加

11.2%，在国民经济中占44.1%，略低于工业占比的44.3%，服务业对经济增长的贡献率达56.5%，服务业在湖南国民经济发展中的地位较高。

表4-13　2015年湖南省社会经济及服务业发展整体情况

项　目	数　据
土地面积	21万平方公里
常住人口	6783.03万人
GDP及增长率	28902.21亿元，8.5%
服务业增加值及占GDP比重	12759.77亿元，44.1%
三次产业的比重	11.5:44.3:44.1
服务业从业人员数及占就业人数比	321.2万人，55.5%

资料来源：根据《中国统计年鉴2016》数据计算所得。

通过计算可以得到，2015年湖南省服务业增加值区位商仅为0.94，这表明，与全国平均水平相比，湖南省服务业增加值比重相对较低，服务业专业水平有待进一步提升。湖南省仅其他服务业的区位商大于1，为1.21，这说明该服务业细分产业的比重高于全国平均水平，其发展具有相对优势；而批发和零售业、金融业和房地产业的区位商值仅为0.84、0.54和0.57，均小于1，因此处于相对劣势的地位，尤其是金融业和房地产业与全国平均水平相距甚远。而交通运输、仓储和邮政业及住宿和餐饮业的区位商值分别为0.97和0.96，接近全国平均水平。

进一步分析2015年湖南省各产业的劳动生产率情况可以看到，2015年，湖南省服务业劳动生产率为39.73万元/人，略高于全国平均的37.96万元/人，其中交通运输、仓储和邮政业、金融业以及房地产业的劳动生产率分别为52.90万元/人、45.93万元/人和60.84万元/人，分别低于全国的120.80万元/人、84.49万元/人和79.53万元/人，尤其是交通运输、仓储和邮政业和金融业，其劳动生产率仅为全国平均水平的44%和54%。而湖南省的批发和零售业、住宿和餐饮业以及其他服务业的劳动生产率分别为109.28万元/人、72.37万元/人和28.35万元/人，高于全国平均的81.14万元/人、45.08万元/人和24.11万元/人，这表明湖南省这三大服务业细分产业劳动生产率较高，具有发展的相对比较优势，分别达到全国水平的 1.35、1.61 和 1.18 倍。

二、湖南省城市服务业竞争力分析

（一）湖南省各城市服务业竞争力排名

经计算可得到湖南省各城市服务业竞争力及一级指标排名如表 4 – 14 所示。

表 4 – 14 湖南省各城市服务业竞争力排行榜

排行	城市	竞争力	城市	发展水平	城市	发展活力	城市	发展条件	城市	发展环境
1	长沙	65.4	长沙	59.2	长沙	69.9	长沙	67.6	长沙	62
2	岳阳	51	张家界	57	益阳	55.3	株洲	50.5	湘潭	51.5
3	常德	50.6	常德	52.6	岳阳	54.7	岳阳	49.3	株洲	51.3
4	湘潭	50.1	怀化	51.4	衡阳	54.5	湘潭	49.1	郴州	48.4
5	衡阳	50	岳阳	51.3	永州	53.8	郴州	49	岳阳	46.3
6	张家界	49.6	永州	50	常德	53.1	衡阳	48.8	衡阳	45.8
7	郴州	49.5	衡阳	49.2	湘潭	51.9	常德	48.4	娄底	44.9
8	株洲	49.1	郴州	49.1	郴州	51.2	邵阳	46.6	常德	44.6
9	永州	49	邵阳	49	邵阳	50.8	益阳	46	张家界	43.9
10	益阳	48.9	湘潭	48.8	娄底	49.8	永州	45.8	永州	43.6
11	怀化	48	益阳	48.7	株洲	49.4	怀化	45.4	怀化	43.4
12	邵阳	47.7	株洲	47.3	怀化	49	娄底	45.4	益阳	43.2
13	娄底	46.9	娄底	47.1	张家界	48.8	张家界	43	邵阳	42.5

从表 4 – 14 的数据可以看到，2015 年，湖南省城市服务业竞争力排名中，长沙、岳阳、常德、湘潭和衡阳居于前五位，均大于全国平均的 50 分水平线，这表明这 5 个城市服务业竞争力在湖南省具有领先地位。永州、益阳、怀化、邵阳和娄底市则分别以 49.0、48.9、48.0、47.7 和 46.9 分居于湖南省城市服务业竞争力排名最后五位。

长沙、张家界、常德、怀化和岳阳分别以 59.2、57.0、52.6、51.4 和

51.3 分居湖南省城市服务业发展水平前五位，也超过了全国平均水平的 50 分线，而长沙和张家界城市服务业发展水平分别居全国第 22 和 29 位，居于全国服务业发展水平前列。益阳、株洲和娄底城市服务业发展水平在湖南省各城市中最低，居最末三位。

从服务业发展活力来看，长沙、益阳、岳阳、衡阳和永州分别以 69.9、55.3、54.7、54.5 和 53.8 分位列湖南省前五名，其中，长沙和益阳的服务业发展活力分别居全国第 7 位和第 30 位。湖南省共有 9 个城市的发展活力指数高于 50 分的全国平均水平线。株洲、怀化和张家界则分别以 49.4、49.0 和 48.8 分居全省最末三位。

长沙和株洲服务业发展条件较好，服务业发展条件指标得分分别为 67.6 和 50.5 分，其中，长沙在全国范围内居第 14 位。张家界市的服务业发展条件得分为 43.0 分，居最末位，在全国范围内居第 274 位，位于全国城市服务业发展条件倒数前 30 位。

湖南省的长沙、湘潭和株洲的服务业发展环境指标较高，分别为 62.0、51.5 和 51.3 分居前三位，怀化、益阳和邵阳的服务业发展环境得分居末三位。

（二）湖南省各城市服务业发展水平排名

湖南省仅长沙的服务业发展总量水平指数高于全国 50 分的平均水平，以 55.2 分居湖南省第一位，在全国范围内排名第 16 位，其余城市的总量水平均在平均水平以下，这表明湖南省需要进一步提升其服务业发展水平。

由于城镇单位就业人员数中服务业就业人员比重较高，湖南张家界市的服务业比重水平最高达 85.2 分，居第一位，怀化市的服务业比重水平也达 65.5 分，居第二位。湖南省 13 个城市中，共有 9 个城市的服务业比重水平得分高于全国平均水平的 50 分数线。岳阳、娄底和株洲位列全省最末三位。

湖南省城市服务业生产率水平指数中，长沙、常德、岳阳和张家界市的分数分别为 69.4、58.1、56.2 和 53.6 分，均超过全国平均的 50 分水平。而湖南省的其余城市的服务业生产率水平指数得分均低于全国平均的 50 分水平。益阳、怀化和邵阳的服务业生产率水平位居最末三位。

（三）湖南省各城市服务业发展活力排名

长沙和株洲市在服务业发展规模活力上具有优势地位，分别以 61.2 和 50.7 分居前两位，均大于 50 分的全国平均水平，其中长沙在全国范围排名第 10 位，其余城市服务业发展规模活力均低于全国平均水平，永州和怀化更是以 46.5 和 46.1 分居于全国倒数前 30 位。

湖南省各城市的服务业发展比重活力，岳阳、长沙、娄底、株洲和常德市发展比重活力指数分别为 60.9、60.5、59.6、59.5 和 56.7 分，在湖南省位居前五位。湖南省 13 个城市中，共有 9 个城市的服务业发展比重活力高于全国平均水平。湘潭、张家界和怀化分居湖南省服务业发展比重活力指标得分的最末三位。

岳阳、长沙、湘潭、娄底、衡阳、怀化和益阳市的服务业生产率均在全国前列，分别居于第 1、6、10、16、18、21 和 26 名。湖南省 13 个城市的服务业生产率得分均高于全国平均水平的 50 分，说明湖南省各城市的服务业效率很高。永州、郴州和株洲位列湖南省的倒数前 3 位。

湖南省各城市服务业投资活力指数当中，长沙、衡阳、郴州、岳阳和湘潭分别以 72.3、59.5、59.3、59.1 和 57.9 分位居湖南省 13 个城市的前五位。常德、株洲和张家界位居湖南省各城市服务业投资活力指数的最末三位。

长沙、益阳、永州和衡阳城市服务业发展的消费活力指数分别为 80.1、71.9、68.7 和 64.9 分，居湖南省前四位，分居全国第 7、11、19 和 27 位。株洲、郴州、张家界、怀化和娄底的指数居最后五位。

湖南省服务业发展金融活力指数最高的长沙为 57.4 分，居全国第 10 位，此外，湖南省共有 11 个城市的金融活力指数高于全国平均水平。娄底和株洲的金融活力指数居湖南省的最末两位，低于全国平均水平，株洲更是以 46.2 分居全国 288 个城市中的最后 30 位。

（四）湖南省各城市服务业发展条件排名

长沙和株洲的服务业发展条件指数远优于其他城市，也高于全国平均水平。长沙和岳阳的服务业发展产业条件指标分别为 60.8 和 50.4 分，两个城市服务业发展条件均较好，而长沙居全国第 18 位。娄底、怀化和张家界的服务业发展产业条件指数分别以 47.1、47.1 和 45.5 分居最后三位。

长沙的服务业投资条件较好，在湖南省的 13 个地级市中居第一位，位于全国的第 11 位，永州、益阳、娄底、怀化和张家界位列最后五位，而张家界属于全国服务业发展投资条件最差的 30 个城市之一。

就人口条件看，长沙和株洲分别以 74.0 和 51.9 分位列前两位，而长沙更是位于全国的第 12 位。怀化、娄底、张家界、邵阳和永州的发展人口条件较差，位居湖南省各城市最后五位，邵阳和永州也属于全国服务业发展人口条件最差的 30 个城市之一。

（五）湖南省各城市服务业发展环境排名

长沙、湘潭和株洲的服务业发展环境指数中湖南省较为领先。长沙和湘潭的人均科技经费支出、人均教育经费支出、每万人在校大学生数等指标在湖南省均居于领先地位，服务业发展教育环境指数分别为 67.5 和 50.2 分，居全省第 1 和第 2 位，高于全国平均水平。怀化、娄底、张家界、益阳和常德位列最末五位。

长沙、郴州、株洲和湘潭的交通环境中湖南省居于领先地位，分别以 58.5、54.0、53.8 和 52.4 分排名前四位，高于全国平均水平。益阳、永州和怀化市的交通环境指数居湖南省末尾。

长沙的通信环境相对较好，以 57.7 分位居湖南省 13 个城市的第一位，这表明该城市的人均邮政业务总量、人均电信业务总量、固定电话年末用户数等指标在全省领先。邵阳、益阳、永州和常德的人均交通指标较低，位列最后四位，也都属于全国服务业通信环境最差的 30 个城市之一。

长沙、湘潭、株洲、娄底和衡阳的公共服务环境指数分别为 67.6、54.5、53.3、52.5 和 51.3 分，位列湖南省前五位，而长沙居全国的第 17 位。湖南省的其余城市得分均低于全国平均水平的 50 分。永州、邵阳和张家界市位居最后三位。

郴州、湘潭、常德、永州和郴州的生活环境较好，分别以 59.4、58.2、57.0、55.4 和 51.5 分位列前五位，且其指数均大于 50 分。湖南省 13 个城市中共有 8 个城市的得分高于全国平均水平。益阳、娄底和衡阳位列最末位。

湖南省各城市的社会保障指数相对较高，长沙的指数为 54.0 分，位列湖南省的第一。但是，湖南省其余城市的得分均低于全国平均水平，这表明这些城市的城镇职工基本养老保险、基本医疗保险、失业保险参保情况尚有提升空间，张家界、邵阳和怀化位列最后三位，而怀化则以43.2分属于全国服务业社会保障指数最差的30个城市之一。

三、湖南省服务业发展的结论与建议

近年来，随着长株潭城市群发展加快，区域一体化的效果明显，湖南省服务业的发展迎来的新的发展动力和机遇。服务业总量规模取得较快增长，服务业对经济增长的贡献率逐年上升，产业结构逐步优化。从湖南省城市服务业竞争力情况来看，湖南省服务业的发展可从以下方面着力：

（一）提升服务业的发展活力

湖南省服务业发展的活力较好，但各城市发展得不够均衡，尤其是各城市的消费活力亟待提升，竞争能力有待增强。因此首先，需要大力加强服务业规模效率，大力推进商贸、流通、金融、地产和网络信息服务的发展，提高其发展规模活力。其次，借助对接"一带一路"倡议、京津冀协同和长江经济带等国家区域战略和快速增长的长株潭地区经济规划，遵循集约、集聚、集群发展带动提升服务业整体产业链的发展规律，扩大对外招商引资，提高城市的投资活力、消费活力和金融活力；再次，通过提高生产效率、减税、增加税收优惠等激励政策，让改革发展红利落实到民众的实处，提高服务业生产率。

（二）改善服务业的人口条件

湖南省服务业发展条件良好，但仍有提升潜力，尤其是人口条件亟待提升。湖南省服务业发展的人口条件较弱，主要体现在湖南省的服务业人口条件发展不均衡，主要集中在长江中游地区重要的中心城市长沙，而其他城市相对较弱，影响了湖南其他城市服务业的发展。湖南省需要加大对劳动力资源相对较弱地区如邵阳、怀化等湘中西部相对落后地区和城市的经济投入和教育投入，提高人口素质，通过改善其服务业的人口条件以达到湖南省整体

服务业发展条件的改善。一方面，可通过多渠道引进国内外高素质、复合型现代服务业人才；另一方面，可支持高校、科研机构与现代服务业企业合作建立实训基地，开展高技能人才再培训、再教育，鼓励海内外各类服务业高级人才来湖南创业、工作。

（三）改善服务业发展的生活环境

虽然近三年，湖南省以建设资源节约型和环境友好型的"两型社会"为加快经济发展方式转变的目标和着力点，但湖南省的整体生活环境尚有待完善。湖南省需要进一步增加对各城市生活环境的投入，例如改善益阳、永州和怀化市的交通环境，增强邵阳、益阳、永州和常德的通信环境，提升怀化、娄底、张家界、益阳和常德德教育环境。为各城市生活环境提供专业化、差异化、个性化的高品质服务，促进服务过程和消费方式绿色化，推动服务业低碳、优质、高效发展。同时进行产业生态环境优化，改变整体的生活环境。

第 五 章
中国西部地区城市服务业竞争力报告 2016

第一节　中国西部地区城市服务业竞争力总报告 2016

一、西部地区社会经济和服务业发展总体情况

本书中所界定的西部地区包括内蒙古、广西、重庆、四川、贵州、云南、西藏、陕西、甘肃、青海、宁夏、新疆等 12 个省市自治区。相对于我国东部、东北以及中部地区而言，西部地区因其深居内陆、地形复杂、水资源稀缺并且在整体经济发展水平上相对落后，然而西部地区面积辽阔，拥有巨大的开发潜力。2015 年，西部地区的国内生产总值为 145018.9 亿元，比 2014 年增长约 8.6%，其中服务业增加值为 62920.8 亿元，比 2014 年增长 10.0%，超过第二产业和第一产业的增长率——依次为 8.3% 和 4.7%；服务业对经济增长的贡献率达 49.8%，也超过第二产业和第一产业的贡献率——依次为 43.4% 和 6.8%。由此可见，服务业在西部地区的国民经济中的推动作用和贡献力度都有喜人的表现。

表 5-1　2015 年西部地区社会经济及服务业发展整体情况

项　目	数　据
土地面积	661 万平方公里
常住人口	37131 万人
GDP 及增长率	145018.9 亿元，8.6%

续表

项　目	数　据
服务业增加值及占 GDP 比重	62920.8 亿元，43.4%
三次产业的比重	12.0:44.6:43.4
服务业从业人员数及占就业人数比	2228.4 万人，57.2%

资料来源：根据《中国统计年鉴 2016》数据计算所得。

　　通过计算可以得到，2015 年西部地区服务业增加值区位商仅为 0.92，说明该地区的服务业发展与全国平均水平相比处于欠发达的地位，其服务业专业水平有待进一步提升。西部地区的传统服务业仅有交通运输、仓储和邮政业以及住宿和餐饮业的区位商大于 1，分别为 1.04 和 1.24，这说明这两个服务业细分产业的发展程度在全国具有相对优势；而批发零售业、金融业、房地产业和其他服务业的区位商值分别为 0.79、0.94、0.77 和 0.94，均小于 1，表明它们在全国都处于相对劣势的地位。

　　进一步分析 2015 年西部地区各产业的劳动生产率情况可以看到，2015 年，西部地区服务业劳动生产率为 28.2 万元/人，略低于全国平均的 38.0 万元/人，其中批发零售业，交通运输、仓储和邮政业，金融业，房地产业和其他服务业的劳动生产率分别为 68.0 万元/人、34.1 万元/人、78.1 万元/人、58.5 万元/人和 16.0 万元/人，分别低于全国的 78.5 万元/人、39.0 万元/人、84.5 万元/人、79.53 万元/人和 22.7 万元/人，因此，西部地区这四个服务业细分部门劳动生产率较低。西部地区仅有住宿和餐饮业的劳动生产率达 70.6 万元/人，高于全国平均的 57.1 万元/人，说明西部地区这一服务业细分产业劳动生产率较高，具有发展的相对比较优势。

二、西部地区城市服务业竞争力排名

　　经计算可得到 2015 年西部地区各城市服务业竞争力及一级指标排名如表 5 - 2 所示。

表 5 - 2　2015 年西部地区各城市服务业竞争力排行榜

排行	城市	竞争力	城市	发展水平	城市	发展活力	城市	发展条件	城市	发展环境
1	重庆	74.2	重庆	70.2	重庆	78.4	重庆	83.8	克拉玛依	70.8
2	成都	64.4	呼和浩特	65	贵阳	61.7	成都	71	西安	68.8
3	西安	60.8	鄂尔多斯	63.5	安顺	59.2	西安	62	嘉峪关	68.1
4	乌鲁木齐	59.2	成都	62.6	兰州	58.9	鄂尔多斯	59.6	乌鲁木齐	67.4
5	贵阳	58.5	西安	60.1	成都	57.1	昆明	56.5	成都	65.8
6	呼和浩特	57.5	包头	60	铜仁	56.9	包头	55.8	贵阳	65
7	鄂尔多斯	56.8	乌鲁木齐	59.8	乌鲁木齐	56.2	南宁	54.1	银川	64.4
8	兰州	56	昆明	55.7	银川	54.9	呼和浩特	53.7	乌海	64.1
9	昆明	55.7	兰州	54.6	毕节	54.3	贵阳	53.6	昆明	63.3
10	银川	54.7	贵阳	54.6	陇南	54.2	乌鲁木齐	53.3	西宁	60.5
11	南宁	54.3	南宁	53.1	克拉玛依	54.1	兰州	52.4	呼和浩特	57.3
12	克拉玛依	53.5	陇南	52	南宁	53.9	克拉玛依	51.3	兰州	56.6
13	包头	53.3	铜仁	51.9	遵义	53.3	银川	50.7	攀枝花	56.5
14	乌海	51.6	毕节	51.7	西安	53.3	柳州	50.3	南宁	56
15	嘉峪关	51.5	银川	51.7	嘉峪关	53.1	乌海	48.8	包头	54.1
16	西宁	51.4	河池	51.1	武威	52.8	西宁	48.7	鄂尔多斯	54
17	铜仁	50.5	固原	51	曲靖	52.3	咸阳	48.7	重庆	53.5
18	遵义	50.1	遵义	50.9	临沧	52.1	遵义	48.6	柳州	53.3
19	安顺	49.8	西宁	50.6	延安	52	宝鸡	48.5	石嘴山	53.1
20	柳州	49.1	榆林	50.3	遂宁	51.7	榆林	48.5	金昌	51
21	毕节	48.9	乌海	50	德阳	51.3	桂林	48.2	绵阳	49.7
22	桂林	48.2	定西	49.9	宝鸡	51	绵阳	48.1	铜川	49
23	玉溪	48.2	乌兰察布	49.9	保山	50.9	德阳	48	北海	48.7
24	曲靖	47.8	酒泉	49.6	玉溪	50.9	攀枝花	47.7	桂林	48.5
25	延安	47.7	通辽	49.6	汉中	50.7	嘉峪关	47.6	呼伦贝尔	48.2
26	德阳	47.7	安顺	49.4	安康	50.6	酒泉	47.5	巴彦淖尔	47.9
27	六盘水	47.5	赤峰	49.2	咸阳	50.5	呼伦贝尔	47.2	宝鸡	47.9

续表

排行	城市	竞争力	城市	发展水平	城市	发展活力	城市	发展条件	城市	发展环境
28	呼伦贝尔	47.5	贺州	49.2	六盘水	50.5	通辽	47	赤峰	47.5
29	通辽	47.5	丽江	49.2	达州	50	赤峰	46.9	雅安	47.4
30	汉中	47.5	天水	49.1	泸州	49.9	宜宾	46.8	泸州	47.3
31	乌兰察布	47.4	玉溪	48.9	广安	49.6	延安	46.8	防城港	46.8
32	酒泉	47.4	崇左	48.7	南充	49.5	泸州	46.6	玉溪	46.7
33	赤峰	47.4	汉中	48.5	巴中	49.5	南充	46.4	乐山	46.6
34	宝鸡	47.3	贵港	48.4	自贡	49.5	乐山	46.3	德阳	46.6
35	陇南	47.2	桂林	48.2	攀枝花	49.2	渭南	46.1	张掖	46.6
36	绵阳	47.2	曲靖	48.1	呼和浩特	49.2	北海	46.1	延安	46.5
37	攀枝花	47.1	呼伦贝尔	48	柳州	49.1	石嘴山	46	广安	46.4
38	广安	47.1	中卫	48	梧州	49.1	铜仁	46	自贡	46
39	安康	46.9	六盘水	47.9	昆明	49.1	自贡	45.9	安康	45.7
40	咸阳	46.8	玉林	47.9	昭通	49	乌兰察布	45.8	宜宾	45.6
41	巴彦淖尔	46.7	昭通	47.8	渭南	48.9	达州	45.7	六盘水	45.5
42	北海	46.4	张掖	47.5	铜川	48.8	玉林	45.7	酒泉	45.4
43	自贡	46.3	广安	47.5	天水	48.7	防城港	45.6	遵义	45.2
44	渭南	46.2	海东	47.4	西宁	48.7	巴彦淖尔	45.6	乌兰察布	45.2
45	武威	46.2	安康	47.2	宜宾	48.7	六盘水	45.5	广元	44.8
46	梧州	46.1	广元	46.9	桂林	48.6	眉山	45.5	丽江	44.7
47	临沧	46	临沧	46.8	商洛	48.6	曲靖	45.4	咸阳	44.7
48	固原	46	渭南	46.8	海东	48.5	金昌	45.4	汉中	44.4
49	海东	46	巴彦淖尔	46.7	平凉	48	资阳	45.4	通辽	44.3
50	天水	45.9	百色	46.7	乌海	48	吴忠	45.3	资阳	44.2
51	泸州	45.9	武威	46.5	内江	47.9	玉溪	45.3	遂宁	44.1
52	铜川	45.9	柳州	46.5	通辽	47.8	梧州	45.2	榆林	44.1
53	张掖	45.9	庆阳	46.5	绵阳	47.6	毕节	45	曲靖	44
54	贺州	45.8	钦州	46.5	乌兰察布	47.6	汉中	45	吴忠	43.9

续表

排行	城市	竞争力	城市	发展水平	城市	发展活力	城市	发展条件	城市	发展环境
55	遂宁	45.7	防城港	46.4	巴彦淖尔	47.6	遂宁	45	梧州	43.8
56	玉林	45.7	普洱	46.4	呼伦贝尔	47.3	庆阳	44.7	南充	43.5
57	宜宾	45.7	平凉	46.3	白银	47.3	铜川	44.7	平凉	43.4
58	河池	45.7	来宾	46.2	资阳	47.1	广安	44.7	百色	43.2
59	榆林	45.6	保山	46.2	贺州	47.1	海东	44.6	中卫	43
60	南充	45.6	北海	46.1	崇左	47	内江	44.6	铜仁	42.9
61	广元	45.5	梧州	46.1	雅安	46.8	百色	44.5	河池	42.9
62	保山	45.5	延安	46	眉山	46.8	钦州	44.5	内江	42.8
63	防城港	45.5	绵阳	45.6	玉林	46.7	广元	44.4	来宾	42.8
64	乐山	45.5	商洛	45.6	普洱	46.7	安顺	44.2	贺州	42.4
65	丽江	45.5	德阳	45.6	乐山	46.5	雅安	44.2	安顺	42.4
66	崇左	45.5	克拉玛依	45.6	钦州	46.5	贵港	44.1	眉山	42.3
67	雅安	45.5	白银	45.3	北海	46.5	张掖	43.9	海东	42.3
68	平凉	45.3	雅安	45.3	定西	46.3	安康	43.9	巴中	42.3
69	达州	45.2	自贡	44.9	酒泉	46.2	白银	43.7	白银	42.3
70	百色	45.2	眉山	44.7	广元	46.2	崇左	43.7	钦州	42.2
71	定西	45.1	嘉峪关	44.7	庆阳	46.1	固原	43.5	渭南	41.9
72	钦州	45	石嘴山	44.6	百色	46	河池	43.4	玉林	41.3
73	中卫	44.9	乐山	44.6	张掖	45.9	昭通	43.4	固原	41.2
74	昭通	44.9	达州	44.5	赤峰	45.9	中卫	43.3	保山	41
75	资阳	44.8	咸阳	44.4	鄂尔多斯	45.8	平凉	43.3	普洱	40.9
76	眉山	44.7	宝鸡	44	吴忠	45.7	武威	43.1	崇左	40.5
77	庆阳	44.6	资阳	43.9	固原	45.5	商洛	43.1	庆阳	40.3
78	白银	44.6	吴忠	43.9	中卫	44.7	丽江	43.1	武威	40.1
79	石嘴山	44.6	南充	43.9	防城港	44.6	临沧	43	天水	40.1
80	商洛	44.6	铜川	43.7	金昌	44.5	普洱	43	商洛	40
81	普洱	44.5	宜宾	43.6	丽江	44.3	天水	42.9	达州	39.9

续表

排行	城市	竞争力	城市	发展水平	城市	发展活力	城市	发展条件	城市	发展环境
82	吴忠	44.3	巴中	43.2	贵港	44.2	巴中	42.8	临沧	39.8
83	贵港	44.3	遂宁	43.2	河池	43.2	贺州	42.6	毕节	39.6
84	巴中	44.3	泸州	42.5	来宾	42.7	保山	42.5	贵港	38.3
85	金昌	44.2	内江	41.4	包头	41.2	定西	42.5	定西	38
86	内江	43.7	金昌	41.3	石嘴山	39.6	来宾	42.3	昭通	36
87	来宾	43.4	攀枝花	41.2	榆林	39.2	陇南	41.2	陇南	34.6

从表5-2的数据可以看到，2015年，在西部的主要城市中，重庆、成都、西安、乌鲁木齐、贵阳、呼和浩特、鄂尔多斯、兰州、昆明、银川、南宁、克拉玛依、包头、乌海、嘉峪关、西宁、铜仁以及遵义等市的竞争力得分均大于全国平均的50分水平线，表明这些城市不仅在西部地区拥有较强的竞争力，而且说明它们在全国范围内也具有较强的竞争力。其中，重庆的竞争力排名位居全国第5位，主要得益于重庆在发展水平、发展活力以及发展条件这一级指标方面遥遥领先。此外，成都、西安、乌鲁木齐、贵阳、呼和浩特等5个城市的竞争力排名进入了全国前30位，表明它们在服务业发展方面都有相对较强的竞争力。贵港、巴中、金昌、内江以及来宾等5个城市的竞争力位居倒数后5位，在全国范围的288个地级以上城市中也排到了270名开外，并且在全国服务业竞争力排名倒数30位的城市中，西部地区还有资阳、眉山、庆阳、白银、石嘴山、商洛、普洱、吴忠等8个城市也位列其中，从而西部地区一共有13个城市进入到竞争力排名倒数30位的城市中，占43.3%。以上分析充分表明西部地区的服务业竞争力仍然相对落后，从而具有很大的提升空间与发展潜力。

从服务业竞争力指数的4个一级指标来看，发展水平一级指标衡量的是各城市服务业发展现状水平。其中重庆、呼和浩特、鄂尔多斯、成都、西安、包头和乌鲁木齐等7个城市分别以70.2、65、63.5、62.6、60.1、60.0和59.8分进入到了全国排名前30名，占23.3%。而石嘴山、乐山、达州、咸阳、宝鸡、资阳、吴忠、南充、铜川、宜宾、巴中、遂宁、泸州、内江、金昌和攀枝花等 16 个城市都进入了全国服务业发展水平排名倒数 30 位，占 53.3%。

从服务业发展活力这一指标来看，西部地区有重庆、贵阳、安顺、兰州、成都、铜仁、乌鲁木齐、银川、毕节、陇南、克拉玛依、南宁、遵义、西安、嘉峪关、武威、曲靖、临沧、延安、遂宁、德阳、宝鸡、保山、玉溪、汉中、安康、咸阳、六盘水、达州等城市的发展活力指数高于或等于 50 的全国平均水平线，其中重庆、贵阳、安顺、兰州、成都、铜仁、乌鲁木齐等 7 个城市分别以 78.4、61.7、59.2、58.9、57.1、56.9 和 56.2 分进入到了全国排名前 30 名，占 23.3%。而河池、来宾、包头、石嘴山、榆林等 5 个城市进入全国城市服务业发展活力最后 30 位，占 16.7%。

从服务业发展条件这个一级指标来看，西部地区重庆、成都、西安、鄂尔多斯、昆明、包头、南宁、呼和浩特、贵阳、乌鲁木齐、兰州、克拉玛依、银川、柳州等城市的发展条件指数高于 50 的全国平均水平线，其中重庆、成都、西安、鄂尔多斯 4 个城市进入全国排名前 30 名，仅占 13.3%。而白银、崇左、固原、河池、昭通、中卫、平凉、武威、商洛、丽江、临沧、普洱、天水、巴中、贺州、保山、定西、来宾、陇南等 19 个城市在发展条件方面进入到全国城市服务业发展条件最后 30 位的区间中，占比高达 63.3%。

从服务业发展环境这一指标来看，西部地区克拉玛依、西安、嘉峪关、乌鲁木齐、成都、贵阳、银川、乌海、昆明、西宁、呼和浩特、兰州、攀枝花、南宁、包头、鄂尔多斯、重庆、柳州、石嘴山、金昌等 20 各个城市的发展环境指数高于 50 的全国平均水平线，其中克拉玛依、西安、嘉峪关、乌鲁木齐、成都、贵阳、银川、乌海、昆明等 9 个城市进入全国排名前 30 名，占 30.0%。而钦州、渭南、玉林、固原、保山、普洱、崇左、庆阳、武威、天水、商洛、达州、临沧、毕节、贵港、定西、昭通、陇南等 18 个城市的发展环境位于全国城市服务业发展环境这一指标的最后 30 位中，占比高达 60.0%。

三、西部地区城市服务业竞争力趋势与展望

西部各省份的城市服务业不仅发展水平整体偏低，而且发展条件相对较

差。在西部地区的 86 个城市中，仅有重庆、成都、西安、鄂尔多斯等 4 个城市的发展条件进入全国排名前 30 名，而有 19 个城市的发展条件进入到全国的最后 30 位。

（一）西部城市服务业存在较大发展空间

西部城市服务业发展水平整体偏低的事实表明，它存在较大的提升空间。随着西部大开发战略以及"一带一路"倡议的深入推进，西部地区各个城市在发展健康养老服务业、绿色旅游业以及商贸流通服务业等方面都面临新机遇。例如，内蒙古的农牧生产服务业，宁夏的沙漠、民俗旅游业，新疆的养老服务业等都有望借机兴起并带动其他服务业发展。

（二）西部城市旅游服务业空间布局需要进一步优化

在深度融入"一带一路"建设过程中，西部各城市要致力于形成全面开放的新格局，强化大视野下的区域旅游合作以及旅游产业空间布局，通过建设别具特色和西域风情的旅游示范区、国际文化旅游名城或文化生态保护区（如关中平原城市群全域旅游示范区、阿坝州全域旅游示范区等），打通各地重点旅游示范区的便捷通道，有效整合区域内文化旅游资源，推动西安—兰州—敦煌旅游带建设，形成优势互补、联通西部乃至影响中国和世界的西部大旅游圈。

第二节　内蒙古自治区城市服务业竞争力报告 2016

一、内蒙古自治区社会经济与服务业发展总体情况

2015 年，内蒙古的国内生产总值为 17831.5 亿元，比 2014 年增长 7.7%，其中服务业增加值为 7213.5 亿元，比 2014 年增长 8.1%，在国民经济中占 40.5%，服务业对经济增长的贡献率达 43.0%，服务业在内蒙古自治区国民经济发展中占据了重要地位。

表 5 - 3　2015 年内蒙古社会经济及服务业发展整体情况

项　目	数　据
土地面积	110 万平方公里
常住人口	2511 万人
GDP 及增长率	17831.5 亿元，7.7%
服务业增加值及占 GDP 比重	7213.5 亿元，40.5%
三次产业的比重	9.1:50.5:40.5
服务业从业人员数及占就业人数比	174.3 万人，58.4%

资料来源：根据《中国统计年鉴 2016》数据计算所得。

通过计算可以得到，2015 年内蒙古服务业增加值区位商仅为 0.86，这表明，与全国平均水平相比，内蒙古服务业增加值比重相对较低，服务业专业水平有待进一步提升。内蒙古的传统服务业仅有批发和零售业，交通运输仓储和邮政业，住宿餐饮业的区位商均大于 1，其数值分别为 1.01、1.32 与 1.62，这说明这 3 个服务业细分产业的比重高于全国平均水平，其发展具有相对优势；金融业、房地产业以及其他服务业的区位商值依次为 0.66、0.54、和 0.74，均小于 1，表明它们处于相对劣势的地位。

进一步分析 2015 年内蒙古各产业的劳动生产率情况可以看到，2015 年，内蒙古服务业劳动生产率为 41.4 万元/人，高于全国平均的 38.0 万元/人，其中批发和零售业、住宿和餐饮业以及房地产业的劳动生产率分别为 179.9 万人/元、154.6 万人/元和 81.8 万人/元，均高于全国平均。而交通运输仓储和邮政业、金融业以及其他服务业等所有服务业细分行业的劳动生产率都低于全国的水平，尤其是交通运输仓储和邮政业，其劳动生产率为 52.7 万人/元，仅为全国平均水平的 43.6%。

二、内蒙古自治区城市服务业竞争力分析

(一) 内蒙古各城市服务业竞争力排名

经计算可得到内蒙古各城市服务业竞争力及一级指标排名如表 5 - 4

所示。

表5-4 内蒙古各城市服务业竞争力排行榜

排行	城市	竞争力	城市	发展水平	城市	发展活力	城市	发展条件	城市	发展环境
1	呼和浩特	57.5	呼和浩特	65	呼和浩特	49.2	鄂尔多斯	59.6	乌海	64.1
2	鄂尔多斯	56.8	鄂尔多斯	63.5	乌海	48	包头	55.8	呼和浩特	57.3
3	包头	53.3	包头	60	通辽	47.8	呼和浩特	53.7	包头	54.1
4	乌海	51.6	乌海	50	乌兰察布	47.6	乌海	48.8	鄂尔多斯	54
5	呼伦贝尔	47.5	乌兰察布	49.9	巴彦淖尔	47.6	呼伦贝尔	47.2	呼伦贝尔	48.2
6	通辽	47.5	通辽	49.6	呼伦贝尔	47.3	通辽	47	巴彦淖尔	47.9
7	乌兰察布	47.4	赤峰	49.2	赤峰	45.9	赤峰	46.9	赤峰	47.5
8	赤峰	47.4	呼伦贝尔	48	鄂尔多斯	45.8	乌兰察布	45.8	乌兰察布	45.2
9	巴彦淖尔	46.7	巴彦淖尔	46.7	包头	41.2	巴彦淖尔	45.6	通辽	44.3

从表5-4的数据可以看到，2015年，内蒙古城市服务业竞争力排名中，呼和浩特、鄂尔多斯、包头以及乌海等4个城市的服务业竞争力得分依次为57.5分、56.8分、53.3分和51.6分，都高于全国平均的50分水平线，其余的得分均低于全国平均水平。这一结果表明呼和浩特的服务业竞争力在内蒙古具有领先地位，在全国范围内排名第28位。然而乌兰察布、赤峰以及巴彦淖尔的竞争力分别排在整个自治区中倒数后3位。

在服务业竞争力指数的一级指标中，发展水平一级指标衡量的是各城市服务业发展现状水平，呼和浩特、鄂尔多斯、包头以及乌海的得分分别为65.0、63.5、60.0和50.0分，均超过或达到了全国平均水平的50分线，其中，呼和浩特、鄂尔多斯、包头依次排在全国第9位、第11位以及第19位。赤峰、呼伦贝尔以及巴彦淖尔的发展水平分别排在整个自治区中倒数后3位。

从服务业发展活力来看，内蒙古9个城市的发展活力指数均低于全国平均水平的50分线，呼和浩特、乌海以及通辽的发展活力得分依次为49.2、48.0及47.8，而呼和浩特的服务业发展活力排在全国第143位。其中包头的服务业发展活力41.2分，进入到全国城市服务业发展活力排名的最后30位，排在第275名。

服务业发展条件这个一级指标衡量各城市服务业发展的基础和潜力,可以看到,鄂尔多斯、包头、呼和浩特这一指标得分依次为59.6、55.8、53.7分,其中鄂尔多斯在全国居第28位。赤峰、乌兰察布和巴彦淖尔分别排在整个自治区中倒数后3位。

乌海、呼和浩特、包头以及鄂尔多斯等4个城市的服务业发展环境指标得分分别为64.1、57.3、54.1和54.0分,其中乌海在全国排名第28位,而赤峰、乌兰察布和通辽这3个城市的得分分别为47.5分、45.2分和44.3分,依次排在整个自治区中倒数后3位。

(二)　内蒙古各城市服务业发展水平排名

呼和浩特、包头和鄂尔多斯的服务业发展总量水平指数得分依次为51.2分、50.3分和50.0分,其中呼和浩特在全国范围内排名第44位,其余城市的总量水平均都低于全国50分的平均水平,并且乌海市进入到全国城市服务业发展总量水平排名的最后30位。

在比重水平这一指标方面,呼和浩特市的服务业比重水平最高达84.7分,在全国排在第5位。乌兰察布、包头、鄂尔多斯以及赤峰等城市的服务业比重水平得分依次为63.1分、53.9分、53.8分和53.2分,其余城市的比重水平均低于全国平均水平。由此表明在服务业比重水平方面,呼和浩特的集聚程度非常高。

在内蒙古城市服务业生产率水平指数中,鄂尔多斯的得分为100分,在全国排在第1位,表明鄂尔多斯市的服务业生产率水平在全国独领风骚。包头和呼和浩特两个城市的得分依次为85.2分和76.6分,分别排在全国第4位和第10位。此外,乌海和通辽这一指标的得分均高于50分,其余城市的得分均低于全国平均水平。

(三)　内蒙古各城市服务业发展活力排名

呼和浩特市的服务业发展规模活力在内蒙古具有相对优势,以54.6分居全自治区首位,在全国排第28位。同时,鄂尔多斯、乌海、通辽、巴彦淖尔以及包头等城市的服务业发展规模活力均高于全国平均水平,而赤峰和乌兰察布的服务业发展规模活力则均低于全国平均水平。

在服务业发展比重活力方面，巴彦淖尔和通辽等 2 个城市的得分依次为82.8 分以及 72.2 分，都远高于全国平均水平，并且在全国 288 个城市中分别排在第 4 名和第 17 名。其余城市这一指标的得分则都低于全国平均水平，而包头进入了全国服务业发展比重活力最低的 30 个城市，排在全国第 268 名。

鄂尔多斯的服务业生产率提升较快，其服务业发展生产率活力指数得分为 81.0 分，居内蒙古第 1 位，在全国排在第 9 名。通辽和巴彦淖尔的得分依次为 69.8 以及 68.4 分，都远高于全国平均水平，并且进入了全国服务业发展比重活力最高的 30 个城市，分别排在全国第 24 名和第 27 名。乌兰察布和包头这一指标的得分分别为 48.2 分和 30.5 分，是内蒙古这 9 个城市中在服务业生产率活力这一指标中低于全国平均水平的两个城市，特别是包头在全国排在 271 位，是全国服务业发展生产率活力的最末 30 位城市之一。

在城市服务业投资活力指数方面，呼伦贝尔和赤峰依次得分为 56.5 以及 52.9 分，其余城市这一指标的得分则都低于全国平均水平。特别是巴彦淖尔、鄂尔多斯、通辽以及包头这 4 个城市均进入了全国服务业发展生产率活力的最末 30 位城市，并且分别排在全国第 268 名、第 275 名、第 282 名与第 285 名。

在服务业的消费活力这一指标方面，内蒙古这 9 个城市的得分都低于全国平均水平。其中排在 9 个城市中第一位的呼和浩特的城市服务业发展消费活力指数得分为 44.0 分，并且排在全国第 216 位。乌兰察布的消费活力指数得分为 40.1 分，位居全国服务业发展消费活力的最末 30 位。

内蒙古服务业发展金融活力指数最高的乌兰察布得分 52.7 分，居全国第 29 位，此外呼和浩特、通辽等 2 个城市的金融活力指数得分依次为 50.2、50.0 分，其余城市这一指标的得分则都低于全国平均水平。其中巴彦淖尔这一指标得分 46.1 分，位居全国服务业发展金融活力的最末 30 位，在全国排在第 274 位。

（四）内蒙古各城市服务业发展条件排名

包头的服务业发展产业条件指标得分为 50.0 分，与全国平均水平持平，其余城市的服务业发展产业条件得分都低于全国平均水平，但没有城市进入全国服务业产业条件最差的 30 个城市当中。

鄂尔多斯和包头这两个城市的服务业投资条件得分均高于全国平均水平，依次为55.3、52.5分，其余城市投资条件得分均低于全国平均水平，表明内蒙古的服务业投资条件在鄂尔多斯和包头这两个城市具有明显的优越性。

就服务业发展的人口条件看，鄂尔多斯、包头和呼和浩特等3个城市的服务业发展产业条件指标得分分别是78.7分、68.2分和67.1分，都进入了全国服务业发展人口条件最高的30个城市，依次在全国排在第8名、第21名、第25名。此外，乌海和呼伦贝尔的得分依次为59.7、50.6分，而其余城市的服务业发展产业条件得分都低于全国平均水平。

（五）内蒙古各城市服务业发展环境排名

乌海的服务业发展环境指数在内蒙古明显领先。呼和浩特、包头、乌海以及鄂尔多斯等4个城市的服务业发展教育环境指数得分依次为64.9分、54.1分、52.7分和51.2分，其中呼和浩特在全国排在第25名。而其余城市这一指标的得分都低于50分的全国平均水平，其中乌兰察尔这一指标得分41.1分，在全国排在第264位，位居全国服务业教育环境最差的30个城市当中。

乌海、呼和浩特以及鄂尔多斯3个城市的交通环境分别以68.6、60.7以及59.9分依次排在全自治区前3位，其中乌海居全国的第10位。而赤峰、巴彦淖尔、呼伦贝尔和通辽等4个城市的交通环境指标得分均低于全国平均水平。

乌海、呼和浩特和呼伦贝尔的通信环境相对较好，这一指标得分依次为59.1分、54.5分和52.3分别，其中乌海排在全国第26位，这表明乌海的人均邮政业务总量、人均电信业务总量、固定电话年末用户数等指标在全省具有领先优势。而内蒙古的其余城市通信环境的得分均低于全国平均水平。

鄂尔多斯的公共服务环境指数得分全自治区最高，达63.4分，居全国的第27位。此外，乌海、呼伦贝尔、包头、呼和浩特以及赤峰等城市的得分均高于全国平均水平的50分。而排在内蒙古末尾两位的通辽和乌兰察布的得分依次为37.2分和36.9分，均进入全国公共服务环境最低的30个城市。

乌海的生活环境以76.8分位居内蒙古自治区第1位，在全国排第9位，巴彦淖尔、鄂尔多斯、赤峰、乌兰察尔以及通辽等城市这一指标得分都高于全国平均水平，而其余城市这一指数得分均低于50分，其中呼伦贝尔排在全国第 274 位，进入全国生活环境最低的 30 个城市。

乌海、包头、呼伦贝尔以及呼和浩特等 4 个城市的社会保障指数得分在这 9 个城市中相对较高，都高于全国平均水平，表明这些城市的城镇职工基本养老保险、基本医疗保险、失业保险参保情况相对较好，其中乌海居全国的第 45 位，其余城市这一指数得分均低于 50 分。

三、内蒙古自治区服务业发展的结论和建议

随着收入水平提高和城乡居民消费结构升级，内蒙古人民群众的多样化、个性化、高端化需求与日俱增，医疗保健、信息通信、教育文化、养老休闲、文化娱乐等中高端享受型和发展型服务消费比重逐步上升。然而由前文分析已知，内蒙古的城市服务业发展水平整体偏低，服务业发展活力明显不足，发展条件亟待改善。从内蒙古各个城市的服务业竞争力情况来看，其服务业发展可以从如下方面着力：

（一）提升服务业发展活力

发展活力是制约内蒙古城市服务业发展的明显短板，特别是在消费活力、金融活力、规模活力等方面更为明显。内蒙古应该积极融入"一带一路"倡议，深入开展国家服务业综合改革试点，进一步扩大服务业利用外资领域，提升投资活力。在呼和浩特形成中央商务、科技创业、现代物流、文化创意、休闲旅游等集聚区形态，促进呼和浩特金桥电子商务产业园、晋丰园综合物流园区、和林南山生态旅游区、蒙西文化广场等服务业集聚区发展，由此带动鄂尔多斯、乌兰察布、包头等周边城市服务业发展，进而提升内蒙古的规模活力与生产率活力。

（二）改善服务业发展条件

内蒙古可以通过支持商贸、物流、金融、信息、旅游、文化、养老、家政等领域企业联合重组以及推进第三方物流、冷链物流、金融物流等新型业态发展，改善服务业发展的产业配套条件。地处蒙、冀、辽三省区交会地带的赤峰市要充分利用它位于环渤海经济圈和首都经济圈区位优势，积极引进

各方面的专业人才，抓好赤峰金融物流港、赤峰城市配送中心、蒙东医药仓储物流园区建设，从而带动自身服务业发展以及拉动通辽、锡林郭勒等周边城市服务业发展创造更好的发展条件。

第三节　广西壮族自治区城市服务业竞争力报告2016

一、广西自治区社会经济与服务业发展总体情况

2015 年，广西的国内生产总值为 16803.1 亿元，比 2014 年增长 8.1%，其中服务业增加值为 6520.2 亿元，比 2014 年增长 9.6%，在国民经济中占38.8%，服务业对经济增长的贡献率达 45.6%，服务业在广西国民经济发展中占据了重要地位。

表5－5　2015 年广西社会经济及服务业发展整体情况

项　　目	数　　据
土地面积	23 万平方公里
常住人口	4796 万人
GDP 及增长率	16803.1 亿元，8.1%
服务业增加值及占 GDP 比重	6520.2 亿元，38.8%
三次产业的比重	15.3∶45.9∶38.8
服务业从业人员数及占就业人数比	239.0 万人，59.0%

资料来源：根据《中国统计年鉴 2016》数据计算所得。

通过计算可以得到，2015 年广西服务业增加值区位商仅为 0.82，这表明，与全国平均水平相比，广西服务业增加值比重相对较低，服务业专业水平仍有进一步提升的广阔空间。广西的传统服务业仅有交通运输仓储和邮政业以及住宿餐饮业的区位商均大于 1，其数值分别为 1.04 与 1.02，这说明这 2 个服务业细分产业的比重高于全国平均水平，其发展具有相对优势；批发和零售业、金融业、房地产业以及其他服务业的区位商值依次为 0.70、0.85、0.85 和 0.79，均小于 1，表明它们处于相对劣势的地位。

进一步分析 2015 年广西各产业的劳动生产率情况可以看到，2015 年，广西服务业劳动生产率为 27.3 万元/人，低于全国平均的 38.0 万元/人，其中批发和零售业、住宿和餐饮业以及房地产业的劳动生产率分别为 84.7 万人/元、78.0 万人/元和 82.9 万元/人，均高于全国平均水平。而交通运输仓储和邮政业、金融业以及其他服务业等所有服务业细分行业的劳动生产率都低于全国的水平，尤其是交通运输仓储和邮政业，其劳动生产率为 52.7 万人/元，仅为全国平均水平的 33.2%。

二、广西自治区城市服务业竞争力分析

（一）广西各城市服务业竞争力排名

经计算可得到广西各城市服务业竞争力及一级指标排名如表 5－6 所示。

表 5－6　广西各城市服务业竞争力排行榜

排行	城市	竞争力	城市	发展水平	城市	发展活力	城市	发展条件	城市	发展环境
1	南宁	54.3	南宁	53.1	南宁	53.9	南宁	54.1	南宁	56.0
2	柳州	49.1	河池	51.1	柳州	49.1	柳州	50.3	柳州	53.3
3	桂林	48.2	贺州	49.2	梧州	49.1	桂林	48.2	北海	48.7
4	北海	46.4	崇左	48.7	桂林	48.6	北海	46.1	桂林	48.5
5	梧州	46.1	贵港	48.4	贺州	47.1	玉林	45.7	防城港	46.8
6	贺州	45.8	桂林	48.2	崇左	47.0	防城港	45.6	梧州	43.8
7	玉林	45.7	玉林	47.9	玉林	46.7	梧州	45.2	百色	43.2
8	河池	45.7	百色	46.7	钦州	46.5	百色	44.5	河池	42.9
9	防城港	45.5	柳州	46.5	北海	46.5	钦州	44.5	来宾	42.8
10	崇左	45.5	钦州	46.5	百色	46.0	贵港	44.1	贺州	42.4
11	百色	45.2	防城港	46.4	防城港	44.6	崇左	43.7	钦州	42.2
12	钦州	45.0	来宾	46.2	贵港	44.2	河池	43.4	玉林	41.3
13	贵港	44.3	北海	46.1	河池	43.2	贺州	42.6	崇左	40.5
14	来宾	43.4	梧州	46.1	来宾	42.7	来宾	42.3	贵港	38.3

从表5-6的数据可以看到，2015年，广西城市服务业竞争力排名中，南宁的服务业竞争力得分为54.3分，在整个自治区中位居第一，高于全国平均的50分水平线，而其余13个城市的服务业竞争力得分均低于全国平均水平。这一结果表明南宁的服务业竞争力在广西具有领先地位，在全国范围内排名第49位。而贵港和来宾的竞争力则分别排在整个自治区中倒数后2位，并且都进入到服务业竞争力排名的最后30位。

在服务业竞争力指数的一级指标中，发展水平一级指标衡量的是各城市服务业发展现状水平，南宁和河池的得分分别为53.1和51.1分，均超过了全国平均水平的50分线，依次排在全国第53位以及第84位。其余12个城市这一指标的得分均低于全国平均水平的50分线。

从服务业发展活力来看，南宁的这一指标得分53.9分，在全国排在第47位。其余13个城市的发展活力指数均低于全国平均水平的50分线。其中河池和来宾的服务业发展活力得分依次为43.2分和42.7分，进入到全国城市服务业发展活力排名的最后30位，分别排在第260名和第263名。

服务业发展条件这个一级指标衡量各城市服务业发展的基础和潜力，可以看到，南宁和柳州这一指标得分依次为54.1、50.3分，其中南宁在全国居第53位。崇左、河池、贺州以及来宾等4个城市分别排在整个自治区中倒数后4位，均进入到全国城市服务业发展条件排名的最后30位。

南宁和柳州等2个城市的服务业发展环境指标得分分别为56.0和53.3分，其中南宁在全国排名第53位，而钦州、玉林、崇左和贵港等这4个城市的得分分别为42.2分、41.3分、40.5分和38.3分，依次排在整个自治区中倒数后4位，并且均位居全国城市服务业发展环境排名的最后30位。

（二）广西各城市服务业发展水平排名

南宁的服务业发展总量水平指数得分为51.8分，在全国范围内排名第37位，其余城市的总量水平均都低于全国50分的平均水平，并且来宾、贺州和防城港等3个城市均位居全国城市服务业发展总量水平排名的最后30位。

在比重水平这一指标方面，河池、贺州、南宁以及贵港等4个城市的服务业比重水平最高达66.1分、63.1分、61.1分与60.3分，得分均高于60分，其中河池在全国排在第23位。钦州、梧州、防城港、北海以及柳州等城市的比重水平均低于全国平均水平。由此表明在服务业比重水平方面，河池的集聚程度相对较高。

在广西城市服务业生产率水平指数中，广西这 14 个城市的得分都低于全国平均水平，其中排在广西第一的南宁市得分 47.9 分，在全国排在第 133 位。来宾、百色以及贵港等 3 个城市的得分依次为 40.2 分、40.1 分和 40.0 分，分别排在广西倒数后 3 位。

(三) 广西各城市服务业发展活力排名

南宁市的服务业发展规模活力在广西具有相对优势，以 52.6 分居全自治区首位，在全国排第 47 位。同时，柳州的城市服务业发展规模活力与全国平均水平持平，而河池的服务业发展规模活力则均低于全国平均水平，进入了全国服务业发展规模活力最低的 30 个城市，排在全国第 281 名。

在服务业发展比重活力方面，梧州的得分为 66.0 分，远高于全国平均水平，并且在全国 288 个城市中排在第 27 名。此外，崇左、百色、北海和南宁等 4 个城市的这一指标得分都高于 50 分，而其余城市这一指标的得分则都低于全国平均水平，但是没有城市位居全国服务业发展比重活力最低的 30 个城市。

在服务业生产率活力这一指标方面，柳州、南宁和北海 3 个城市得分依次为 54.5 分、50.4 分和 50.0 分，依次居广西前 3 位，都远高于或恰好位于全国平均水平，其中柳州在全国排在第 94 名，其余 12 个城市的得分均低于全国平均水平。百色与来宾这一指标的得分分别为 34.4 分和 29.4 分，是广西这 14 个城市中在服务业生产率活力这一指标得分居全国最末 30 位的两个城市。

在城市服务业投资活力指数方面，南宁、桂林和崇左这 3 个城市的得分分别为 60.2、59.9 以及 56.4 分，依次排在广西前 3 位，其中南宁排在全国第 33 位。河池、防城港以及来宾这 3 个城市服务业投资活力这一指标的得分都低于全国平均水平，但是没有城市进入全国服务业发展生产率活力的最末 30 位。

在服务业的消费活力这一指标方面，广西这 14 个城市中，只有南宁的得分为 51.8 分，高于全国平均水平，而其余 13 个城市这一指标都低于全国平均水平。其中来宾的消费活力指数得分为 39.9 分，进入全国服务业发展消费活力的最末 30 位。

广西服务业发展金融活力指数最高的南宁得分 52.0 分，居全国第 40 位，此外贺州和桂林等 2 个城市的金融活力指数得分依次为 50.8、50.1 分，其余城市这一指标的得分则都低于全国平均水平。其中北海这一指标得分 45.9 分，进入全国服务业发展金融活力的最末 30 位，在全国排在第 276 位。

（四）广西各城市服务业发展条件排名

南宁的服务业发展产业条件指标得分为 51.5 分，高于全国平均水平，其余城市的服务业发展产业条件得分都低于全国平均水平。特别是来宾、崇左和贺州等 3 个城市位于广西服务业发展产业条件末尾 3 位。

南宁的服务业投资条件得分均高于全国平均水平，得分为 53.8 分，在全国排在第 47 位，其余城市投资条件得分均低于全国平均水平。特别是河池以及来宾等两个城市的得分依次为 44.7 分和 44.3 分，都进入全国服务业投资条件最差的 30 个城市。

就服务业发展的人口条件看，南宁和柳州这 2 个城市的服务业发展产业条件指标得分分别是 56.9 分和 52.7 分，依次在全国排在第 59 名与第 76 名，而其余城市的服务业发展产业条件得分都低于全国平均水平。特别是，河池、玉林、贵港、贺州以及来宾等 5 个城市都位居全国服务业人口条件最差的 30 个城市。

（五）广西各城市服务业发展环境排名

南宁的服务业发展环境指数在广西居于明显领先的地位。南宁、柳州、北海、百色以及桂林等 5 个城市的服务业发展教育环境指数得分依次为 64.5 分、57.0 分、53.2 分和 51.3 分，其中南宁在全国排在第 27 名。而其余城市这一指标的得分都低于 50 分的全国平均水平，其中玉林、来宾以及贵港等 3 个城市这一指标得分分别为 45.1 分、45.0 分和 43.7 分，在广西这 14 个城市中排在倒数 3 位。

交通环境指标主要由人均客运总量、人均货运总量、人均城市道路面积、每万人拥有公共汽电车、人均全年公共汽（电）车客运总量、单位面积城市道路面积等 3 级指标构成。南宁和柳州这 2 个城市的交通环境分别以 53.5 分以及 51.0 分依次排在全自治区前两位，分别居全国的第 61 位和第 81 位，其余城市均低于全国平均水平。而百色、河池、贵港、贺州以及崇左等 5 个城市的交通环境指标得分都位居全国服务业交通环境最差的 30 个城市。

南宁和北海的通信环境指标得分依次为 51.1 分和 50.1 分，其中南宁排在全国第 79 位，其余城市的这一指标得分均低于全国平均水平。而钦州、河池、来宾、贵港以及贺州等 5 个城市的其余城市通信环境的得分不仅均低于全国平均水平，而且都位居全国服务业通信环境最差的 30 个城市。

南宁和柳州的公共服务环境指数得分依次为 55.8 分和 54.4 分，居全国的第 66 位及第 76 位。其余城市这一指标的得分均低于全国平均水平的 50 分。其中崇左、玉林、贵港和贺州这 4 个城市均进入全国公共服务环境最低的 30 个城市。

南宁的生活环境以 67.6 分位居广西第 1 位，在全国排第 20 位。此外，柳州、桂林和贺州等 3 个城市这一指标得分都高于 60 分，而百色、防城港、梧州、崇左和贵港等城市这一指数得分均低于 50 分，其中贵港排在全国第 267 位，进入全国生活环境最低的 30 个城市。

在社保环境这一指标方面，柳州市的社会保障指数得分为 50.8 分，高于全国平均水平，在这 14 个城市中排名第一，居全国的第 86 位，表明柳州的城镇职工基本养老保险、基本医疗保险、失业保险参保情况在广西这 14 个城市中相对较好，其余城市这一指数得分均低于 50 分。特别是百色、河池、贺州、来宾、玉林、钦州以及贵港等城市均进入全国社保环境最低的 30 个城市。

三、广西自治区服务业发展的结论与建议

2015 年，广西除了南宁以外，其余 13 个城市的服务业竞争力整体都低于全国平均水平。广西服务业仍以工业拉动为主，经济结构依然呈"二三一"型，现代服务业发展相对滞后，从广西各个城市的服务业竞争力情况来看，其服务业发展可从以下方面着力：

（一）优化服务业空间布局与合作，全面提升服务业竞争力

广西应充分发挥南宁、柳州、桂林 3 个城市龙头引领作用，构建北部湾、

桂北、桂东、桂中四大服务业发展辐射区，进一步提升服务业发展水平。梧州、北海、钦州、玉林和崇左等5个城市应分别扩大粤桂合作、高新信息技术、现代港航物流、传统商贸升级、沿边金融改革和边境贸易等地方优势，争取实现新的突破，形成产业新增长极，优化服务业发展条件。防城港、贵港、河池、百色、贺州、来宾等其他6个城市进一步挖掘服务业特色产业，培育新产业发展业态，增强服务业发展活力。通过形成龙头带动、区域互动、城乡联动的服务业发展新格局全面改善广西服务业的发展环境。

（二）以养老服务业为突破口，提升广西服务业发展水平

随着人口老龄化、高龄化、空巢化特征日益明显，满足老年群体多样化的养老需求已经成为广西十分紧迫的社会问题。在推动养老服务业发展方面，广西要努力建成功能完善、覆盖城乡的养老服务体系，努力打造南宁养老服务业综合改革核心区、桂西养生养老长寿产业示范区、桂北休闲旅游养生养老产业示范区、北部湾国际滨海健康养老产业示范区、西江生态养老产业带示范区，将养老服务业打造成广西战略性新兴产业，将本自治区建成国家养老产业基地、国际休闲养生健康养老胜地和全国养老服务业综合改革试验区。

第四节 重庆市城市服务业竞争力报告2016

一、重庆市社会经济与服务业发展总体情况

重庆作为中国重要的直辖市，经济发展成就突出，服务业发展令人瞩目。2015年，重庆的国内生产总值为15717.3亿元，比2014年增长10.9%，其中服务业增加值为7497.8亿元，比2014年增长11.5%，在国民经济中占47.7%，超过工业占比的45.0%，服务业对经济增长的贡献率为50.1%，服务业在重庆的国民经济发展中发挥了重要的作用。

表 5 – 7　2015 年重庆社会经济及服务业发展整体情况

项　　目	数　　据
土地面积	8 万平方公里
常住人口	3016.6 万人
GDP 及增长率	15717.3 亿元，10.9%
服务业增加值及占 GDP 比重	7497.8 亿元，47.7%
三次产业的比重	7.3:45.0:47.7
服务业从业人员数及占就业人数比	208.7 万人，50.2%

资料来源：根据《中国统计年鉴 2016》数据计算所得。

通过计算可以得到，2015 年重庆服务业增加值区位商为 1.01，这表明，与全国平均水平相比，重庆服务业增加值比重相对较高。重庆的交通运输、仓储和邮政业，住宿餐饮业，金融业以及房地产业的区位商均大于 1，分别为 1.05、1.04、1.26 和 1.17，这说明这些服务业细分产业的比重高于全国平均水平，其发展具有相对优势；而批发零售业和其他服务业的区位商值分别为 0.89 和 0.94，均小于 1，故这两个行业处于相对劣势的地位。

进一步分析 2015 年重庆各产业的劳动生产率情况可以看到，2015 年，重庆服务业劳动生产率为 35.9 万元/人，低于全国平均的 38.0 万元/人，其中批发和零售业、交通运输仓储和邮政业、房地产业以及其他服务业的劳动生产率分别为 60.8 万元/人、28.1 万元/人、67.7 万元/人和 21.7 万元/人，分别低于全国的 81.1 万元/人、120.8 万元/人、79.5 万元/人和 24.1 万元/人，尤其是交通运输、仓储和邮政业的劳动生产率仅为全国平均水平的 23.3%。而重庆的住宿和餐饮业以及金融业的劳动生产率分别为 56.4 万元/人和 106.2 万元/人，高于全国平均的 45.1 万元/人和 79.5 万元/人，这表明重庆这两大服务业细分产业劳动生产率较高，具有发展的相对比较优势，尤其是金融业，其劳动生产率远高于全国平均水平，为全国水平的 1.26 倍。

二、重庆市服务业竞争力分析

(一) 重庆市服务业竞争力排名

经计算可得到重庆服务业竞争力及一级指标排名如表 5 – 8 所示。

表5-8　重庆服务业竞争力排行榜

城市	竞争力	发展水平	发展活力	发展条件	发展环境
重庆	74.2	70.2	78.4	83.8	53.5

从表5-8的数据可以看到，2015年，重庆服务业竞争力排在全国第5名，仅次于北京、上海、深圳和广州，由此表明其服务业竞争力在全国范围内已处于较高水平。在服务业竞争力指数的4个一级指标中，发展水平的得分为70.2，排在全国第5名；发展活力得分为78.4，排在全国第4名；发展条件得分为83.8，排在全国第4名；由此表明重庆的这3个一级指标都位居全国前列，从而为确保重庆服务业竞争力位居全国前列提供了有力支撑。然而，在服务业的发展环境这个一级指标中，重庆的得分仅为53.5分，位列全国72名，这严重阻碍了重庆服务业竞争力的提升。

（二）重庆市服务业发展水平排名

重庆的服务业发展总量水平这一指数的得分为81.0分，远远高于全国50分的平均水平，在全国范围内排名第3位，仅次于北京和上海，超过了广州和深圳，说明重庆的服务业发展总量水平已达到相当可观的程度。重庆的服务业发展比重水平这一指数的得分为56.8分，略微高于全国50分的平均水平，在全国范围内排名第69位，表明重庆的服务业增加值在国民经济中的比重以及服务业就业人员数在就业人员中的比重都不高。特别地，重庆的服务业发展生产率水平这一指数的得分低至42.6分，明显低于全国50分的平均水平，在全国范围内排名第209位，由此反映出重庆服务业在服务业劳动生产率、服务密度和人均服务产品等方面明显落后于全国平均水平，存在较大的提升空间。

（三）重庆市服务业发展活力排名

重庆在服务业发展规模活力以及投资活力这两方面具有优势地位，其中发展规模活力得分79.6，远高于50分的全国平均水平，位居全国第三，仅次于北京和上海并且超过了广州和深圳；投资活力得分100，位居全国第一，高出排名第二的天津8.8分，表明重庆的服务业投资活力在全国独占鳌头。重庆的消费活力这一指标得分 84，在全国排名第六，仅次于合肥、武汉、广州、南昌和上海。重庆的金融活力和比重活力得分依次为 53.5 和 54.4，略微高于50 分的全国平均水平，分别排在全国第 24 位和第 99 位。特别的，重庆这六个二级指标中的生产率这一指标得分低至 38 分，远远低于 50 分的全国平均水平，在全国排名第 240 位。

（四）重庆服务业发展条件排名

总体上，重庆的服务业发展条件排在全国第 4 名。从发展条件的 3 个二级指标来看，首先，重庆的产业发展条件得分 76.2 分，在全国排名第 7 位，表明它在全国的服务业发展中具备较好的产业发展条件。其次，重庆的投资发展条件得分 100.0 分，在全国排名第 1 位，正是重庆在固定资产投资总额及人均值以及 FDI 等投资条件方面存在的领先优势有力地支撑了重庆的服务业竞争力在全国排名前列。最后，重庆的人口条件得分 53.2 分，略微高于 50分的全国平均水平，在全国排名第 72 位，这一个二级指标排名相对靠后严重制约了重庆服务业发展条件在全国排名中的进一步提升。

（五）重庆市服务业发展环境排名

服务业发展环境指标主要从教育环境、交通环境、通信环境、公共服务、生活环境和社会保障环境等 6 个二级指标综合而成。重庆的发展环境这一指标是在 4 个一级指标中排名最靠后的一个指标，从而正是这一指标成为了重庆服务业竞争力排名进一步上升的"瓶颈"。

在 6 个二级指标中，教育环境得分 54.4 分，在全国排名第 57 位，交通环境得分 50.2 分，在全国排名第 92 位，通信环境得分 50.6 分，在全国排名第86 位，公共服务得分 54.1 分，在全国排名第 82 位，生活环境得分 58.6 分，在全国排名第 56 位，社会保障得分 53.0 分，在全国排名第 66 位。总体上，重庆这 6 个二级指标的得分都略微高于 50 分的全国平均水平，从而各项排名也相对靠后。

三、重庆市服务业发展的结论与建议

2015 年，重庆服务业竞争力在全国处于较高水平，特别是在发展水平、发展活力以及发展条件等方面都位居全国前列，而发展环境则是制约重庆服务业发展的明显瓶颈。重庆应重点从如下方面着手推动其服务业发展：

（一）优化服务业发展环境

重庆可以在教育环境、交通环境、通信环境、公共服务、生活环境和社会保障环境等方面加大投资力度。加大科技经费与教育经费支出，进一步改善重庆在义务教育、职业教育以及高等教育等方面的师资力量与教学环境；提高交通和通信便利性，改良城市道路布局，增加公共汽电车数量，改善重庆的交通环境；增加影剧院数、公共图书馆以及医生病床数，提高绿化覆盖率、工业固体废物综合利用率、生活垃圾无害化处理率，提高并扩大公共服务质量与规模，改善重庆的公共服务环境。

（二）促进现代商贸服务业发展

重庆应促进农村电子商务、跨境电商、转口贸易以及冷链物流等服务行业快速发展，引导都市功能拓展区重点布局现代市场和物流集群，推动都市功能核心区重点打造现代高端商贸商务集聚区，促进总部经济和高端、新兴商业商务集聚，致力建成"一带一路"重要流通节点和长江上游地区现代商贸中心，实现重庆服务业竞争力的全面提升。

第五节 四川省城市服务业竞争力报告2016

一、四川省社会经济与服务业发展总体情况

四川是中国重要的经济、文化、工业、农业、军事、旅游大省，是中国第三批自由贸易试验区、中国西部综合交通枢纽、中国西部经济发展高地，长江经济带的组成部分。2015年，四川省的国内生产总值为30053.1亿元，比2014年增长7.9%，其中服务业增加值为13127.7亿元，比2014年增长9.5%，在国民经济中占43.7%，逼近工业占比的44.1%，服务业对经济增长

的贡献率达 51.9%，服务业在四川国民经济发展中占据了重要地位。

表5－9　2015 年四川省社会经济及服务业发展整体情况

项　目	数　据
土地面积	48 万平方公里
常住人口	8204 万人
GDP 及增长率	30053.1 亿元，7.9%
服务业增加值及占 GDP 比重	13127.7 亿元，43.7%
三次产业的比重	12.2:44.1:43.7
服务业从业人员数及占就业人数比	433.4 万人，54.5%

资料来源：根据《中国统计年鉴 2016》数据计算所得。

通过计算可以得到，2015 年四川省服务业增加值区位商仅为 0.99，这表明，与全国平均水平相比，四川省服务业增加值比重相对较低，服务业专业水平有待进一步提升。四川省的传统服务业包括住宿餐饮和金融业的区位商均大于 1，分别为 1.3 和 1.03，这说明这两个服务业细分产业的比重高于全国平均水平，其发展具有相对优势；而批发零售业、交通运输仓储和邮政业和房地产业的区位商值仅依次为 0.7、0.9 和 0.9，均小于 1，表明它们处于相对劣势的地位，其他服务业的区位商值为 0.99，接近全国平均水平。

进一步分析 2015 年四川省各产业的劳动生产率情况可以看到，2015 年，四川省服务业劳动生产率为 30.3 万元/人，低于全国平均的 37.96 万元/人，其中批发和零售业、交通运输仓储和邮政业、房地产业以及其他服务业的劳动生产率分别为 60.6 万元/人、30.0 万元/人、67.2 万元/人和 18.1 万元/人，分别低于全国的 81.1 万元/人、120.8 万元/人、79.5 万元/人和 24.1 万元/人，尤其是交通运输、仓储和邮政业，其劳动生产率仅为全国平均水平的 24.8%。而四川省的住宿和餐饮业以及金融业的劳动生产率分别为 81.4 万元/人和 85.1 万元/人，高于全国平均的 45.1 万元/人和 84.5 万元/人，这表明四川省这两大服务业细分产业劳动生产率较高，具有发展的相对比较优势，尤其是住宿餐饮业的劳动生产率远高于全国平均水平，是全国水平的 1.8 倍。

二、四川省城市服务业竞争力分析

（一）四川省各城市服务业竞争力排名

经计算可得到四川省各城市服务业竞争力及一级指标排名如表5－10所示。

表5－10　四川省各城市服务业竞争力排行榜

排行	城市	竞争力	城市	发展水平	城市	发展活力	城市	发展条件	城市	发展环境
1	成都	64.4	成都	62.6	成都	57.1	成都	71.0	成都	65.8
2	德阳	47.7	广安	47.5	遂宁	51.7	绵阳	48.1	攀枝花	56.5
3	绵阳	47.2	广元	46.9	德阳	51.3	德阳	48.0	绵阳	49.7
4	攀枝花	47.1	绵阳	45.6	达州	50.0	攀枝花	47.7	雅安	47.4
5	广安	47.1	德阳	45.6	泸州	49.9	宜宾	46.8	泸州	47.3
6	自贡	46.3	雅安	45.3	广安	49.6	泸州	46.6	乐山	46.6
7	泸州	45.9	自贡	44.9	南充	49.5	南充	46.4	德阳	46.6
8	遂宁	45.7	眉山	44.7	巴中	49.5	乐山	46.3	广安	46.4
9	宜宾	45.7	乐山	44.6	自贡	49.5	自贡	45.9	自贡	46.0
10	南充	45.6	达州	44.5	攀枝花	49.2	达州	45.7	宜宾	45.6
11	广元	45.5	资阳	43.9	宜宾	48.7	眉山	45.5	广元	44.8
12	乐山	45.5	南充	43.9	内江	47.9	资阳	45.4	资阳	44.2
13	雅安	45.5	宜宾	43.6	绵阳	47.6	遂宁	45.0	遂宁	44.1
14	达州	45.2	巴中	43.2	资阳	47.1	广安	44.7	南充	43.5
15	资阳	44.8	遂宁	43.2	雅安	46.8	内江	44.6	内江	42.8
16	眉山	44.7	泸州	42.5	眉山	46.8	广元	44.4	眉山	42.3
17	巴中	44.3	内江	41.4	乐山	46.5	雅安	44.2	巴中	42.3
18	内江	43.7	攀枝花	41.2	广元	46.2	巴中	42.8	达州	39.9

　　从表 5 - 10 的数据可以看到，2015 年，四川省城市服务业竞争力排名中，成都、德阳、绵阳、攀枝花、广安等 5 个城市居于前五位，其中成都得分 64.4 分，大于全国平均的 50 分水平线，还远远高于德阳、绵阳、攀枝花、广安的得分——这 4 个城市的竞争力得分均在 47 分左右，这表明这成都的服务业竞争力在四川省具有领先地位，在全国范围内也高于全国的平均水平，在全国排名第 12 位，居于全国前列，而竞争力排在全省第二名的德阳市在全国排名为第 142 位。达州、资阳、眉山、巴中和内江等 5 市则分别以 45.2、44.8、44.7、44.3 和 43.7 的分数居于四川省城市服务业竞争力排名最后五位，其中资阳、眉山、巴中和内江等 4 市在全国 288 个地级及以上城市中进入最后 30 位。

　　成都、广安、广元、绵阳和德阳分别以 62.6、47.5、46.9、45.6 和 45.6 分居四川省城市服务业发展水平前五位，其中成都的得分超过了全国平均水平的 50 分线，排在全国第 13 位，这表明在全国范围看成都具有一定程度的优势地位。巴中、遂宁、泸州、内江以及攀枝花的城市服务业发展水平在四川省各城市中排名最低，居最末五位。

　　从服务业发展活力来看，四川省所有城市的发展活力指数均低于 60 分，其中成都、遂宁、德阳、达州和泸州 5 个城市的发展活力得分依次为 57.1、51.7、51.3、50.0 及 49.9，排在四川省前五位，而成都的服务业发展活力排在全国第 22 位。资阳、雅安、眉山、乐山以及广元等城市分别以 47.1、46.8、46.8、46.5 和 46.2 分居全省倒数五位，但是没有进入全国城市服务业发展活力排名的最后 30 位。

　　成都服务业发展条件较好，它这一指标得分 71.0 分，在全国居第 10 位，而排在全省第 2 位的绵阳得分仅为 48.1 分，低于全国平均水平的 50 分线，在全国排在了 120 位。广安、内江、广元、雅安以及巴中等市居全省最末五位，其中排在四川省最末尾的巴中市服务业发展条件得分 42.8 分，在全国 288 个地级及以上城市服务业发展条件得分排名中排在第 277 位。

　　四川省的成都、攀枝花、绵阳、雅安以及泸州的服务业发展环境指标分别为 65.8、56.5、49.7、47.4 和 47.3 分居全省前五位，而南充、内江、眉山、巴中以及达州 5 个城市的服务业发展环境居末五位，其中排在四川省末尾的达州服务业发展环境得分排名中排在全国第 281 位。

(二) 四川省各城市服务业发展水平排名

成都服务业发展总量水平指数得分61.5分，高于全国50分的平均水平，在全国范围内排名第7位，其余城市的总量水平均在平均水平以下，这表明四川省服务业集聚发展的态势非常明显。

由于城镇单位就业人员数中服务业就业人员比重较高，成都市的服务业比重水平最高达63.3分，广元的服务业比重水平也达57.6分，居第二位。广安以52.0分排在全省第三位，其余城市的比重水平均低于全国平均水平，且均为48分左右。攀枝花的服务业比重水平得分最低，仅为25.2分。泸州、内江和攀枝花的服务业比重水平分别居全国倒数第2、5和17位。

四川省城市服务业生产率水平指数中，成都最高，达到58.3分，居全国第54名，德阳、广安、攀枝花和眉山4个城市的分数均低于全国平均的50分水平，依次排在四川省第2至第5名。泸州、广元、达州、南充和巴中的服务业生产率水平位居省内最末五位，其得分依次为37.6、36.9、36.9、35.9以及35.6分，其中阜新服务业生产水平得分仅为37.2分，除了这5个城市外，四川省还有遂宁、雅安以及内江等3个城市从而一共有8个城市进入了全国服务业生产率水平最低的30个城市。

(三) 四川省各城市服务业发展活力排名

成都市在服务业发展规模活力上具有优势地位，以58.3分居首位，在全国排第14位。其余城市服务业发展规模活力均低于全国平均水平，集中分布在47—49分，其中巴中、雅安、眉山、内江和广元5个城市在全省服务业发展规模活力得分排名中位居倒数5位。

成都的服务业发展比重活力较低，得分44.3分，在四川省排在倒数第3位，在全国排在第201位。四川省服务业发展比重活力指数得分前五名依次是德阳、广安、遂宁、资阳和达州5个城市，它们的得分依次为72.6、63.6、63.0、60.0以及59.2分，均高于全国平均水平，其中德阳在全国288个城市中排名第16名。

德阳和遂宁两个城市的服务业生产率提升较快，其服务业发展生产率活力指数依次为72.6分和69.0分，居四川省第1位和全国第2位，自贡、攀枝花、雅安和眉山的得分依次为 61.0、57.1、54.7 以及 51.0 分，第 2 位至第 6 位，其余城市的服务业生产率均低于全国平均水平。特别是成都的服务业生产率得分 46.1 分，在全国排在 166 位。此外，泸州、南充、巴中、资阳以及达州的服务业发展生产率活力得分较低，位列四川省的倒数前 5 位，也都是全国服务业发展生产率活力的最末 30 位城市。

在城市服务业投资活力指数方面，内江、泸州、巴中、雅安以及广安等 5 个城市依次得分为 60.8、57.4、54.8、53.6 以及 51.8 分，位居四川省前五名，其中内江在全国排在第 30 名。攀枝花、成都、广元、资阳以及眉山等 5 个城市的城市服务业投资活力位居全省倒数五名。

成都、攀枝花、绵阳、内江和达州的城市服务业发展的消费活力指数分别为 68.8、53.6、51.6、51.5 和 51.3 分，居前五位，高于全国平均水平，其中成都的城市服务业发展的消费活力在全国排名第 20 位。广安、眉山、自贡、广元和雅安的指数得分居全省最后 5 位，但是都没有进入全国服务业发展消费活力的最末 30 位。

四川省服务业发展金融活力指数最高的自贡和遂宁分别为 53.5 和 52.3 分，分别居全国第 25 位和第 35 位，此外南充、达州、巴中、成都等城市的金融活力指数均高于全国平均水平。而德阳、攀枝花、内江、雅安以及乐山 5 个城市的金融活力指数居四川省的最末 5 位，其中内江、雅安以及乐山位居全国服务业发展金融活力的最末 30 位，依次在全国排在第 260、278 以及 281 位。

(四) 四川省各城市服务业发展条件排名

作为四川省省会以及城市规模最大、经济发展水平最高的城市，成都的服务业发展条件指数远优于其他城市。成都的服务业发展产业条件指标 66.2 分，位居全省第一，表明其服务业发展的产业条件较好，居全国第 9 位。德阳、绵阳、南充以及宜宾四个城市排在全省第 2 至第 5 位，但是都低于全国平均水平。广安、广元、攀枝花、雅安以及巴中等城市的服务业发展产业条件得分居全省最后 5 位。

成都的服务业投资条件也相对较好，得分 72.6 分，在四川省的 18 个地级市中稳居首位，位于全国的第 5 位，其余 17 个城市的服务业投资条件得分均低于全国平均水平。眉山、攀枝花、自贡、广元以及雅安等 5 个城市的服务业投资条件在全省位列最后五位，广元和雅安也都属于全国服务业发展投资条件最差的 30 个城市。

就服务业发展的人口条件看，成都、攀枝花和德阳三市分别以 65.7、55.7 和 50.1 分位列全省前 3 位，其中成都位于全国的第 29 位，其余城市的服务业发展人口条件得分都低于 50 分的全国平均水平。达州、南充、广安、内江以及巴中等 5 个城市位居四川省最后 5 位，并且排在末尾的巴中进入到全国服务业发展人口条件最差的 30 个城市。

（五）四川省各城市服务业发展环境排名

成都和攀枝花的服务业发展环境指数中四川省较为领先。成都、攀枝花、泸州的服务业发展教育环境指数得分依次为 62.4、55.5、52.3 分，分别居全省第 1、2、3 位，均高于全国平均水平，而其他城市这一指标的得分都低于 50 分。德阳、巴中、广元、内江以及遂宁等城市位列最末五位，其中排在全省末尾的遂宁进入中国城市服务业发展教育环境指数倒数前 30 位，排在 261 位。

成都、广安、攀枝花、自贡和绵阳等城市的交通环境分别以 59.4、59.0、55.8、50.7 和 50.1 分排在全省前 5 位，其中成都居全国的第 30 位，其余城市的服务业发展交通环境指数均低于全国平均水平。眉山、巴中、资阳和达州的交通环境指数得分分别为 43.1、42.9、42.7 和 40.6 分，居四川省最末尾 4 位，并进入全国交通环境最低的 30 个城市中。

成都和攀枝花通信环境相对较好，分别以 64.1 和 51.9 分位居前两位，这表明这两个城市的人均邮政业务总量、人均电信业务总量、固定电话年末用户数等指标在全省领先，其余城市的得分均低于全国平均水平。自贡、资阳、南充、达州和遂宁的人均交通指标较低，位列最后 5 位。

攀枝花的公共服务环境指数最高，达 69.7 分，居全国的第 13 位，成都则以 65.7 分居四川省第 2 位。四川省的 18 个城市中，仅有攀枝花、成都、绵阳、资阳和泸州 5 个城市的公共服务环境指数高于全国平均水平的 50 分。眉山、达州和广安三大城市位居最后 3 位，并进入全国公共服务环境指标得分最低的 30 个城市中。

成都的生活环境较好，以 70.3 分位居四川省第 1 位，在全国排 16 位。广安、雅安、绵阳和南充分别以 53.5、53.2、52.8 和 50.2 分位列第 2 至第 5 位，且其指数得分均大于 50 分。内江、自贡、乐山、攀枝花和达州位列全省最末位，其中排在四川省最末尾的达州排在全国第 272 位。

成都和攀枝花两个城市的社会保障指数相对较高，分别以 58.0 和 55.0 分位列前两位，且分别居全国的第 34 和第 50 位，这表明这些城市的城镇职工基本养老保险、基本医疗保险、失业保险参保情况良好，而达州、广安、眉山、资阳以及巴中位列最后五位。

三、四川服务业发展的结论与建议

2015 年，除了成都以外，四川其余城市的服务业竞争力都低于全国平均水平，表明四川服务业的空间发展失衡明显，发展差距相对较大，发展活力不足。四川省服务业发展可从以下方面着力：

（一）通过系统规划服务业空间布局提升服务业发展活力

作为中国西南服务业发展的重要省份，四川需积极构建"一核两带五区"的服务业空间布局，以成都市中心城区和天府新区为中心，充分发挥"成都服务"的核心功能与引领作用，大力促进成渝城市群高端服务业发展带和长江通道绿色服务经济带的崛起，打造具备国际辐射力和区域集散力的高端服务业聚集区，加快推进成都平原高端服务业引领区、川南生产性服务业创新示范区、川东北多元服务功能扩展区、攀西运动康养服务特色区、川西北生态旅游服务集聚区建设，全面盘活不同城市中的服务业发展活力。

（二）通过发展养老服务业提高服务业发展水平

四川人口老龄化程度居全国前列，未富先老矛盾突出，完善社会养老服务体系建设和大力发展养老服务业势在必行。在这方面，四川要加快完善支持居家养老的配套政策，探索制定子女照料失能老年父母的支持政策；同时，还要扩大养老需求的市场供给，努力打造创新发展核心区、川南融合发展示范片、川东北融合发展示范片、攀西阳光康养服务业发展带、秦巴生态森林康养服务业发展带、川西民族特色康养服务业发展带，提高四川养老服务业在全国中的发展水平和示范作用。

第六节 贵州省城市服务业竞争力报告2016

一、贵州省社会经济与服务业发展总体情况

2015 年，贵州的国内生产总值为10502.6 亿元，比 2014 年增长 10.7%，其中服务业增加值为4714.1 亿元，比 2014 年增长 11.1%，在国民经济中占44.9%，服务业对经济增长的贡献率达47.3%，服务业在贵州省国民经济发展中占据了重要地位。

表5－11 2015 年贵州社会经济及服务业发展整体情况

项　目	数　据
土地面积	17 万平方公里
常住人口	3529.5 万人
GDP 及增长率	10502.6 亿元，10.7%
服务业增加值及占 GDP 比重	4714.1 亿元，44.9%
三次产业的比重	15.6:39.5:44.9
服务业从业人员数及占就业人数比	192.7 万人，62.7%

资料来源：根据《中国统计年鉴2016》数据计算所得。

通过计算可以得到，2015 年贵州服务业增加值区位商为 0.95，这表明，与全国平均水平相比，贵州服务业增加值比重相对要低，从而有必要进一步提升其服务业专业水平。贵州的传统服务业仅有交通运输、仓储和邮政业以及住宿餐饮业这两个行业的区位商均大于 1，其数值分别为 1.90 与 1.57，这说明这 2 个服务业细分产业的比重高于全国平均水平，其发展具有相对优势；批发和零售业，金融业，房地产业以及其他服务业的区位商值依次为 0.67、0.81、0.48 和 0.94，均小于 1，表明它们处于相对劣势的地位。

进一步分析 2015 年贵州各产业的劳动生产率情况可以看到，2015 年，贵

州服务业劳动生产率为 24.5 万元/人，低于全国平均的 38.0 万元/人，其中仅有住宿和餐饮业的劳动生产率分别为 124.2 万元/人，是高于全国这一行业平均水平的 2.8 倍。而批发和零售业、交通运输仓储和邮政业、金融业、房地产业以及其他服务业等所有服务业细分行业的劳动生产率都低于全国的水平，尤其是房地产业，其劳动生产率为 26.5 万元/人，仅为全国平均水平的 33.3%。

二、贵州省城市服务业竞争力分析

（一）贵州省各城市服务业竞争力排名

经计算可得到贵州各城市服务业竞争力及一级指标排名如表 5 – 12 所示。

表 5 – 12　贵州各城市服务业竞争力排行榜

排行	城市	竞争力	城市	发展水平	城市	发展活力	城市	发展条件	城市	发展环境
1	贵阳	58.5	贵阳	54.6	贵阳	61.7	贵阳	53.6	贵阳	65.0
2	铜仁	50.5	铜仁	51.9	安顺	59.2	遵义	48.6	六盘水	45.5
3	遵义	50.1	毕节	51.7	铜仁	56.9	铜仁	46.0	遵义	45.2
4	安顺	49.8	遵义	50.9	毕节	54.3	六盘水	45.5	铜仁	42.9
5	毕节	48.9	安顺	49.4	遵义	53.3	毕节	45.0	安顺	42.4
6	六盘水	47.5	六盘水	47.9	六盘水	50.5	安顺	44.2	毕节	39.6

从表 5 – 12 的数据可以看到，2015 年，贵州城市服务业竞争力排名中，贵阳的服务业竞争力得分为 58.5 分，在全省中位居第一，高于全国平均的 50 分水平线，在全国范围内排名第 27 位。此外，铜仁和遵义这一指标的得分分别为 50.5 分和 50.1 分，也都高于全国的平均水平。而安顺、毕节以及六盘水等 3 个城市的服务业竞争力得分均低于全国平均水平。这一结果表明贵阳的服务业竞争力在贵州具有领先地位。

在服务业竞争力指数的一级指标中，发展水平一级指标衡量的是各城市服务业发展现状水平，贵阳、铜仁、毕节以及遵义的得分分别为 54.6、51.9、51.7 和 50.9 分，均超过了全国平均水平的 50 分线，其中贵阳排在全国第 43

位。而安顺和六盘水 2 个城市这一指标的得分均低于全国平均水平的 50 分线。

从服务业发展活力来看，贵州省这 6 个城市的服务业发展活力都高于全国平均水平，其中贵阳、安顺和铜仁这 3 个城市的这一指标得分分别为 61.7、59.2 以及 56.9 分，依次在全国排在第 14 位、第 18 位与第 24 位。排在全省前 3 位。在贵州这 6 个城市中排在末尾的六盘水的服务业发展活力得分为 50.5 分，在全国排在第 108 名。

服务业发展条件这个一级指标衡量各城市服务业发展的基础和潜力，可以看到，贵阳这一指标得分为 53.6 分，在全国居第 57 位。其余 5 个城市这一指标的得分均低于全国平均水平的 50 分线。六盘水、毕节以及安顺等 3 个城市分别在全省中排在倒数后 3 位，但是都没有进入到全国城市服务业发展条件排名的最后 30 位。

贵阳的发展环境这一指标得分为 65.0 分，在全国排名第 24 位，远远高于其他 5 个城市，因为其他 5 个城市这一指标的得分都低于全国平均水平。而铜仁、安顺和毕节这 3 个城市的得分分别为 42.9 分、42.4 分和 39.6 分，依次排在贵州倒数后 3 位，其中毕节进入到全国城市服务业发展环境排名的最后 30 位。

（二）贵州各城市服务业发展水平排名

贵阳的服务业发展总量水平指数得分为 51.6 分，在全国范围内排名第 41 位，其余城市的总量水平均都低于全国 50 分的平均水平，其中铜仁、六盘水和安顺等 3 个城市的服务业发展总量水平排名位居贵州的最后 3 位。

在比重水平这一指标方面，铜仁、毕节以及安顺等 3 个城市的服务业比重水平得分分别是 72.5 分、63.5 分与 63.5 分，分别在全国排在第 11 位、第 29 位和第 30 位。此外，贵阳和遵义的比重水平这一指标得分都高于全国平均水平，依次为 62.7 分与 58.0 分。六盘水的城市的比重水平得分为 46.7 分，低于全国平均水平。由此表明在服务业比重水平方面，铜仁的集聚程度相对较高。

在贵州城市服务业生产率水平指数中，贵阳的得分为 53.2 分，在全国排在第 80 位，而贵州其余 5 个城市的得分都低于全国平均水平。其中毕节、铜仁和安顺等 3 个城市的得分依次为 48.1 分、43.0 分和 41.7 分，分别排在贵州倒数后 3 位。

（三）贵州各城市服务业发展活力排名

贵阳市的服务业发展规模活力在贵州具有相对优势，以 55.7 分居全省首位，在全国排第 23 位。同时，六盘水的城市服务业发展规模活力得分为 50.2 分，稍微高于全国平均水平。而安顺、铜仁、遵义和毕节的服务业发展规模活力则均低于全国平均水平，但是没有城市进入全国服务业发展规模活力最低的 30 个城市。

在服务业发展比重活力方面，贵州这 6 个城市的得分都高于全国平均水平。其中安顺、铜仁、六盘水以及毕节等 4 个城市的得分分别为 79.2 分、76.5 分、69.9 分和 66.9 分，远高于全国平均水平，并且都进入了全国 288 个城市中比重活力最强的 30 个城市，依次排在全国第 8 位、第 11 位、第 20 位和第 23 位。此外，贵阳和遵义这两个城市的这一指标得分分别为 64.1 分和 57.3 分，都明显高于全国平均水平。

在服务业生产率活力这一指标方面，六盘水、贵阳、安顺、遵义以及毕节等 5 个城市得分都高于全国平均水平，其中六盘水、贵阳、安顺的得分依次为 60.9 分、60.5 分和 57.8 分，依次居贵州前 3 位，其中六盘水在全国排在第 51 名。铜仁这一指标的得分为 41.8 分，是贵州这 6 个城市中在服务业生产率活力这一指标得分唯一一个低于全国平均水平的城市。

在城市服务业投资活力指数方面，贵阳、安顺以及毕节这 3 个城市的得分分别为 61.9、55.4 以及 55.3 分，依次排在贵州前 3 位，其中贵阳排在全国第 22 位。铜仁、六盘水和遵义这 3 个城市服务业投资活力这一指标的得分都低于全国平均水平，并且六盘水和遵义城市进入全国服务业发展投资活力的最末 30 位。

在服务业的消费活力这一指标方面，贵州这 6 个城市中，有贵阳、安顺、铜仁和遵义的得分高于全国平均水平，分别为 64.6 分、63.5 分、62.9 分和 62.0 分，其中贵阳在全国排在第 29 位，而其余两个城市这一指标都低于全国平均水平。

贵州这 6 个城市的服务业发展金融活力指数得分都高于全国平均水平，其中毕节、遵义、铜仁、贵阳、安顺这一指标的得分分别为 59.1 分、56.3 分、56.3 分、56.0 分和 55.9 分，依次居全国第 7 位、第 11 位、第 12 位、第 14 位和第 16

位。此外，六盘水的金融活力指数得分为52.1分，在全国排在第36位。

（四）贵州各城市服务业发展条件排名

在服务业发展的产业条件方面，贵州这6个城市的得分都低于全国平均水平。其中贵阳、遵义和毕节这3个城市的服务业发展产业条件指标得分分别为49.9分、48.4分和46.3分，其中遵义在全国排在第81位。特别是六盘水这一指标的得分为45.2分，位居全国服务业产业条件最差的30个城市当中，在全国排在第273位。

贵阳的服务业投资条件得分高于全国平均水平，得分为52.6分，在全国排在第54位，其余城市投资条件得分均低于全国平均水平。特别是安顺这一指标的得分为44.8分，位居全国服务业投资条件最差的30个城市，在全国排在第262位。

就服务业发展的人口条件看，贵阳的服务业发展产业条件指标得分是59.8分，在全国排在第47名，而其余城市的服务业发展产业条件得分都低于全国平均水平。特别是，毕节这一指标的得分为39.3分，位居全国服务业人口条件最差的30个城市，在全国排在第271位。

（五）贵州各城市服务业发展环境排名

贵阳的服务业发展环境指数在贵州明显领先。贵阳、铜仁、六盘水以及遵义等4个城市的服务业发展教育环境指数得分依次为80.8分、52.4分、52.3分和50.7分，其中贵阳在全国排在第4名，表明贵阳市在服务业发展教育环境这一指标方面具有明显的优势。而安顺和毕节这两城市这一指标的得分都低于50分的全国平均水平，其得分分别为48.9分和48.5分，在贵州这6个城市中排在倒数后两位。

贵阳的交通环境以61.4分排在全省首位，居全国的第24位，其余城市均低于全国平均水平。而铜仁和毕节等两个城市的交通环境指标得分都位居全国服务业交通环境最差的30个城市。

贵阳的通信环境指标得分为57.7分，排在全国第35位，其余城市的这一指标得分均低于全国平均水平。其中遵义、毕节和安顺这3个城市的通信环境得分分别为46.5分、46.4分和44.7分，依次排在全省最后3位。

贵阳的公共服务环境指数得分为 65.8 分，居全国的第 20 位。其余城市这一指标的得分均低于全国平均水平的 50 分。其中安顺和毕节这两个城市这一指标的得分依次为 38.2 分和 30.5 分，均进入全国公共服务环境最低的 30 个城市。

贵州所有这 6 个城市的得分都低于全国平均水平。其中排在贵州首位的贵阳的生活环境为 46.8 分，在全国排第 167 位。而六盘水和毕节这两个城市这一指数得分分别为 37.3 分和 36.8 分，都进入了全国生活环境最低的 30 个城市。

在社保环境这一指标方面，贵阳市的社会保障指数得分为 55.6 分，高于全国平均水平，在这 6 个城市中排名第一，居全国的第 47 位，表明贵阳的城镇职工基本养老保险、基本医疗保险、失业保险参保情况在贵州这 6 个城市中相对较好，其余城市这一指数得分均低于 50 分。特别是毕节和铜仁两个城市均进入全国社保环境最低的 30 个城市，依次排在全国第 284 位和第 285 位。

三、贵州省服务业发展的结论与建议

2015 年，贵阳的服务业竞争力虽然总体上高于其余 5 个城市，但贵州的服务业竞争力水平整体偏低，贵州服务业综合实力不强，发展环境不佳，服务业品牌建设进展较慢。因此推动贵州服务业发展可从如下主要方面发力：

（一）改善服务业发展环境

贵州要重点加快推进交通、通信、医疗、水利和城镇基础设施建设，抢抓国家加快"一带一路"、长江经济带建设等重大倡议机遇，改善交通布局与道路状况，做实做大贵阳—安顺都市圈，开工建设遵义—瓮安—马场坪—都匀、都匀—凯里城际铁路，加快打通川黔—贵广—南亚物流大通道，进一步优化现代服务业发展外部交通环境；加快公共服务平台体系建设，重点支持"南北两翼"科技孵化中心、企业研发中心、知识产权转化交易平台、黔南大数据中心等建设，改善公共服务环境；推进"互联网＋"金融行动计划，加快发展互联网金融，支持互联网的金融产品、服务、技术和平台创新，规范发展互联网金融、众筹融资等，改良通信信息与融资环境。

（二）注重服务业特色品牌建设

贵州应该深入开展国家级服务业标准化试点，引导服务业企业实施商标

品牌战略，在山地旅游、大数据信息服务、大健康服务领域打造形成一批具有较高国际国内知名度的服务品牌，在物流、金融、会展、商贸、养老等重点产业领域培育建立一批国家和省级服务品牌；同时，在物流、金融、会展、商贸、养老等重点产业领域积极培育并建立一批国家和省级服务品牌。贵州要立足于资源禀赋优势，积极申报创建"大贵州滩"世界地质公园、国家森林公园、国家级旅游度假区和国家5A、4A级旅游景区，打造提升一批重量级特色旅游产品，大力推进"旅游＋乡村＋农业"发展，加快建设一批乡村旅游产业带和组团，重点打造一批民族文化型、古村古寨型、文化景观型、城郊游憩型和休闲农业型等旅游村镇，大力开发田园观光、特色村寨、民宿民居、民族节庆、乡村美食、工艺特产等乡村旅游精品，带动黔西、黔南、黔东服务业发展。

第七节　云南省城市服务业竞争力报告2016

一、云南省社会经济与服务业发展总体情况

2015年，云南的国内生产总值为13619.2亿元，比2014年增长8.7%，其中服务业增加值为6147.3亿元，比2014年增长9.6%，在国民经济中占45.1%，服务业对经济增长的贡献率达49.8%，服务业在云南省国民经济发展中占据了较大份额和重要地位。

表5－13　2015年云南社会经济及服务业发展整体情况

项　目	数　据
土地面积	38万平方公里
常住人口	4741.8万人
GDP及增长率	13619.2亿元，8.7%
服务业增加值及占GDP比重	6147.3亿元，45.1%
三次产业的比重	15.1:39.8:45.1
服务业从业人员数及占就业人数比	246.8万人，59.5%

资料来源：根据《中国统计年鉴2016》数据计算所得。

通过计算可以得到,2015 年云南服务业增加值区位商为 0.96,这表明,与全国平均水平相比,云南服务业增加值比重相对比较低一些,从而需要进一步提升其服务业专业水平。云南的传统服务业包括批发和零售业、住宿餐饮业、金融业以及其他服务业等这 4 个行业的区位商均大于 1,其数值分别为 1.02、1.47、1.02 与 1.08,这说明这 4 个服务业细分产业的比重高于全国平均水平,其发展具有相对优势;交通运输仓储和邮政业以及房地产业的区位商值依次为 0.48 和 0.45,均明显小于 1,表明这两个行业处于相对劣势的地位。

进一步分析 2015 年云南各产业的劳动生产率情况可以看到,2015 年,云南服务业劳动生产率为 24.9 万元/人,低于全国平均的 38.0 万元/人,其中仅有住宿和餐饮业、金融业的劳动生产率高于全国这一行业平均水平,分别为 52.0 万元/人与 98.7 万元/人。而批发和零售业,交通运输、仓储和邮政业,房地产业以及其他服务业等所有服务业细分行业的劳动生产率都低于全国的水平,尤其是交通运输、仓储和邮政业,其劳动生产率为 17.8,仅为全国平均水平的 14.7%。

二、云南省城市服务业竞争力分析

(一) 云南各城市服务业竞争力排名

经计算可得到云南各城市服务业竞争力及一级指标排名如表 5 - 14 所示。

表 5 - 14 云南各城市服务业竞争力排行榜

排行	城市	竞争力	城市	发展水平	城市	发展活力	城市	发展条件	城市	发展环境
1	昆明	55.7	昆明	55.7	曲靖	52.3	昆明	56.5	昆明	63.3
2	玉溪	48.2	丽江	49.2	临沧	52.1	曲靖	45.4	玉溪	46.7
3	曲靖	47.8	玉溪	48.9	保山	50.9	玉溪	45.3	丽江	44.7
4	临沧	46.0	曲靖	48.1	玉溪	50.9	昭通	43.4	曲靖	44.0
5	保山	45.5	昭通	47.8	昆明	49.1	丽江	43.1	保山	41.0
6	丽江	45.5	临沧	46.8	昭通	49.0	临沧	43.0	普洱	40.9
7	昭通	44.9	普洱	46.4	普洱	46.7	普洱	43.0	临沧	39.8
8	普洱	44.5	保山	46.2	丽江	44.3	保山	42.5	昭通	36.0

从表 5－14 的数据可以看到，2015 年，云南城市服务业竞争力排名中，昆明的服务业竞争力得分为 55.7 分，在全省中位居第一，高于全国平均的 50 分水平线，在全国范围内排名第 41 位。其余 7 个城市的竞争力得分均低于全国的平均水平。特别是普洱的服务业竞争力得分为 44.5 分，进入到服务业竞争力排名的最后 30 位，在全国排在第 266 位。

在服务业竞争力指数的一级指标中，发展水平一级指标衡量的是各城市服务业发展现状水平，昆明的得分为 55.7 分，超过了全国平均水平的 50 分线，排在全国第 32 位。而其余 7 个城市这一指标的得分均低于全国平均水平的 50 分线。这表明在云南这 8 个城市当中，昆明的发展水平远远高于其余 7 个城市。

从服务业发展活力来看，云南省这 8 个城市的服务业发展活力有一半高于全国平均水平，其中曲靖、临沧和保山这 3 个城市的这一指标得分分别为 52.3、52.1 以及 50.9 分，依次位居云南省前 3 名，并且分别在全国排在第 72 位、第 74 位与第 98 位。在云南这 8 个城市中排在末尾的 3 位分别是昭通、普洱和丽江。

服务业发展条件这个一级指标衡量各城市服务业发展的基础和潜力，可以看到，昆明这一指标得分为 56.5 分，在全国居第 43 位。其余 7 个城市这一指标的得分均低于全国平均水平的 50 分线。特别是昭通、丽江、临沧、普洱和保山等 5 个城市分别排在全省中倒数后 5 位，并且都进入了到全国城市服务业发展条件排名的最后 30 位。

昆明这一指标得分为 63.3 分，在全国排名第 30 位，远远高于其他 7 个城市，因为其他 7 个城市这一指标的得分都低于全国平均水平。而保山、普洱、临沧和昭通等 4 个城市的得分分别为 41.0 分、40.9 分、39.8 分和 36.0 分，依次排在云南倒数后 4 位，并且都进入到全国城市服务业发展环境排名的最后 30 位。

（二）云南各城市服务业发展水平排名

昆明的服务业发展总量水平指数得分为 53.5 分，在全国范围内排名第 23 位，其余城市的总量水平均都低于全国 50 分的平均水平，其中昭通和丽江两个城市的服务业发展总量水平排名位居云南的最后 3 位，并且都进入到全国城市服务业发展水平排名的最后 30 位。

在比重水平这一指标方面，丽江、昆明和昭通等 3 个城市的服务业比重水平得分分别是 69.1 分、66.5 分与 60.7 分，分别在全国排在第 14 位、第 21 位和第 42 位。此外，普洱、临沧和保山的比重水平这一指标得分都高于全国平均水平。曲靖和玉溪这两个城市的比重水平得分依次为 46.6 分和 44.4 分，低于全国平均水平。由此表明在服务业比重水平方面，丽江、昆明和昭通等 3 个城市的集聚程度相对较高。

在云南城市服务业生产率水平指数中，玉溪的得分为 55.1 分，在全国排在第 70 位，而云南其余 7 个城市的得分都低于全国平均水平。其中昭通和丽江等两个城市的得分依次为 37.1 分和 36.8 分，分别排在云南倒数后两位，并且都进入到全国城市服务业生产率水平排名的最后 30 位。

（三）云南各城市服务业发展活力排名

昆明的服务业发展规模活力在云南具有相对优势，以 56.1 分居全省首位，在全国排第 22 位。同时，曲靖的城市服务业发展规模活力得分为 50.1 分，稍微高于全国平均水平。而玉溪、临沧、保山、昭通、丽江以及普洱等 6 个城市的服务业发展规模活力则均低于全国平均水平，但是没有城市进入全国服务业发展规模活力最低的 30 个城市。

在服务业发展比重活力方面，云南这 8 个城市的得分有 7 个都高于全国平均水平。其中临沧、曲靖和昭通等 3 个城市的得分分别为 91.3 分、78.8 分和 67.0 分，远高于全国平均水平，并且都进入了全国 288 个城市中比重活力最强的 30 个城市，依次排在全国第 2 位、第 9 位和第 22 位，特别是临沧的比重活力已经跻身全国前列。此外，丽江的这一指标得分为 46.9 分，低于全国平均水平。

在服务业生产率活力这一指标方面，只有玉溪高于全国平均水平，其得分为 66.3 分，在全国排在第 31 名，得分明显高于排在云南这 8 个城市中第二名的临沧——得分为 49.6 分。特别是，作为云南省会的昆明市这一指标的得分为 32.0 分，是云南这 8 个城市中在服务业生产率活力这一指标得分方面唯一一个进入全国服务业发展生产率活力的最末 30 位的城市。

在城市服务业投资活力指数方面，玉溪、保山和昆明这 3 个城市的得分分别为58.5、57.8以及55.2分，依次排在云南前3位，其中玉溪排在全国第48位。其余5个城市服务业投资活力这一指标的得分都低于全国平均水平，但是没有城市位居全国服务业发展投资活力的最末30位。

在服务业的消费活力这一指标方面，只有曲靖这一个城市的得分高于全国平均水平，其得分为56.9分，在全国排在51位。而其余7个城市这一指标都低于全国平均水平。特别是，作为云南省会的昆明市这一指标的得分仅为31.6分，是云南这8个城市中在服务业消费活力这一指标得分方面唯一一个位居全国服务业发展消费活力的最末30位的城市。

在金融活力这一指标方面，云南这8个城市的服务业发展金融活力指数得分有一半高于或等于全国平均水平，保山、昭通、昆明以及临沧这一指标的得分分别为52.8分、50.6分、50.3分和50.0分，其中保山居全国第28位。而普洱、玉溪、曲靖和丽江这4个城市这一指标的得分则分别为49.8分、48.5分、47.3分和46.8分，都低于全国平均水平。

（四）云南各城市服务业发展条件排名

在服务业发展的产业条件方面，昆明的得分为52.3分，略微高于全国平均水平，在全国排在第53位，而其余7个城市的得分都低于全国平均水平。其中普洱、临沧和丽江这3个城市的服务业发展产业条件指标得分分别为45.6分、45.5分和45.2分，特别是丽江这一指标的得分位居全国服务业产业条件最差的30个城市当中，在全国排在第271位。

昆明的服务业投资条件得分高于全国平均水平，得分为56.2分，在全国排在第32位，其余城市投资条件得分均低于全国平均水平。特别是保山、普洱和丽江这3个城市这一指标的得分分别为44.7分、44.4分和43.4分，都位居全国服务业投资条件最差的30个城市，在全国依次排在第265位、第271位与第283位。

就服务业发展的人口条件看，昆明的服务业发展产业条件指标得分是60.7分，在全国排在第44名，而其余城市的服务业发展产业条件得分都低于全国平均水平。表明昆明的服务业在人口条件方面具有明显优势。特别是，普洱、临沧、昭通和保山这一指标的得分都位居全国服务业人口条件最差的30个城市，在全国分别排在第268位、第275位、第277位与第283位。

(五) 云南各城市服务业发展环境排名

昆明的服务业发展环境指数在云南明显领先。昆明的服务业发展教育环境指数得分为 69.1 分，在全国排在第 18 名，表明昆明在服务业发展教育环境这一指标方面具有明显的优势。而其余 7 个城市这一指标的得分都低于 50 分的全国平均水平，其中普洱、昭通和临沧这 3 个城市的得分分别为 45.0 分、43.8 分和 43.7 分，在云南这 8 个城市中排在倒数后 3 位。

昆明的交通环境以 68.0 分排在全省首位，居全国的第 12 位，此外丽江这一指标得分为 51.3 分，而其余城市均低于全国平均水平。特别是普洱、昭通和临沧等 3 个城市的交通环境指标得分都位居全国服务业交通环境最差的 30 个城市。

昆明的通信环境指标得分为 55.6 分，排在全国第 46 位，其余城市的这一指标得分均低于全国平均水平，表明昆明的服务业发展的通信环境方面在云南具有明显优势。特别是，临沧、普洱、丽江、保山和昭通等 5 个城市的通信环境得分不仅依次排在全省最后 5 位，而且都位居全国服务业通信环境最差的 30 个城市。

昆明的公共服务环境指数得分为 66.3 分，居全国的第 18 位，此外玉溪这一指标得分为 52.3 分，也高于全国平均水平。其余城市这一指标的得分均低于全国平均水平的 50 分。其中丽江、普洱、临沧和昭通等 4 个城市这一指标的得分依次为 36.6 分、35.5 分、34.6 分和 31.6 分，均进入全国公共服务环境最差的 30 个城市。

丽江和昆明这两个城市这一指标的得分分别为 59.9 分和 51.9 分，其余 6 个城市的得分都低于全国平均水平。其中排在云南首位的丽江在全国排第 47 位。而保山和昭通这两个城市这一指数得分分别为 33.9 分和 25.2 分，都进入了全国生活环境最低的 30 个城市，并且昭通排在全国第 285 位。

在社保环境这一指标方面，昆明市的社会保障指数得分为 51.5 分，稍微高于全国平均水平，在云南这 8 个城市中排名第一，居全国的第 83 位，表明昆明的城镇职工基本养老保险、基本医疗保险、失业保险参保情况在这 8 个城市中相对较好一些，其余城市这一指数得分均低于 50 分。特别是普洱、曲靖、保山、临沧以及昭通等 5 个城市均进入全国社保环境最低的 30 个城市，其中昭通排在全国第288位。

三、云南省服务业发展的结论与建议

2015年，云南服务业发展水平整体偏低，并没有城市进入全国服务业竞争力最强的30个城市当中。从云南各个城市的服务业竞争力情况来看，促进其服务业发展可从以下突破口着力：

（一）扬长补短提升云南服务业整体竞争力

玉溪市应该在融资便利性、固定资产投资总额、招商引资以及减少工业污染物排放等方面加大改善力度；曲靖需大力提升服务业生产率活力、投资活力、金融活力，并且改善其人口条件、交通环境和生活环境；丽江市则应该努力提升其服务业总量水平，扩大固定资产投资规模与招商引资规模，提升人们消费水平，增加邮电业务和电信业务总量。昆明要努力建设成为面向南亚东南亚的区域性国际会展中心城市和会展及配套产业集聚区，将会展经济打造成云南省经济转型发展的新引擎，进而拉动昭通旅游业、玉溪体育产业、沾益现代物流业发展，实现服务业发展条件的大幅度改善。

（二）依托特色养老产业提升服务业发展活力

云南要发挥并整合生态、气候、旅游等独特优势，打造"云南养老福地"品牌效应，发展季节性养生养老旅游服务产业，打造独具特色的养老产业。云南应围绕昆明、玉溪、曲靖以及楚雄等滇中经济区核心养老旅游资源打造滇中春城养老旅游区，并进一步带动周边滇南长寿养老旅游区、滇西北河谷养老旅游带以及金沙江高峡平湖养老旅游带的发展，由此盘活服务业发展所需要的消费活力、比重活力、生产率活力，提升云南服务业的整体发展水平与竞争力水平。

第八节　陕西省城市服务业竞争力报告 2016

一、陕西省社会经济与服务业发展总体情况

2015 年，陕西省的国内生产总值为 18021.9 亿元，比 2014 年增长 7.9%，其中服务业增加值为 7342.1 亿元，比 2014 年增长 10.5%，在国民经济中占 40.7%，服务业对经济增长的贡献率达 52.3%，服务业在陕西省国民经济发展中占据了重要地位。

表 5-15　2015 年陕西省社会经济及服务业发展整体情况

项　　目	数　　据
土地面积	19 万平方公里
常住人口	3793 万人
GDP 及增长率	18021.9 亿元，7.9%
服务业增加值及占 GDP 比重	7342.1 亿元，40.7%
三次产业的比重	8.9:50.4:40.7
服务业从业人员数及占就业人数比	291.8 万人，57.0%

资料来源：根据《中国统计年鉴 2016》数据计算所得。

通过计算可以得到，2015 年陕西省服务业增加值区位商仅为 0.9，这表明，与全国平均水平相比，陕西省服务业增加值比重相对较低，服务业专业水平有待进一步提升。陕西省的传统服务业仅有住宿餐饮业的区位商均大于 1，其数值为 1.1，说明这个服务业细分产业的比重高于全国平均水平，其发展具有相对优势；而批发零售业，交通运输、仓储和邮政业，金融业，房地产业以及其他服务业的区位商值依次为 0.9、0.9、0.9、0.8 和 0.8，均小于 1，表明它们处于相对劣势的地位。

进一步分析 2015 年陕西省各产业的劳动生产率情况可以看到，2015 年，陕西省服务业劳动生产率为 25.2 万元/人，低于全国平均的 38.0 万元/人，其中批发和零售业，交通运输、仓储和邮政业，住宿和餐饮业，金融业，房

地产业以及其他服务业等所有服务业细分行业的劳动生产率都低于全国的水平，尤其是交通运输、仓储和邮政业，其劳动生产率为25.5万元/人，仅为全国平均水平的21.1%。陕西省所有服务业细分行业的劳动生产率都低于全国水平的情况，表明其整体服务业发展水平有待进一步提高。

二、陕西省城市服务业竞争力分析

（一）陕西省各城市服务业竞争力排名

经计算可得到陕西省各城市服务业竞争力及一级指标排名如表5-16所示。

表5-16 陕西省各城市服务业竞争力排行榜

排行	城市	竞争力	城市	发展水平	城市	发展活力	城市	发展条件	城市	发展环境
1	西安	60.8	西安	60.1	西安	53.3	西安	62.0	西安	68.8
2	延安	47.7	榆林	50.3	延安	52.0	咸阳	48.7	铜川	49.0
3	汉中	47.5	汉中	48.5	宝鸡	51.0	宝鸡	48.5	宝鸡	47.9
4	宝鸡	47.3	安康	47.2	汉中	50.7	榆林	48.5	延安	46.5
5	安康	46.9	渭南	46.8	安康	50.6	延安	46.8	安康	45.7
6	咸阳	46.8	延安	46.0	咸阳	50.5	渭南	46.1	咸阳	44.7
7	渭南	46.2	商洛	45.6	渭南	48.9	汉中	45.0	汉中	44.4
8	铜川	45.9	咸阳	44.4	铜川	48.8	铜川	44.7	榆林	44.1
9	榆林	45.6	宝鸡	44.0	商洛	48.6	安康	43.9	渭南	41.9
10	商洛	44.6	铜川	43.7	榆林	39.2	商洛	43.1	商洛	40.0

从表5-16的数据可以看到，2015年，陕西省城市服务业竞争力排名中，西安、延安、汉中、宝鸡以及安康等5个城市居于前5位，其中西安得分60.8分，高于全国平均的50分水平线，并且远远高于延安、汉中、宝鸡以及安康的得分——这4个城市的竞争力得分均在47分左右。这一结果表明西安的服务业竞争力在陕西省具有领先地位，在全国范围内也高于全国的平均水平并且在全国排名第18位，居于全国前列。然而竞争力排在全省第2名的延

安在全国排名为第 141 位。咸阳、渭南、铜川、榆林以及商洛等 5 市则分别以 46.8、46.2、45.9、45.6 和 44.6 的分数居于陕西省城市服务业竞争力排名最后 5 位，其中商洛在全国 288 个地级及以上城市中进入到最后 30 位，排在 265 名。

在西安、榆林、汉中、安康以及渭南分别以 60.1、50.3、48.5、47.2 和 46.8 分居陕西省城市服务业发展水平前五位，其中西安的得分超过了全国平均水平的 50 分线，排在全国第 18 位，表明它在全国范围看西安具有一定程度的优势地位。延安、商洛、咸阳、宝鸡以及铜川的城市服务业发展水平在陕西省各城市中排在最末 5 位。

从服务业发展活力来看，陕西省所有城市的发展活力指数均低于 60 分，其中西安、延安、宝鸡、汉中以及安康 5 个城市的发展活力得分依次为 53.3、52.0、51.0、50.7 及 50.6，排在陕西省前 5 位，而西安的服务业发展活力排在全国第 52 位。咸阳、渭南、铜川、商洛以及榆林等城市分别以 50.5、48.9、48.8、48.6 和 39.2 分居全省倒数五位，其中榆林进入到全国城市服务业发展活力排名的最后 30 位，排在 281 名。

服务业发展条件这个一级指标衡量各城市服务业发展的基础和潜力，可以看到，西安服务业发展条件相对较好，它这一指标得分 62.0 分，在全国居第 19 位，而排在全省第 2 位的咸阳得分仅为 48.7 分，低于全国平均水平的 50 分线，在全国排在了 106 位。渭南、汉中、铜川、安康以及商洛等市居全省最末五位，其中排在陕西省最末尾的商洛的服务业发展条件得分为 43.1 分，在全国 288 个地级及以上城市服务业发展条件得分排名中排在第 271 位。

陕西省的西安、铜川、宝鸡、延安以及安康分别为 68.8、49.0、47.9、46.5 和 45.7 分居全省前 5 位，而咸阳、汉中、榆林、渭南以及商洛 5 个城市的服务业发展环境居末 5 位，其中排在陕西省倒数第 1、2 位的商洛和渭南的服务业发展环境得分依次排在全国第 280 位和 262 位，均进入全国城市服务业发展环境排名的最后 30 位。

（二）陕西省各城市服务业发展水平排名

西安服务业发展总量水平指数得分 57.1 分，在全国范围内排名第 12 位，其余城市的总量水平均都低于全国 50 分的平均水平，这表明陕西省服务业集聚发展的态势非常明显。

由于城镇单位就业人员数中服务业就业人员比重较高，西安市的服务业比重水平最高达 71.4 分，安康的服务业比重水平也达 55.1 分，居第 2 位。汉中以 53.7 分排在全省第 3 位，其余城市的比重水平均低于全国平均水平。咸阳和宝鸡的服务业比重水平得分依次为 36.6 和 36.1 分，均进入到全国城市服务业发展环境排名的最后 30 位，分别排在全国第 264 位和第 267 位。

陕西省城市服务业生产率水平指数中，榆林最高，为 56.8 分，居全国第 61 名，西安、延安、汉中以及咸阳 4 个城市的服务业生产率水平分数依次排在陕西省第 2 至第 5 名，其中西安得分 53.1 分，排在全省第 2 位；其余城市的得分均低于全国平均水平。宝鸡、商洛、渭南、安康以及铜川的服务业生产率水平位居省内最末 5 位，其得分依次为 41.7、41.2、40.7、39.8 以及 36.5 分，其中铜川进入了全国服务业生产率水平最低的 30 个城市，排在全国第 281 位。

（三）陕西省各城市服务业发展活力排名

西安市的服务业发展规模活力在陕西省具有相对优势，以 54.8 分居全省首位，在全国排第 27 位。其余城市服务业发展规模活力均低于全国平均水平，集中分布在 45—49 分，其中汉中、安康、渭南、商洛以及榆林 5 个城市在全省服务业发展规模活力得分排名中位居倒数 5 位，并且商洛以及榆林进入了全国服务业发展规模活力最低的 30 个城市。

西安的服务业发展比重活力较低，得分 47.6 分，在陕西省排在倒数第 4 位，在全国排在第 167 位。陕西省服务业发展比重活力指数得分前五名依次是汉中、安康、延安、宝鸡以及渭南等 5 个城市，它们的得分依次为 62.3、61.1、56.5、53.4 以及 51.6 分，均高于全国平均水平，其中汉中在全国 288 个城市中排名第 43 名。而榆林服务业发展比重活力指数得分为 32.1 分，进入了全国服务业发展比重活力最低的 30 个城市，排在全国第 264 名。

商洛的服务业生产率提升较快，其服务业发展生产率活力指数得分为 60.8 分，居陕西省第 1 位，汉中、西安、铜川和安康的得分依次为 56.1、56.0、53.1 以及 51.8 分，第 2 位至第 5 位，其余城市的服务业生产率均低于全国平均水平。特别是榆林的服务业生产率得分 31.1 分，在全国排在 270

位，是全国服务业发展生产率活力的最末 30 位城市之一。

在城市服务业投资活力指数方面，咸阳、宝鸡、铜川、渭南以及汉中等 5 个城市依次得分为 64.9、64.3、63.0、58.1 以及 56.2 分，位居陕西省前 5 名，其中咸阳和宝鸡在全国分别排在第 14、15 名。安康、商洛、延安、榆林以及西安等 5 个城市的城市服务业投资活力位居全省倒数 5 名。特别是西安作为陕西省会城市，其服务业投资活力排在全省倒数第 1 位，进入了全国服务业发展生产率活力的最末 30 位城市，并且排在全国第 271 名。

延安、西安、咸阳、宝鸡以及渭南的城市服务业发展的消费活力指数分别为 65.8、58.8、52.6、51.0 和 50.8 分，居前 5 位，高于全国平均水平，其中西安的城市服务业发展的消费活力在全国排名第 23 位。汉中、安康、铜川、商洛以及榆林的指数得分居全省最后 5 位，并且榆林位居全国服务业发展消费活力的最末 30 位。

陕西省服务业发展金融活力指数最高的西安得分 54.1 分，居全国第 21 位，此外商洛、安康、咸阳和汉中等城市的金融活力指数均高于全国平均水平。而宝鸡、渭南、延安、铜川以及榆林 5 个城市的金融活力指数居陕西省的最末 5 位。

（四）陕西省各城市服务业发展条件排名

作为陕西省省会以及城市规模最大、经济发展水平最高的城市，西安的服务业发展条件指数远优于其他城市。西安的服务业发展产业条件指标 56.5 分，位居全省第一，表明其服务业发展的产业条件相对较好，其余城市的得分都低于全国平均水平。咸阳、宝鸡、榆林和渭南 4 个城市排在全省第 2 至第 5 位。汉中、安康、商洛、延安以及铜川等城市的服务业发展产业条件得分居全省最后 5 位，其中延安以及铜川位居全国服务业产业条件最差的 30 个城市。

西安的服务业投资条件也相对较好，得分 62.2 分，在陕西省的 10 个地级市中稳居首位，位于全国的第 14 位，排在全省第 2 位的咸阳得分 52.3 分，排在全省第 3 位的宝鸡得分 51.1 分，其余 7 个城市的服务业投资条件得分均低于全国平均水平。榆林、铜川、汉中、商洛和安康等 5 个城市的服务业投资条件在全省位列最后 5 位。

就服务业发展的人口条件看，西安、榆林和延安 3 市分别以 64.9、53.3 和 49.2 位列全省前 3 位，其中西安位于全国的第 33 位，其余城市的服务业发展人口条件得分都低于 50 分的全国平均水平。咸阳、汉中、渭南、安康以及商洛等 5 个城市位居陕西省最后 5 位，并且排在末尾的商洛进入到全国服务业发展人口条件最差的 30 个城市。

（五）陕西省各城市服务业发展环境排名

西安的服务业发展环境指数在陕西省较为领先。西安和延安的服务业发展教育环境指数得分依次为 68.1 和 52.0 分，分别居全省第 1、2 位，均高于全国平均水平，而其他城市这一指标的得分都低于 50 分。汉中、咸阳、铜川、渭南和榆林等城市位列最末 5 位，其中排在全省末尾的渭南和榆林都进入了中国城市服务业发展教育环境指数倒数前 30 位，分别排在 268 位和 282 位。

西安、宝鸡和铜川等城市的交通环境分别以 67.0、49.6、48.3 分依次排在全省前三位，其中西安居全国的第 15 位。咸阳、渭南、安康、汉中和商洛的交通环境指数得分分别为 45.3、45.0、43.7、41.9 和 41.4 分，居陕西省最末尾 5 位，汉中和商洛进入全国交通环境最低的 30 个城市。

西安和延安通信环境相对较好，分别以 64.2 和 50.5 分位居全省前两位，其中西安排在全国第 12 位，这表明西安的人均邮政业务总量、人均电信业务总量、固定电话年末用户数等指标在全省具有领先优势，其余城市的得分均低于全国平均水平。渭南、汉中、安康、咸阳和商洛的人均交通指标得分较低，位列最后 5 位。

西安的公共服务环境指数得分全省最高，达 58.2 分，居全国的第 44 位。陕西省的 10 个城市中，有西安、铜川、咸阳、宝鸡 4 个城市的公共服务环境指数高于全国平均水平的 50 分。延安、渭南和商洛三大城市位居全省最后 3 位。

西安的生活环境较好，以 84.0 分位居陕西省第 1 位，在全国排第 5 位。安康、铜川、榆林分别以 61.4、59.9 和 50.1 分位列第 2 至第 4 位，其余城市这一指数得分均低于 50 分。宝鸡、延安、渭南、咸阳和商洛等城市则位列全省最末位，其中咸阳和商洛分别排在全国第 260 位和 278 位，都进入全国生活环境最低的 30 个城市。

西安和铜川两个城市的社会保障指数相对较高，分别以 56.8 和 50.6 分位列全省前两位，其中西安居全国的第 38 位，这表明西安的城镇职工基本养老保险、基本医疗保险、失业保险参保情况良好，其余城市这一指数得分均低于 50 分。而汉中、渭南、榆林、安康和商洛等城市位列全省最后五位，并且安康和商洛都进入全国社会保障最低的 30 个城市。

三、陕西服务业发展的结论与建议

2015 年，除了西安服务业竞争力得分勉强及格外，其余城市的服务业竞争力都低于全国平均水平。从陕西省各个城市的服务业竞争力情况来看，陕西服务业有效供给不足，特色水平不高，产业竞争力不强。促进陕西服务业发展可从以下方面着力：

（一）通过发展特色旅游业提高发展活力

陕西要挖掘和发挥自身禀赋优势，高起点打造大秦岭生态旅游度假圈，培育黄河、渭河、汉江风情旅游带，发展森林公园、湿地公园、沙漠公园等特色旅游，强化"山水人文·大美陕西"整体品牌形象，坚持"丝绸之路起点""红色旅游""秦岭国家公园""秦岭与黄河对话"等品牌营销。同时，陕西还要发挥革命文化资源优势，大力发展红色旅游，改善延安投资活力与金融活力，大力发展住宿餐饮业、交通运输仓储和邮政业、金融业以及其他服务业，把延安建成"国际红都"和中国革命博物馆城。总之，陕西要提升旅游文化内涵与附加值，通过打造丝绸之路起点风情体验旅游走廊建设一批国内一流特色旅游目的地，由此增强服务业的发展活力，拉动其他服务业发展。

（二）提升服务业发展环境和发展条件

陕西要科学规划西安咸阳机场商业设施布局，加快建设西咸新区空港新城，开展航空物流、高端商贸等项目建设，打造环机场高端商业中心，推动西咸新区空港新城与西安国际港务区合作，优化服务业发展的通信物流环境与交通环境；同时，还需深化服务业改革开放，破除体制机制障碍，营造公平竞争环境。以西安国家级服务外包示范城市为核心，陕西要加快推动互联网向服务业全领域拓展，依托西安浐灞欧亚经济论坛永久会址、欧亚经济论坛综合园区和西安领事馆区，积极发展离岸金融业务，将西安打造成国内重要的离岸金融功能区，为陕西服务业发展营造良好的产业条件与投资条件。

第九节　甘肃省城市服务业竞争力报告2016

一、甘肃省社会经济与服务业发展总体情况

2015 年，甘肃的国内生产总值为 6790.3 亿元，比 2014 年增长 8.1%，其中服务业增加值为 3341.5 亿元，比 2014 年增长 9.6%，在国民经济中占49.2%，服务业对经济增长的贡献率达 57.4%，服务业在甘肃省国民经济发展中占据了重要地位。

表5－17　2015 年甘肃社会经济及服务业发展整体情况

项 目	数 据
土地面积	39 万平方公里
常住人口	2599.6 万人
GDP 及增长率	6790.3 亿元，8.1%
服务业增加值及占 GDP 比重	3341.5 亿元，49.2%
三次产业的比重	14.1:36.7:49.2
服务业从业人员数及占就业人数比	153.4 万人，58.6%

资料来源：根据《中国统计年鉴2016》数据计算所得。

通过计算可以得到，2015 年甘肃服务业增加值区位商为 1.04，这表明，与全国平均水平相比，甘肃服务业增加值比重相对较高，其服务业专业水平相对较高。甘肃的传统服务业包括住宿餐饮业以及其他服务业等这两个行业的区位商均大于 1，其数值分别为 1.33 与 1.28，这说明这两个服务业细分产

业的比重高于全国平均水平，其发展具有相对优势；批发和零售业，交通运输、仓储和邮政业，金融业以及房地产业的区位商值依次为 0.78、0.88、0.92 和 0.79，均明显小于 1，表明这 4 个行业处于相对劣势的地位。进一步分析 2015 年甘肃各产业的劳动生产率情况可以看到，2015 年，甘肃服务业劳动生产率为 21.8 万元/人，低于全国平均的 38.0 万元/人，其中仅有住宿和餐饮业的劳动生产率为 58.8 万元/人，高于全国行业平均水平。而批发和零售业，交通运输、仓储和邮政业，金融业，房地产业以及其他服务业等所有服务业细分行业的劳动生产率都低于全国的水平，尤其是交通运输仓储和邮政业，其劳动生产率为 21.9 万元/人，仅为全国平均水平的 18.1%。

二、甘肃省城市服务业竞争力分析

（一）甘肃各城市服务业竞争力排名

经计算可得到甘肃各城市服务业竞争力及一级指标排名如表 5-18 所示。

表 5-18 甘肃各城市服务业竞争力排行榜

排行	城市	竞争力	城市	发展水平	城市	发展活力	城市	发展条件	城市	发展环境
1	兰州	56.0	兰州	54.6	兰州	58.9	兰州	52.4	嘉峪关	68.1
2	嘉峪关	51.5	陇南	52.0	陇南	54.2	嘉峪关	47.6	兰州	56.6
3	酒泉	47.4	定西	49.9	嘉峪关	53.1	酒泉	47.5	金昌	51.0
4	陇南	47.2	酒泉	49.6	武威	52.8	金昌	45.4	张掖	46.6
5	武威	46.2	天水	49.1	天水	48.7	庆阳	44.7	酒泉	45.4
6	天水	45.9	张掖	47.5	平凉	48.0	张掖	43.9	平凉	43.4
7	张掖	45.9	武威	46.5	白银	47.3	白银	43.7	白银	42.3
8	平凉	45.3	庆阳	46.5	定西	46.3	平凉	43.3	庆阳	40.3
9	定西	45.1	平凉	46.3	酒泉	46.2	武威	43.1	武威	40.1
10	庆阳	44.6	白银	45.3	庆阳	46.1	天水	42.9	天水	40.1
11	白银	44.6	嘉峪关	44.7	张掖	45.9	定西	42.5	定西	38.0
12	金昌	44.2	金昌	41.3	金昌	44.5	陇南	41.2	陇南	34.6

从表5－18的数据可以看到，2015年，甘肃城市服务业竞争力排名中，兰州的服务业竞争力得分为56.0分，在全省中位居第一，高于全国平均的50分水平线，在全国范围内排名第39位。其余11个城市的竞争力得分除了嘉峪关51.5分以外，剩余10个城市均低于全国的平均水平。特别是庆阳、白银和金昌等3个城市的服务业竞争力得分依次为44.6分、44.6分和44.2分，都进入到服务业竞争力排名的最后30位。

在服务业竞争力指数的一级指标中，发展水平一级指标衡量的是各城市服务业发展现状水平，兰州和陇南的得分分别为54.6分与52.0分，都超过了全国平均水平的50分线，依次排在全国第41位和第63位。而其余10个城市这一指标的得分均低于全国平均水平的50分线。特别是金昌这一指标的得分为41.3分，进入到服务业发展水平排名的最后30位，排在全国第283位。

从服务业发展活力来看，甘肃省这12个城市中有兰州、陇南、嘉峪关以及武威等4个城市的服务业发展活力高于全国平均水平，其得分分别为58.9、54.2、53.1以及52.8分，并且分别在全国排在第19位、第44位、第56位与第61位。在甘肃这12个城市中排在末尾的3位的分别是庆阳、张掖和金昌。

服务业发展条件这个一级指标衡量各城市服务业发展的基础和潜力，可以看到，兰州这一指标得分为52.4分，在全国居第65位。甘肃其余11个城市这一指标的得分均低于全国平均水平的50分线。特别是白银、平凉、武威、天水、定西以及陇南等6个城市分别排在全省中倒数后6位，并且都进入了到全国城市服务业发展条件排名的最后30位。

嘉峪关的服务业发展环境这一指标得分为68.1分，在全国排名第14位，远远高于甘肃其他11个城市。此外，兰州和金昌这两个城市的得分分别为56.6分和51.0分，其余9个城市这一指标的得分都低于全国平均水平。而庆阳、武威、天水、定西和陇南等5个城市的得分分别为40.3分、40.1分、40.1分、38.0分和34.6分，依次排在甘肃倒数后5位，并且都进入到全国城市服务业发展环境排名的最后30位。

（二）甘肃各城市服务业发展水平排名

兰州的服务业发展总量水平指数得分为50.4分，在全国范围内排名第70位，其余城市的总量水平均都低于全国50分的平均水平，其中张掖、武威、金昌以及嘉峪关等4个城市的服务业发展总量水平排名位居甘肃的最后4位，并且都进入到全国城市服务业发展水平排名的最后30位。

在比重水平这一指标方面，陇南、定西、兰州以及天水等4个城市的服务业比重水平得分分别是72.6分、71.1分、68.3分与66.1分，都高于60分，分别在全国排在第10位、第13位、第18位和第22位。此外，张掖、酒泉、平凉、武威以及白银等城市的比重水平这一指标得分都高于全国平均水平。嘉峪关和金昌这两个城市的比重水平得分依次为35.9分和30.9分，低于全国平均水平，并且都进入到全国城市服务业比重水平排名的最后30位。

在甘肃城市服务业生产率水平指数中，兰州的得分为51.7分，在全国排在第93位，而甘肃其余11个城市的得分都低于全国平均水平。其中金昌、张掖、定西、天水、白银和平凉等6个城市的得分依次为38.9分、38.0分、37.6分、37.6分、37.0分和36.4分，分别排在甘肃倒数后6位，并且都进入到全国城市服务业生产率水平排名的最后30位。

（三）甘肃各城市服务业发展活力排名

兰州的服务业发展规模活力在甘肃具有相对优势，以52.6分居全省首位，在全国排第48位。同时，嘉峪关的城市服务业发展规模活力得分为50.0分，与全国平均水平持平。而定西和庆阳等两个城市的服务业发展规模活力不仅均低于全国平均水平，而且进入了全国服务业发展规模活力最低的30个城市。

在服务业发展比重活力方面，甘肃这12个城市的得分有6个都高于全国平均水平。其中陇南、平凉和嘉峪关等3个城市的得分分别以77.1分、65.2分和59.3分位居全省前3位，远高于全国平均水平，其中陇南进入了全国288个城市中比重活力最强的30个城市，排在全国第10位，但是没有城市进入全国服务业发展比重活力的最末30位的城市。

在服务业生产率活力这一指标方面，嘉峪关、武威以及兰州等 3 个城市的得分高于全国平均水平，其得分分别为 82.1 分、55.8 分和 51.3 分，其中在甘肃排第 1 名的嘉峪关在全国排第 8 名。特别是，酒泉和金昌这两个城市在服务业生产率活力这一指标得分方面都进入了全国服务业发展生产率活力的最末 30 位的城市。

在城市服务业投资活力指数方面，兰州的得分为 71.8 分，远高于全国平均水平以及甘肃其余 11 个城市，排在全国第 7 位。甘肃其余 11 个城市这一指标的得分都低于全国平均水平，但是没有城市进入全国服务业发展投资活力的最末 30 位。

在服务业的消费活力这一指标方面，甘肃这 12 个城市中有 6 个城市的得分高于全国平均水平，其中兰州、嘉峪关和陇南的得分分别为 70.3 分、70.2 分与 65.5 分，在全国分别排在第 16 位、第 17 位与第 24 位。而其余 6 个城市这一指标都低于全国平均水平。特别是，金昌在服务业消费活力这一指标得分为 40.3 分，进入了全国服务业发展消费活力的最末 30 位的城市。

在金融活力这一指标方面，甘肃这 12 个城市的服务业发展金融活力指数得分有一半高于或等于全国平均水平，庆阳、兰州和定西这一指标的得分分别为 52.9 分、52.4 分和 51.3 分，其中庆阳居全国第 25 位。而白银、金昌和嘉峪关 3 个城市这一指标的得分则分别为 47.8 分、47.8 分和 43.1 分，依次排在甘肃省倒数后 3 位，并且嘉峪关进入了全国服务业发展金融活力的最末 30 位的城市，排在全国第 288 位。

（四）甘肃各城市服务业发展条件排名

在服务业发展的产业条件方面，甘肃省这 12 个城市的得分均低于全国平均水平，其中兰州、天水和酒泉的得分分别为 49.2 分、45.8 分与 45.7 分，依次排在全省前 3 位，其中兰州在全国排在第 97 位。此外，张掖、金昌、定西、嘉峪关、白银、陇南、庆阳以及平凉等 8 个城市的服务业发展产业条件指标得分分别低于全国平均水平，而且都进入了全国服务业产业条件最差的 30 个城市当中。

在服务业投资条件方面，甘肃这 12 个城市的这一指标得分均低于全国平均水平。其中排在全省第 1 位的兰州得分为 49.0 分，在全国排在第 119 位。

特别是定西、嘉峪关、金昌、白银和张掖这 5 个城市这一指标的得分不仅依次排在甘肃倒数后 5 位，而且都位居全国服务业投资条件最差的 30 个城市。

就服务业发展的人口条件看，兰州、嘉峪关和酒泉等 3 个城市的服务业发展产业条件指标得分分别是 62.2 分、57.6 分和 50.1 分，均高于全国平均水平，其中兰州在全国排在第 37 名，而其余城市的服务业发展产业条件得分都低于全国平均水平。表明兰州的服务业在人口条件方面具有明显优势。特别是，武威、天水、定西和陇南等 4 个城市的这一指标的得分都位居全国服务业人口条件最差的 30 个城市，在全国分别排在第 270 位、第 279 位、第 281 位与第 288 位。

（五）甘肃各城市服务业发展环境排名

嘉峪关的服务业发展环境指数在甘肃明显领先。兰州的服务业发展教育环境指数得分为 68.5 分，在全国排在第 19 名，表明兰州在服务业发展教育环境这一指标方面具有明显的优势。此外，嘉峪关这一指标的得分为 54.1 分，位居甘肃省这 12 个城市第 2 位，其余 10 个城市这一指标的得分都低于 50 分的全国平均水平，其中陇南、定西、白银和武威等这 4 个城市的得分分别为 41.5 分、41.1 分、40.1 分和 38.9 分，不仅在甘肃这 12 个城市中排在倒数后 4 位，而且都位居全国服务业教育环境最差的 30 个城市。

嘉峪关、兰州和金昌的交通环境分别以 73.8 分、62.6 分以及 50.6 分依次排在全省前 3 位，其中嘉峪关和兰州分别居全国第 7 位与第 20 位，其余城市均低于全国平均水平。特别平凉、定西和陇南等 3 个城市的交通环境指标得分都位居全国服务业交通环境最差的 30 个城市。

嘉峪关的通信环境指标得分为 64.2 分，排在全国第 13 位．此外，兰州、张掖和金昌这一指标的得分分别为 52.8 分、52.3 分、50.9 分，都高于全国平均水平。其余 8 个城市的这一指标得分均低于全国平均水平，表明嘉峪关在服务业发展的通信环境方面在甘肃具有明显优势。特别是，陇南和定西这两个城市的通信环境得分不仅依次排在全省最后 2 位，而且都位居全国服务业通信环境最差的 30 个城市。

嘉峪关的公共服务环境指数得分为 71.8 分，居全国的第 11 位，此外金昌、兰州和张掖等 3 个城市这一指标得分分别为 63.3 分、56.1 分和 52.1 分，也都高于全国平均水平，其中金昌排在全国第 28 位。其余城市这一指标的得分均低于全国平均水平的 50 分。其中定西、天水和陇南等 3 个城市这一指标的得分依次为 37.7 分、33.5 分和 28.3 分，均进入全国公共服务环境最低的 30 个城市。

嘉峪关这一指标的得分为 56.8 分，在全国排 70 位，其余 11 个城市的得分都低于全国平均水平。而平凉、武威、天水、白银、定西、庆阳、兰州和陇南等 8 城市这一指数得分都进入了全国生活环境最低的 30 个城市，其中陇南排在全国第 288 位。

在社保环境这一指标方面，嘉峪关、兰州和金昌等 3 个城市的社会保障指数得分分别为 61.3 分、52.1 分和 51.8 分，均高于全国平均水平，其中嘉峪关居全国的第 26 位，表明嘉峪关的城镇职工基本养老保险、基本医疗保险、失业保险参保情况在这 12 个城市中相对较好，其余城市这一指数得分均低于 50 分。特别是武威、平凉、庆阳、天水、定西和陇南等 6 个城市均进入全国社保环境最低的 30 个城市，其中陇南排在全国第 288 位。

三、甘肃省服务业发展的结论与建议

2015 年，甘肃 12 个城市没有一个进入全国服务业竞争力最强的 30 个城市当中，服务业整体发展水平偏低，服务业的发展条件与发展环境相对落后，制约了服务业的较快发展。从甘肃各个城市的服务业竞争力情况来看，促进其服务业发展可从以下方面着力：

（一）优化服务业的发展环境

甘肃要提升货物运输服务水平，打造经济高效、安全可靠的货运物流系统，提升旅客运输服务水平，形成统筹城乡、衔接紧密的客运服务网络，提高运输能力，降低物流成本。同时，甘肃还应加快推进兰州、嘉峪关、敦煌三大国际空港和兰州、天水、武威三大陆港建设，推进铁陆航多式联运。位处西部的嘉峪关要主动融入国家和全省丝绸之路经济带战略布局，努力建设嘉峪关国际航空口岸和空港物流园，形成东西联动的交通运输布局，全方位改善服务业的发展环境。

（二）改善服务业发展条件

甘肃要加快发展科技金融、民生金融、融资租赁、第三方支付、网络金融、移动金融等金融新业态，优化服务业融资条件；发挥河西走廊的战略通道优势、与中亚西亚联系密切的人文优势，构建"一中心四枢纽五节点"的现代物流发展格局，打造空港物流园区和陆路货物集散中心，形成服务全国、面向"一带一路"的物流集散中枢和纽带，改善产业发展条件；加快兰州新区综合保税区、武威保税物流中心、庆阳综合物流保税中心建设，省会兰州还应依托兰州国际陆港和兰州铁路口岸大力发展国际贸易和现代物流，改善甘肃服务业投资条件。

第十节　青海省城市服务业竞争力报告 2016

一、青海省社会经济与服务业发展总体情况

2015 年，青海的国内生产总值为 2911.8 亿元，比 2014 年增长 8.0%，其中服务业增加值为 1000.8 亿元，比 2014 年增长 8.6%，在国民经济中占 41.4%，服务业对经济增长的贡献率达 43.3%，服务业在青海省国民经济发展中占据了重要地位。

表 5 – 19　2015 年青海社会经济及服务业发展整体情况

项　目	数　据
土地面积	72 万平方公里
常住人口	588.4 万人
GDP 及增长率	2911.8 亿元，8.0%
服务业增加值及占 GDP 比重	1000.8 亿元，41.4%
三次产业的比重	8.6∶50.0∶41.4
服务业从业人员数及占就业人数比	37.6 万人，59.9%

资料来源：根据《中国统计年鉴 2016》数据计算所得。

通过计算可以得到，2015年青海服务业增加值区位商为0.88，这表明，与全国平均水平相比，青海服务业增加值比重相对较低，其服务业专业水平没有达到全国平均水平。青海的传统服务业只有金融业这个行业的区位商大于1，其数值为1.29，这说明这个服务业细分产业的比重高于全国平均水平，其发展具有相对优势；批发和零售业、交通运输仓储和邮政业、餐饮业、房地产业以及其他服务业的区位商值依次为0.67、0.81、0.82、0.48和0.96，均明显小于1，表明这5个行业处于相对劣势的地位。

进一步分析2015年青海各产业的劳动生产率情况可以看到，2015年，青海服务业劳动生产率为26.6万元/人，低于全国平均的38.0万元/人，其中住宿餐饮业和金融业的劳动生产率分别为73.1万元/人与98.0万元/人，高于全国行业平均水平。而批发和零售业、交通运输仓储和邮政业、房地产业以及其他服务业等所有服务业细分行业的劳动生产率都低于全国的水平，尤其是交通运输仓储和邮政业，其劳动生产率为21.2万元/人，仅为全国平均水平的17.5%。

二、青海省城市服务业竞争力分析

（一）青海各城市服务业竞争力排名

经计算可得到青海各城市服务业竞争力及一级指标排名如表5-20所示。

表5-20 青海各城市服务业竞争力排行榜

排行	城市	竞争力	城市	发展水平	城市	发展活力	城市	发展条件	城市	发展环境
1	西宁	51.4	西宁	50.6	西宁	48.7	西宁	48.7	西宁	60.5
2	海东	46.0	海东	47.4	海东	48.5	海东	44.6	海东	42.3

从表5-20的数据可以看到，2015年，青海城市服务业竞争力排名中，西宁的服务业竞争力得分为51.4分，在全省中位居第一，高于全国平均的50分水平线，在全国范围内排名第74位。而海东的城市服务业竞争力低于全国的平均水平，在全国排在第217位。

在服务业竞争力指数的一级指标中，发展水平一级指标衡量的是各城市服务业发展现状水平，西宁这一指标的得分为 50.6 分，略微超过全国平均水平的 50 分线，排在全国第 93 位。而海东这一指标的得分为 47.4 分，低于全国平均水平的 50 分线，排在全国第 180 位。

从服务业发展活力来看，青海省的西宁和海东这 2 个城市的服务业发展活力都低于全国平均水平，其得分分别为 48.7 以及 48.5 分，并且分别在全国排在第 159 位与第 171 位。

服务业发展条件这个一级指标衡量各城市服务业发展的基础和潜力，可以看到，青海省的西宁和海东这 2 个城市的得分也均低于全国平均水平，依次为 48.7 分和 44.6 分，在全国分别排在第 105 位和第 242 位，但是都没有进入全国城市服务业发展条件排名的最后 30 位。

西宁的服务业发展环境这一指标得分为 60.5 分，明显高于全国平均水平，在全国排名第 38 位。海东的得分为 42.3 分，低于全国平均水平，在全国排名第 256 位。

（二）青海各城市服务业发展水平排名

西宁和海东这两个城市的服务业发展总量水平指数得分都低于全国平均水平，依次为 48.7 分与 47.5 分，在全国范围内分别排名第 140 位和第 280 位，并且海东进入到全国城市服务业发展水平排名的最后 30 位。

在比重水平这一指标方面，西宁与海东这两个城市的服务业比重水平得分分别是 60.5 分与 57.6 分，都高于全国平均水平，分别在全国排在第 43 位和第 59 位。这表明青海省的西宁与海东这两个城市在比重水平这一指标方面表现得相对要好一些。

在青海城市服务业生产率水平指数中，西宁和海东两个城市的得分都低于全国平均水平，依次为 47.0 分和 39.8 分，在全国分别排在第 145 位和第 254 位，但是都没有进入到全国城市服务业生产率水平排名的最后 30 位。

（三）青海各城市服务业发展活力排名

西宁与海东这两个城市的服务业发展规模活力得分都低于全国平均水平，分别为 49.7 分与 47.3 分，在全国依次排第 97 位及第 218 位，但是都没有进入全国服务业发展规模活力最低的 30 个城市。

在服务业发展比重活力方面，海东与西宁青海这 2 个城市的得分分别为 47.8 分和 46.5 分，都低于全国平均水平，在全国依次排第 162 位及第 176 位，但是它们没有城市进入全国服务业发展比重活力的最末 30 位的城市。

在服务业生产率活力这一指标方面，海东与西宁这两个城市的得分都低于全国平均水平，其得分分别为 49.9 分和 44.9 分，在全国依次排第 136 位及第 178 位，但是这两个城市的这一指标得分方面都没有进入全国服务业发展生产率活力的最末 30 位的城市。

在城市服务业投资活力指数方面，海东的得分为 56.7 分，高于全国平均水平，排在全国第 66 位。而西宁的这一指标得分为 49.4 分，低于全国平均水平，在全国排第 188 位，但是没有城市进入全国服务业发展投资活力的最末 30 位。

在服务业的消费活力这一指标方面，西宁和海东这 2 个城市的得分分别为 46.8 分和 44.6 分，都低于全国平均水平，在全国依次排第 171 位及第 207 位，但是没有进入全国服务业发展消费活力的最末 30 位的城市。

在金融活力这一指标方面，海东和西宁这 2 个城市的服务业发展金融活力指数得分都高于全国平均水平，分别为 51.1 分和 50.3 分，在全国依次排第 59 位及第 93 位，并且这两个城市都没有进入全国服务业发展金融活力的最末 30 位的城市。

（四）青海各城市服务业发展条件排名

在服务业发展的产业条件方面，青海这 2 个城市的得分均低于全国平均水平，西宁和海东这个指标的得分分别为 47.0 分与 45.4 分，在全国依次排第 180 位及第 264 位，其中海东进入了全国服务业产业条件最差的 30 个城市当中。

在服务业投资条件方面，西宁和海东这两个城市的这一指标得分均低于全国平均水平，其得分分别为 47.4 分与 44.9 分，在全国依次排第 162 位及第 257 位，但是它们都未进入全国服务业投资条件最差的 30 个城市。

就服务业发展的人口条件看，西宁的服务业发展产业条件指标得分是 54.3 分，高于全国平均水平，在全国排在第 67 名。而海东的服务业发展产业条件得分为 45.5 分，低于全国平均水平，在全国排在第 169 名。这两个城市在这一指标方面都未进入全国服务业人口条件最差的 30 个城市。

（五）青海各城市服务业发展环境排名

西宁的服务业发展环境指数在青海具有明显的领先地位。西宁的服务业发展教育环境指数得分为 59.0 分，在全国排在第 37 名，表明西宁在服务业发展教育环境这一指标方面在青海具有明显的相对优势。海东这一指标的得分为 48.6 分，低于 50 分的全国平均水平，在全国排在第 123 名，没有进入全国服务业教育环境最差的 30 个城市。

西宁的交通环境得分为 67.1 分，明显高于全国平均水平，居全国 14 位，进入到了全国服务业交通环境最强的 30 个城市。而海东的交通环境得分为 47.4 分，低于全国平均水平，在全国排在第 272 位，并且进入全国服务业交通环境最差的 30 个城市。

在通信环境指标这一指标方面，西宁的通信环境指标得分为 56.3 分，高于全国平均水平，并且排在全国第 44 位。而海东这一指标的得分为 43.5 分，明显低于全国平均水平，排在全国第 272 位，进入了全国服务业通信环境最差的 30 个城市。

西宁的公共服务环境指数得分为 63.0 分，明显高于全国平均水平，居全国的第 30 位，进入到了全国服务业公共服务环境最强的 30 个城市。海东这一指标得分为 40.6 分，低于全国平均水平，在全国居第 241 位，没有进入全国公共服务环境最低的 30 个城市。

西宁这一指标的得分为 60.9 分，高于全国平均水平，在全国排 36 位。海东这一指数得分为 38.3 分，低于全国平均水平，在全国排在第 255 位，但是没有进入全国生活环境最低的 30 个城市。

在社保环境这一指标方面，西宁和海东这两个城市的社会保障指数得分分别为 47.1 分和 42.1 分，均低于全国平均水平，在全国依次排第 157 位及第 281 位，其中海东进入了全国社保环境最低的 30 个城市。

三、青海省服务业发展的结论与建议

尽管青海省只有西宁和海东这两个城市入选全国地级市的服务业分析范畴，但是它们反映出青海省城市服务业竞争力水平整体偏低的现实，特别是

青海交通运输供给总量偏小、运输服务水平和效率较低、区域城乡发展差距大。从青海服务业竞争力情况来看，促进其服务业发展可从以下方面着力：

（一）改善交通运输环境

以原国家高速公路剩余路段和新增国家高速省际通道为重点，青海需稳步推进高速公路建设。一方面，青海应加快 G6 扎麻隆至倒淌河等原国家高速公路剩余路段建设，全面加强联系周边区域的省际通道建设，继续实施 G0615 花石峡经大武至久治、G0613 共和至玉树段改建工程，有序推进甘青川通道 G0611 扁都口至克图和同仁至赛尔龙，与周边区域形成 5 个高速公路出口。另一方面，青海要适应东部城市群发展的需求，积极推进西宁至塔尔寺等建成时间较早、运力日趋紧张的高速公路路段扩容改造，贯彻落实"精准扶贫"要求，以集中连片特困地区和藏区为主战场，兜住底线、全面实现具备条件的剩余乡镇和建制村通硬化路。

（二）通过做强旅游支柱产业提升服务业发展的整体水平

青海要增强旅游综合服务能力，建立旅游投融资平台，持续打造大美青海，着力构建"一圈三线三廊道三板块"旅游发展格局；发展全域化、全季节旅游，推进旅游与民族风情结合，丰富旅游专项活动，促进青海旅游由"旅长游短"向"快进慢游"转变、由观光向观光—休闲—度假并重转变。在西宁—海东一体化发展的格局中，青海需做强西宁文旅产业，做好海东特色小镇的规划和开发建设，打造玉树高原旅游小镇，将海西州打造成青海省自驾游旅游示范州，开辟全域旅游发展新路径，全面提升青海旅游业乃至服务业的整体发展水平和竞争力。

第十一节　宁夏回族自治区城市服务业竞争力报告2016

一、宁夏自治区社会经济与服务业发展总体情况

2015 年，宁夏的国内生产总值为 2911.8 亿元，比 2014 年增长 8.0%，其

中服务业增加值为 1294.4 亿元，比 2014 年增长 7.9%，在国民经济中占 44.5%，逼近第二产业的占比，服务业对经济增长的贡献率达 44.5%，服务业在宁夏国民经济发展中占据了重要地位。

表5 – 21　2015 年宁夏社会经济及服务业发展整体情况

项　　目	数　　据
土地面积	7 万平方公里
常住人口	668 万人
GDP 及增长率	2911.8 亿元，8.0%
服务业增加值及占 GDP 比重	1294.4 亿元，44.5%
三次产业的比重	8.1:47.4:44.5
服务业从业人员数及占就业人数比	44.1 万人，60.3%

资料来源：根据《中国统计年鉴2016》数据计算所得。

通过计算可以得到，2015 年宁夏服务业增加值区位商仅为 0.95，这表明，与全国平均水平相比，宁夏服务业增加值比重相对较低，服务业专业水平有待进一步提升。宁夏的传统服务业仅有交通运输仓储和邮政业，其他服务业的区位商均大于1，其数值分别为 1.25 与 1.13，这说明这两个服务业细分产业的比重高于全国平均水平，其发展具有相对优势；而批发零售业、餐饮业、金融业以及房地产业的区位商值依次为 0.59、0.76、0.85 和 0.67，均小于1，表明它们处于相对劣势的地位。

进一步分析2015 年宁夏各产业的劳动生产率情况可以看到，2015 年，宁夏服务业劳动生产率为 29.4 万元/人，低于全国平均的 38.0 万元/人，其中住宿和餐饮业的劳动生产率为 75.8 万元/人，高于全国平均的 45.1 万元/人，而批发和零售业、交通运输仓储和邮政业、金融业、房地产业以及其他服务业等所有服务业细分行业的劳动生产率都低于全国的水平，尤其是交通运输仓储和邮政业，其劳动生产率为 53.2 万元/人，仅为全国平均水平的 44.0%。宁夏大部分服务业细分行业的劳动生产率都低于全国的水平的情况表明其整体服务业发展水平有待进一步提高。

二、宁夏自治区城市服务业竞争力分析

(一) 宁夏各城市服务业竞争力排名

经计算可得到宁夏各城市服务业竞争力及一级指标排名如表5－22所示。

表5－22　宁夏各城市服务业竞争力排行榜

排行	城市	竞争力	城市	发展水平	城市	发展活力	城市	发展条件	城市	发展环境
1	银川	54.7	银川	51.7	银川	54.9	银川	50.7	银川	64.4
2	固原	46.0	固原	51.0	吴忠	45.7	石嘴山	46.0	石嘴山	53.1
3	中卫	44.9	中卫	48.0	固原	45.5	吴忠	45.3	吴忠	43.9
4	石嘴山	44.6	石嘴山	44.6	中卫	44.7	固原	43.5	中卫	43.0
5	吴忠	44.3	吴忠	43.9	石嘴山	39.6	中卫	43.3	固原	41.2

从表5－22的数据可以看到，2015年，宁夏城市服务业竞争力排名中，银川、固原、中卫、石嘴山以及吴忠等5个城市的服务业竞争力得分依次为54.7分、46.0分、44.9分、44.6分和44.3分，除了银川高于全国平均的50分水平线外，固原、中卫、石嘴山以及吴忠等4个城市的得分均低于全国平均水平。这一结果表明银川的服务业竞争力在宁夏具有领先地位，在全国范围内排名第48位。然而石嘴山以及吴忠的竞争力分别排在全国第264位和第269位，在全国288个地级及以上城市中均进入到最后30位。

在服务业竞争力指数的一级指标中，发展水平一级指标衡量的是各城市服务业发展现状水平，银川、固原、中卫、石嘴山以及吴忠的得分分别为51.7、51.0、48.0、44.6和43.9分，其中只有银川和固原的得分超过了全国平均水平的50分线，并且银川排在全国第69位。石嘴山以及吴忠的城市服务业发展水平进入到服务业发展水平排名的最后30位。

从服务业发展活力来看，宁夏5个城市的发展活力指数均低于60分，银川、吴忠、固原、中卫以及石嘴山的5个城市的发展活力得分依次为54.9、45.7、45.5、44.7及39.6分，而银川的服务业发展活力排在全国第34位。

其中石嘴山进入到全国城市服务业发展活力排名的最后 30 位，排在 280 名。

服务业发展条件这个一级指标衡量各城市服务业发展的基础和潜力，可以看到，银川、石嘴山、吴忠、固原以及中卫这一指标得分依次为 50.7、46.0、45.3、43.5 及 43.3 分，其中银川在全国居第 80 位。其中固原和中卫的服务业发展条件得分在全国 288 个地级及以上城市服务业发展条件得分排名中依次排在第 264 位和 267 位。

宁夏的银川、石嘴山、吴忠、中卫以及固原的服务业发展环境指标得分分别为 64.4、53.1、43.9、43.0 和 41.2 分，其中银川在全国排名第 26 位，而固原的服务业发展环境得分排在全国第 269 位，进入到全国城市服务业发展环境排名的最后 30 位。

（二）宁夏各城市服务业发展水平排名

银川服务业发展总量水平指数得分 50.6 分，在全国范围内排名第 55 位，其余城市的总量水平均都低于全国 50 分的平均水平，并且吴忠、石嘴山、固原以及中卫等 4 个城市均进入到全国城市服务业发展总量水平排名的最后 30 位，这表明宁夏服务业集聚发展的态势相对明显。

由于城镇单位就业人员数中服务业就业人员比重较高，固原市的服务业比重水平最高达 79.1 分，银川市的服务业比重水平也达 65.8 分，居自治区第 2 位，并且固原和银川分别排在全国第 9 位和第 24 位。中卫以 60.5 分排在全省第 3 位，其余城市的比重水平均低于全国平均水平。

在宁夏城市服务业生产率水平指数中，这 5 个城市的得分均低于全国平均水平。其中银川最高，为 41.6 分，居全国第 231 名。而固原和吴忠的服务业生产率水平位居自治区最末两位，并且都进入了全国服务业生产率水平最低的 30 个城市，依次排在全国第 284 位与第 286 位。

（三）宁夏各城市服务业发展活力排名

银川市的服务业发展规模活力在宁夏具有相对优势，以 51.9 分居全省首位，在全国排第 54 位。其余城市服务业发展规模活力均低于全国平均水平，集中分布在 47—48 分左右，其中石嘴山、吴忠和中卫这 3 个城市在整个自治区 5 个城市的服务业发展规模活力得分排名中位居倒数 3 位，并且都排在全国 200 名开外，但是都没有位居全国服务业发展规模活力最低的 30 个城市。

在服务业发展比重活力方面，固原、银川、中卫、吴忠以及石嘴山等 5 个城市的得分依次为 51.3、49.5、45.6、43.2 以及 32.9 分，仅有固原得分高于全国平均水平，并且在全国 288 个城市中排名第 125 名。而石嘴山进入了全国服务业发展比重活力最低的 30 个城市，排在全国第 262 名。

吴忠的服务业生产率提升较快，其服务业发展生产率活力指数得分为 58.3 分，居宁夏第 1 位，银川、固原、石嘴山和中卫的得分依次为 39.9、38.7、36.3 以及 24.1 分，都远远低于全国平均水平。特别是中卫的服务业生产率得分 24.1 分，在全国排在 283 位，是全国服务业发展生产率活力的最末 30 位城市之一。

在城市服务业投资活力指数方面，银川、吴忠、固原、中卫以及石嘴山等 5 个城市依次得分为 51.1、48.5、45.3、38.5 以及 31.9 分，其中只有银川高于全国平均水平，而石嘴山的城市服务业投资活力位居这 5 个城市倒数第一，进入了全国服务业发展生产率活力的最末 30 位城市，并且排在全国第 260 名。

银川、吴忠、固原、中卫以及石嘴山的城市服务业发展的消费活力指数分别为 68.5、40.7、38.8、37.7 和 36.3 分，其中只有银川高于全国平均水平，并且排在全国第 21 位。剩余吴忠、固原、中卫以及石嘴山等 4 个城市的消费活力指数得分则远远低于全国平均水平，并且固原、中卫以及石嘴山均位居全国服务业发展消费活力的最末 30 位。

宁夏服务业发展金融活力指数最高的中卫得分 52.9 分，居全国第 27 位，此外银川、固原、吴忠和石嘴山等 4 个城市的金融活力指数得分依次为 50.8、49.7、49.0、45.3 分，其中石嘴山位居全国服务业发展金融活力的最末 30 位，在全国排在第 279 位。

（四）宁夏各城市服务业发展条件排名

作为宁夏省会以及城市规模最大、经济发展水平最高的城市，银川的服务业发展条件指数明显要优于其他城市。银川的服务业发展产业条件指标 47.4 分，位居全自治区第一，吴忠、石嘴山、中卫以及固原等 4 个城市的得分依次为 45.8、45.7、45.4、45.0 分，并且宁夏这 5 个城市的服务业发展产业条件得分都低于全国平均水平。特别是中卫和固原两个城市的服务业发展产业条件得分居全省最后两位，并且双双位居全国服务业产业条件最差的 30 个城市。

银川、吴忠、石嘴山、固原以及中卫等 5 个城市的服务业投资条件得分均低于全国平均水平，依次为 48.6、45.5、44.8、43.7、43.6 分。其中，石嘴山、固原以及中卫等城市位居全国服务业投资条件最差的 30 个城市。

就服务业发展的人口条件看，西银川和石嘴山的服务业人口条件相对较好，得分分别为 59.3 分和 50.7 分，均高于全国平均水平。而吴忠、固原以及中卫等 3 个城市的服务业人口条件得分均低于全国平均水平，依次为 46.9、43.9、42.7 分，但是没有城市进入到全国服务业发展人口条件最差的 30 个城市。

（五）宁夏各城市服务业发展环境排名

银川的服务业发展环境指数在宁夏明显领先。银川和石嘴山的服务业发展教育环境指数得分依次为 62.6 和 51.3 分，分别居全自治区第 1、2 位，均高于全国平均水平，而固原、吴忠以及中卫等其他 3 个城市这一指标的得分依次为 49.8、47.6、47.4 分，都低于 50 分的全国平均水平。

银川和石嘴山两个城市的交通环境分别以 62.0、58.0 分依次排在全自治区前两位，其中银川居全国的第 22 位。而吴忠、中卫和固原等 3 个城市的交通环境指标得分均低于全国平均水平，分别为 47.5、47.5 和 46.8 分。

银川的通信环境相对较好，这一指标得分为 60.7 分，排在全国第 20 位，这表明银川的人均邮政业务总量、人均电信业务总量、固定电话年末用户数等指标在全省具有领先优势。然而宁夏其余城市通信环境的得分均低于全国平均水平。

银川的公共服务环境指数得分全自治区最高，达 71.8 分，居全国的第 10 位。排在宁夏自治区第 2 位的石嘴山的公共服务环境指数得分为 57.1 分，高于全国平均水平的 50 分。而排在宁夏末尾两位的中卫和固原的得分依次为 35.5 分和 34.2 分，均进入全国公共服务环境最低的 30 个城市。

银川的生活环境以 51.8 分位居宁夏自治区第 1 位，在全国排第 117 位，其余城市这一指数得分均低于 50 分，其中吴忠和固原分别排在全国第 266 位和 276 位，都进入全国生活环境最低的 30 个城市。

银川和石嘴山两个城市的社会保障指数相对较高，分别以 57.6 和 53.0

分位列宁夏前两位，其中银川居全国的第 36 位，这表明银川的城镇职工基本养老保险、基本医疗保险、失业保险参保情况相对较好，其余城市这一指数得分均低于 50 分。

三、宁夏自治区服务业发展的结论与建议

宁夏服务业发展竞争力水平整体不高，地区间发展差距较大。银川的服务业竞争力以及服务业发展水平、发展活力、发展条件和发展环境都远高于其他城市。从宁夏各个城市的服务业竞争力当前情况来看，其服务业发展可从以下方面着力：

（一）通过优化服务业空间布局促进服务业发展

宁夏需在大银川都市区和固原、中卫中心城区形成以服务经济为主的产业结构，打造以银川市为中心的宁夏现代服务业核心区；发挥固原良好的自然和人文优势以及中卫"西大门"的区域优势，加快形成固原、中卫功能互补、特色凸显的服务业发展极；以贺兰山东麓、黄河金岸等服务标准化示范区和品牌建设示范区为依托，完善沙漠、民俗等旅游类型的服务标准体系。总之，宁夏应致力于打造"一核两极一带多区"的服务业空间布局，提升服务业的发展水平和国际影响力。

（二）通过发展农业生产性服务业增强服务业竞争力

宁夏一方面要坚持特色产业和高品质、高端市场、高效益这"一特三高"的现代农业发展方向，聚焦优质粮食和草畜、蔬菜、枸杞、葡萄"1＋4"特色优势产业；另一方面，宁夏需全面构建农业生产性服务体系，进一步强化公益性服务，壮大经营性服务，加快发展休闲农业，推动农业功能拓展和产业链、价值链升级，实现三次产业深度融合。此外，宁夏还需加快打造黄河金岸都市休闲农业带、贺兰山东麓葡萄文化休闲农业带、毛乌素沙漠西缘草原风情休闲农业带、环六盘山生态休闲农业带，通过充分挖掘与发挥宁夏在农业方面的独特优势增强服务业竞争力。

第十二节 新疆维吾尔自治区城市服务业竞争力报告2016

一、新疆自治区社会经济与服务业发展总体情况

2015年，新疆的国内生产总值为9324.8亿元，比2014年增长8.8%，其中服务业增加值为4169.3亿元，比2014年增长8.8%，在国民经济中占44.7%，服务业对经济增长的贡献率达57.8%，服务业在新疆国民经济发展中占据了重要地位。

表5-23 2015年新疆社会经济及服务业发展整体情况

项　目	数　据
土地面积	160万平方公里
常住人口	2360万人
GDP及增长率	9324.8亿元，8.8%
服务业增加值及占GDP比重	4169.3亿元，44.7%
三次产业的比重	16.7:38.6:44.7
服务业从业人员数及占就业人数比	179.2万人，56.5%

资料来源：根据《中国统计年鉴2016》数据计算所得。

通过计算可以得到，2015年新疆服务业增加值区位商为0.95，这表明，与全国平均水平相比，新疆服务业增加值比重相对较低，服务业专业水平有待进一步提升。新疆的传统服务业仅有交通运输仓储和邮政业以及其他服务业的区位商均大于1，其数值依次为1.25和1.13，这说明这两个服务业细分产业的比重高于全国平均水平，其发展具有相对优势；而批发零售业、住宿餐饮业、金融业以及房地产业的区位商值依次为0.59、0.76、0.85和0.67，均小于1，表明它们处于相对劣势的地位。

进一步分析2015年新疆各产业的劳动生产率情况可以看到，2015年，新疆服务业劳动生产率为23.3万元/人，低于全国平均的38.0万元/人，其中批发和零售业、交通运输仓储和邮政业、金融业、房地产业以及其他服务业

等 5 个服务业细分行业的劳动生产率都低于全国的水平，尤其是交通运输仓储和邮政业，其劳动生产率为 32.1 万元/人，仅为全国平均水平的 26.6%。住宿和餐饮业的劳动生产率为 64.7 万元/人，高于这一行业的全国平均生产率 45.1 万元/人。新疆大部分服务业细分行业的劳动生产率都低于全国的水平的情况表明其整体服务业发展水平有待进一步提高。

二、新疆自治区城市服务业竞争力分析

（一）新疆各城市服务业竞争力排名

经计算可得到新疆各城市服务业竞争力及一级指标排名如表 5 - 24 所示。

表 5 - 24　新疆各城市服务业竞争力排行榜

排行	城市	竞争力	城市	发展水平	城市	发展活力	城市	发展条件	城市	发展环境
1	乌鲁木齐	59.2	乌鲁木齐	59.8	乌鲁木齐	56.2	乌鲁木齐	53.3	克拉玛依	70.8
2	克拉玛依	53.5	克拉玛依	45.6	克拉玛依	54.1	克拉玛依	51.3	乌鲁木齐	67.4

从表 5 - 24 的数据可以看到，2015 年，新疆城市服务业竞争力排名中，乌鲁木齐以 59.2 分在整体竞争力上排在克拉玛依前面，乌鲁木齐在全国 288 个地级及以上城市中排在第 23 名，而克拉玛依在全国排在第 58 名。尽管只有乌鲁木齐和克拉玛依两个城市进行排名，但是作为省会城市的乌鲁木齐在城市服务业的发展水平、发展活力、发展条件这 3 个一级指标中都排在克拉玛依前面。

在服务业竞争力指数的一级指标中，发展水平一级指标衡量的是各城市服务业发展现状水平，乌鲁木齐以 59.8 分超过了克拉玛依，其得分超过了全国平均水平的 50 分线，排在全国第 20 位，表明它在全国范围内具有一定程度的优势地位。克拉玛依的发展水平得分 45.6 分，在全国排在了第 239 位。

从服务业发展活力来看，乌鲁木齐以 56.2 分排在克拉玛依前面，排在全国第 26 位，克拉玛依的发展活力得分 54.1 分，在全国排在第 45 位。它们的得分都超过了全国平均水平的 50 分线，表明它们在全国具有一定程度的优势

地位。

服务业发展条件这个一级指标衡量各城市服务业发展的基础和潜力，乌鲁木齐和克拉玛依的发展条件得分超过了全国平均水平的 50 分线，分别为 53.3 分和 51.3 分，在全国依次排在第 59 位和第 75 位。

在服务业发展环境方面，克拉玛依以 70.8 分排在乌鲁木齐前面——乌鲁木齐得分 67.4 分，表明克拉玛依的服务业发展环境要优于乌鲁木齐，并且在全国 288 个地级及以上城市中排在第 8 位，而乌鲁木齐排在全国第 17 位。

（二）新疆各城市服务业发展水平排名

乌鲁木齐服务业发展总量水平指数得分 51.6 分，在全国范围内排名第 39 位，而克拉玛依的总量水平得分 47.6 分，低于全国 50 分的平均水平，在全国 288 个地级及以上城市中排在第 276 位，进入到服务业发展总量水平排名的最后 30 位当中。

由于城镇单位就业人员数中服务业就业人员比重较高，乌鲁木齐的服务业比重水平高达 82.3 分，在全国 288 个地级及以上城市中排在第 6 位。然而，克拉玛依则在这一指标中得分 32.7 分，远远低于全国 50 分的平均水平，在全国 288 个地级及以上城市中排在第 278 位，进入到服务业发展比重水平排名的最后 30 位当中。

新疆城市服务业生产率水平指数中，乌鲁木齐仍然比克拉玛依高，得分 56.8 分，居全国第 60 名。而克拉玛依的服务业生产率水平分数为 53.7 分，排在全国第 77 位。乌鲁木齐和克拉玛依的服务业生产率水平得分均高于全国平均水平。

（三）新疆各城市服务业发展活力排名

在新疆的乌鲁木齐和克拉玛依这两个城市中，它们的服务业发展规模活力都具有明显的相对优势，新疆的乌鲁木齐和克拉玛这一指标的得分依次为 61.1 分和 57.0 分，在全国分别排第 11 位和第 19 位。

在服务业发展比重活力方面，乌鲁木齐的服务业发展比重活力得分相对较高，得分 69.7 分，在全国排在第 21 位。克拉玛依的服务业发展比重活力得分 57.1 分，在全国排在第 80 名。

在生产率活力这一指标方面，乌鲁木齐的服务业生产率提升较快，其服务业发展生产率活力指数得分为 60.4 分，在全国排在 56 位。然而克拉玛依的服务业生产率得分低至 15.9 分，大幅低于全国平均水平，在全国 288 个地级及以上城市中排在倒数第 2 位，表明其服务业发展生产率活力非常落后。

在城市服务业投资活力指数方面，乌鲁木齐得分 51.5 分，略微高于全国平均水平，在全国排在第 163 位。克拉玛依这一指标得分 38.1 分，在全国排在第 254 位。

乌鲁木齐和克拉玛依城市服务业发展的消费活力得分都低于全国平均水平，表明它们的消费活力都偏弱。乌鲁木齐这一指标得分 42.9 分，在全国排名第 226 位。克拉玛依这一指标得分 35.6 分，在全国排名第 277 位，位居全国服务业发展消费活力的最末 30 位。

克拉玛依的服务业发展金融活力指数得分 62.2 分，高居全国第 4 位，表明克拉玛依的金融活力相当可观。乌鲁木齐的服务业发展金融活力指数得分 49.7 分，低于全国平均水平，在全国 288 个地级及以上城市中排在第 127 位。

（四）新疆各城市服务业发展条件排名

在服务业发展产业条件指标方面，乌鲁木齐和克拉玛依的得分都低于全国平均水平，依次为 49.3 分和 43.9 分，依次位居全国第 94 位和第 287 位，其中克拉玛依位居全国服务业产业条件最差的 30 个城市。

在服务业投资条件方面，乌鲁木齐和克拉玛依的得分依然均低于全国平均水平，得分依次为 48.9 分和 45.0 分，依次位居全国第 121 位和第 249 位。

就服务业发展的人口条件看，乌鲁木齐和克拉玛依的得分都较高，分别为 73.7 分和 65.7 分，其中乌鲁木齐位于全国的第 13 位，克拉玛依位于全国的第 28 位。

（五）新疆各城市服务业发展环境排名

乌鲁木齐和克拉玛依的服务业发展教育环境指数得分依次为 67.3 和 62.1 分，均高于全国平均水平，其中乌鲁木齐这一指标得分位于全国的第 22 位，克拉玛依位于全国的第 35 位。

乌鲁木齐和克拉玛依的交通环境得分分别为 75.2 分和 67.9 分，其中乌鲁木齐居全国的第 6 位，克拉玛依排在全国第 13 位。这说明乌鲁木齐和克拉玛依在人均城市道路面积（平方米）、单位面积城市道路面积（平方米）、人均全年公共汽（电）车客运总量（万人次）等方面在全国 288 个地级及以上城市中具有明显的优势。

在通信环境方面，乌鲁木齐和克拉玛依的得分分别为 59.3 和 57.0 分，均低于全国平均水平，其中乌鲁木齐排在全国第 25 位，克拉玛依排在全国第 42 位。

克拉玛依的公共服务环境指数得分为全国最高，达 100 分。这表明克拉玛依在公共服务密度、公共服务从业人员占比、每万人拥有病床数、每百人公共图书馆藏书等方面在全国 288 个地级及以上城市中独占鳌头。乌鲁木齐这一指标的得分为 64.6 分，在全国排在第 24 位。

克拉玛依和乌鲁木齐这一指标得分依次为 57.6 分和 53.5 分，在全国依次排在第 60 位与 96 位。

克拉玛依和乌鲁木齐两个城市的社会保障指数得分分别为 59.9 和 58.6 分，其中克拉玛依居全国的第 28 位，乌鲁木齐居全国的第 31 位，得分和排名都比较接近。这表明这两个城市的城镇职工基本养老保险、基本医疗保险、失业保险参保情况相对较好。

三、新疆自治区服务业发展的结论与建议

乌鲁木齐在城市服务业的发展水平、发展活力、发展条件这 3 个一级指标中都排在克拉玛依前面，而克拉玛依在服务业发展环境方面得分高于乌鲁木齐。基于新疆这一分析结果及二级指标的得分情况，可从如下方面促进其服务业发展：

（一）改善服务业发展环境与发展条件

乌鲁木齐要大力完善公共服务、文化服务、医疗服务等方面的公共服务环境，提高一般工业固体废物综合利用率、污水处理厂集中处理率、生活垃圾无害化处理率，增加公共图书馆数和医生病床数。新疆应以乌鲁木齐市为核心节点，以喀什市、伊宁—霍尔果斯、库尔勒市、哈密市为一级节点，以

克拉玛依市、石河子市、阿勒泰—北屯、准东经济技术开发区、若羌县等地市为二级节点，改善服务业发展的交通环境。同时，新疆还需围绕地域优势资源和重点建设项目实施物流产业集群工程，建设中欧班列新疆集结中心，打造"立足新疆、辐射全国、联结中欧"的现代物流枢纽，改善服务业发展的产业条件与投资条件。

（二）提升服务业发展水平和发展活力

克拉玛依要提高人均服务产品占有量，致力于改善其服务业生产率活力在全国288个城市中排在倒数第2位的落后现状，进而提升克拉玛依的服务业劳动生产率水平。新疆要增大固定资产投资增加额，增强招商引资力度，提高居民消费水平与消费活力；要加快互联网金融发展，提升中小企业的融资便利性，改善服务业发展的金融活力。

第 六 章
中国东北地区城市服务业竞争力报告 2016

第一节　中国东北地区城市服务业竞争力总报告 2016

一、东北地区社会经济和服务业发展总体情况

本书所界定的东北地区指的是辽宁、吉林和黑龙江三省。长期以来，东北地区都是中国工业化水平较高的地区，以其独有的优势支撑和引领着中国工业化进程，成为中国工业原料和重型装备的基地。2015 年，东北地区的国内生产总值为 57815.82 亿元，比 2014 年增长 4.49%，其中服务业增加值为 26356.25 亿元，比 2014 年增长 8.37%，服务业对经济增长的贡献率达 75.5%。可以看到，东北地区的国民经济中，服务业已超越工业成为国民经济的第一大产业部门，这表明东北地区已全面进入了服务经济时代。

表 6－1　2015 年东北地区社会经济及服务业发展整体情况

项　目	数　据
土地面积	80.84 万平方公里
常住人口	10947 万人
GDP 及增长率	57815.82 亿元，4.49%
服务业增加值及占 GDP 比重	26356.25 亿元，45.6%
三次产业的比重	11.4:43.0:45.6
服务业从业人员数及占就业人数比	719.5 万人，52.3%

资料来源：根据《中国统计年鉴 2016》数据计算所得。

通过计算可以得到，2015年东北地区服务业增加值区位商仅为0.97，这表明，与全国平均水平相比，东北地区服务业增加值比重相对较低，服务业专业水平有待进一步提升。东北地区的传统服务业包括批发零售业、交通运输、仓储和邮政业以及住宿和餐饮业的区位商均大于1，分别为1.04、1.10和1.13，这说明这三个服务业细分产业的比重高于全国平均水平，其发展具有相对优势；而金融业、房地产业和其他服务业的区位商值仅为0.80、0.83和0.95，均小于1，因此处于相对劣势的地位。

进一步分析2015年东北地区各产业的劳动生产率情况可以看到，2015年，东北地区服务业劳动生产率为36.63万元/人，略低于全国平均的37.96万元/人，其中交通运输、仓储和邮政业，金融业和其他服务业的劳动生产率分别为36.66万元/人、58.05万元/人和21万元/人，分别低于全国的39.04万元/人、84.49万元/人和22.70万元/人，因此，东北地区此三大服务业细分部门劳动生产率较低。而东北地区的批发和零售业、住宿和餐饮业以及房地产业的劳动生产率分别达104.37万元/人、103.11万元/人以及87.11万元/人，高于全国平均的78.48万元/人、57.12万元/人以及79.53万元/人，这表明东北地区这三大服务业细分产业劳动生产率较高，具有发展的相对比较优势，尤其是批发和零售业以及住宿和餐饮业这两大传统服务业，东北地区的劳动生产率远高于全国平均水平，分别达到全国水平的1.33和1.81倍。

二、东北地区城市服务业竞争力排名

经计算可得到2015年东北地区各城市服务业竞争力及一级指标排名如表6-2所示。

表6-2　2015年东北地区各城市服务业竞争力排行榜

排行	城市	竞争力	城市	发展水平	城市	发展活力	城市	发展条件	城市	发展环境
1	大连	57.4	大连	61.1	哈尔滨	54.3	大连	63.7	沈阳	62.3
2	哈尔滨	57.2	哈尔滨	58.7	长春	52.7	沈阳	63.2	大连	62.2
3	沈阳	56.8	沈阳	57.4	辽源	46.7	长春	60.3	大庆	56.7
4	长春	55.0	长春	52.9	齐齐哈尔	46.4	哈尔滨	58.8	长春	54.6

续表

排行	城市	竞争力	城市	发展水平	城市	发展活力	城市	发展条件	城市	发展环境
5	吉林	48.9	营口	51.7	牡丹江	46.3	大庆	51.5	盘锦	54.5
6	营口	48.1	鞍山	51.4	吉林	46.0	吉林	51.4	抚顺	54.0
7	牡丹江	47.8	牡丹江	51.2	佳木斯	45.9	鞍山	49.3	哈尔滨	53.9
8	大庆	47.4	吉林	50.8	沈阳	45.9	盘锦	48.1	本溪	52.0
9	鞍山	47.2	松原	50.7	黑河	45.7	营口	47.7	辽阳	51.2
10	抚顺	47.1	佳木斯	49.3	松原	45.2	抚顺	47.1	双鸭山	51.2
11	松原	47.1	朝阳	49.0	四平	44.9	松原	47.1	丹东	49.9
12	佳木斯	46.6	锦州	48.8	鹤岗	44.8	辽阳	46.7	通化	49.7
13	辽阳	46.6	本溪	48.8	双鸭山	44.6	牡丹江	46.6	阜新	49.5
14	本溪	46.4	绥化	48.7	绥化	44.3	通化	46.5	锦州	49.1
15	锦州	46.4	丹东	48.7	通化	44.3	锦州	46.5	鞍山	48.2
16	通化	46.3	抚顺	48.4	营口	44.2	本溪	46.3	营口	48.2
17	盘锦	46.2	白城	47.7	白城	43.7	四平	45.7	鹤岗	47.0
18	辽源	46.0	齐齐哈尔	47.7	白山	43.5	齐齐哈尔	45.5	吉林	46.9
19	齐齐哈尔	45.7	辽阳	47.7	鸡西	43.3	白山	45.5	辽源	46.7
20	双鸭山	45.1	四平	47.2	伊春	43.2	辽源	45.2	葫芦岛	46.0
21	朝阳	45.0	通化	47.0	辽阳	43.1	佳木斯	45.1	黑河	45.7
22	四平	44.9	葫芦岛	46.6	大连	42.7	丹东	45.1	七台河	45.4
23	丹东	44.8	大庆	46.6	朝阳	42.4	朝阳	44.4	佳木斯	45.4
24	白城	44.4	铁岭	46.5	锦州	42.3	葫芦岛	44.2	铁岭	45.2
25	白山	44.4	辽源	46.3	抚顺	42.0	白城	44.1	牡丹江	45.1
26	绥化	44.1	盘锦	45.7	盘锦	41.3	绥化	43.7	鸡西	44.7
27	黑河	43.8	双鸭山	45.5	本溪	41.0	铁岭	43.6	白山	44.7
28	葫芦岛	43.3	白山	45.3	七台河	40.3	阜新	43.3	伊春	44.3
29	鸡西	42.6	阜新	45.2	大庆	40.2	黑河	42.7	松原	43.9
30	铁岭	42.6	七台河	44.3	鞍山	40.2	鸡西	42.5	朝阳	43.7
31	鹤岗	42.5	黑河	43.3	葫芦岛	38.3	双鸭山	42.0	齐齐哈尔	42.4
32	七台河	42.2	鸡西	42.6	丹东	37.6	伊春	41.9	白城	41.2
33	阜新	42.1	伊春	41.1	铁岭	36.7	鹤岗	41.8	四平	40.9
34	伊春	41.8	鹤岗	40.6	阜新	34.6	七台河	41.2	绥化	36.8

从表6-2的数据可以看到，2015年，东北地区城市服务业竞争力排名中，大连、哈尔滨、沈阳、长春、吉林居于前五位，其中大连、哈尔滨、沈阳和长春的得分相近，分别为57.4、57.2、56.8和55.0分，均大于全国平均的50分水平线，这表明此4大城市服务业竞争力在东北地区具有领先地位，在全国范围内也高于全国的平均水平，其中全国范围内的排名分别为第29位、第30位、第33位和第44位，居全国前30位的城市数为两个。伊春、阜新、七台河、鹤岗、铁岭和鸡西则居于东北地区城市服务业竞争力排名最后六位，在全国范围的288个地级以上城市中也居于倒数第1—6位，全国服务业竞争力排名倒数30位的城市中，东北地区占了12个，也就是说，东北地区城市中，三分之一以上的城市居全国城市服务业竞争力水平最差的位置，这充分说明东北地区城市服务业竞争力很弱。

大连、哈尔滨、沈阳、长春和营口分别以61.1、58.7、57.4、52.9和51.7分居于东北地区城市服务业发展水平前五位，超过了全国平均水平的50分线，这表明其在全国范围看也具有一定程度的优势地位，其中全国的排名分别为第16、24、25、55和67位，居全国城市服务业发展水平前30位的城市数量为3个。七台河、黑河、鸡西、伊春和鹤岗城市服务业发展水平在东北地区各城市中最低，其中鹤岗、伊春和鸡西服务业发展水平居全国城市倒数前十位，东北地区城市中，居全国城市服务业发展水平最后30位城市的数量为5个。

从服务业发展活力来看，东北地区仅哈尔滨和长春两个城市的发展活力指数高于50的全国平均水平线，分别为54.3和52.7分居全国的第42位和64位，其余32个城市的服务业发展活力指数均低于50分，没有城市居全国城市服务业发展活力的前30强，在全国288个城市中均位居第200名之后。阜新和铁岭的城市服务业发展活力指数分别以34.6和36.7分居全国倒数第1、2位，东北地区共计有15个城市居全国城市服务业发展活力排名最末30位。由此可以看到，东北地区城市服务业发展活力普遍较低，提高服务业发展活力成为服务业发展的重中之重。

大连、沈阳、长春、哈尔滨和大庆的服务业发展条件较好，其服务业发展条件指标得分别为63.7、63.3、60.3、58.8和51.5分，在全国范围内分别居第17、18、27、31和71名，居全国城市服务业发展条件前30位的城市数量为 3 个。七台河、鹤岗、伊春、双鸭山和鸡西的服务业发展条件在东北地区居最末五位，七台河市的服务业发展条件甚至居全国最末尾，东北地区共计有 9 个城市居全国城市服务业发展条件倒数前 30 位。

东北地区沈阳、大连、大庆、长春和盘锦的服务业发展环境指标较高，分别以 62.3、62.2、56.7、54.6 和 54.5 分居前五位，绥化、四平、白城、齐齐哈尔和朝阳的服务业发展环境相对较差，居末五位。

三、东北地区城市服务业竞争力趋势与展望

东北地区作为老工业基地面临着发展活力下降，内生动力不足，整体竞争力不足的问题。为振兴东北老工业基地，国务院出台一系列政策措施，主要聚焦于全面深化改革，激发内在活力，推进行政管理体制改革、全面深化国有企业改革，并加快民营经济发展等。东北地区的改革和振兴计划为服务业的发展也带来较大的发展机遇。

（一）东北地区老工业基地改革开展给服务业的发展带来机遇

随着东北地区老工业基地改革的进一步深化，国有企业改革的深入开展和民营企业的不断加强，东北地区制造业服务化的趋势将得到增强，部分生产制造型企业将逐渐向生产服务型转变，制造企业中的生产服务业也趋向分离，从而促进生产服务业向专业化、高端化和规模化方向发展，实现服务业和制造业的深度融合发展和升级。

（二）东北地区传统产业的转型升级给服务业的发展带来机遇

东北地区资源枯竭产业衰退地区的产业亟须转型，经济发展需培育新动能。这对东北地区的工业设计和创意、工程咨询、知识产权、科技研发、商务、信息和通信服务等为代表的生产服务业和旅游、文化、体育、健康、养老等生活服务业带来新的发展机遇。

（三）东北地区不断扩大开放合作也将给服务业的发展带来机遇

随着东北地区对外开放的不断加深，东北地区亟须发展检验检测认证、现

代物流、金融业等生产服务业以满足产业发展的需求。同时对外开放有助于东北地区吸引具有竞争力的服务业企业在东北地区投资，吸收国外服务业直接投资，借鉴国外服务业发展的先进经验，从而促进东北地区本地服务业的升级。

然而，从东北地区服务业发展的现状来看，东北地区的服务业发展活力普遍较低，服务业的发展还面临着较大的挑战。东北地区改革的重点还是理顺老工业基地的发展，而服务业在经济改革和产业发展的地位还有待进一步提升。

第二节　辽宁省城市服务业竞争力报告2016

一、辽宁省社会经济与服务业发展总体情况

作为中国重要的重工业基地，辽宁省工业门类较为齐全，是新中国工业崛起的摇篮，为我国的改革开放作出了重大贡献，被称为"共和国长子"。2015 年，辽宁省的国内生产总值为 28669.02 元，比 2014 年增长 3.0%，其中服务业增加值为 13243.02 亿元，比 2014 年增长 7.2%，在国民经济中占46.2%，超过工业占比的 45.5%，服务业对经济增长的贡献率达 94.9%，服务业在辽宁国民经济发展中居于首要地位。

表 6-3　2015 年辽宁省社会经济及服务业发展整体情况

项　　目	数　　据
土地面积	14.84 万平方公里
常住人口	4382 万人
GDP 及增长率	28669.02 亿元，3.0%
服务业增加值及占 GDP 比重	13243.02 亿元，46.2%
三次产业的比重	8.3:45.5:46.2
服务业从业人员数及占就业人数比	318.3 万人，51.5%

资料来源：根据《中国统计年鉴2016》数据计算所得。

通过计算可以得到，2015 年辽宁省服务业增加值区位商仅为 0.98，这表明，与全国平均水平相比，辽宁省服务业增加值比重相对较低，服务业专业

水平有待进一步提升。辽宁省的传统服务业包括批发零售业和交通运输、仓储和邮政业的区位商均大于1，分别为1.08和1.29，说明这两个服务业细分产业的比重高于全国平均水平，其发展具有相对优势；而金融业、房地产业和其他服务业的区位商值仅为0.80、0.83和0.95，均小于1，因此处于相对劣势的地位，住宿和餐饮业的区位商值为0.99，接近全国平均水平。

进一步分析2015年辽宁省各产业的劳动生产率情况可以看到，2015年，辽宁省服务业劳动生产率为41.61万元/人，略高于全国平均的37.96万元/人，其中金融业以及其他服务业的劳动生产率分别为71.87万元/人和22.25万元/人，分别低于全国的84.49万元/人和22.70万元/人，尤其是交通运输、仓储和邮政业，其劳动生产率仅为全国平均水平的39%。而辽宁省的交通运输、仓储和邮政业，批发和零售业，住宿和餐饮业以及房地产业的劳动生产率分别为47.15万元/人、115.22万元/人、91.84万元/人和87.98万元/人，高于全国平均的39.04万元/人、78.84万元/人、57.12万元/人和79.53万元/人，这表明辽宁省这四大服务业细分产业劳动生产率较高，具有发展的相对比较优势，尤其是住宿、餐饮业，批发和零售业这两大传统服务业，辽宁省的劳动生产率远高于全国平均水平，分别达到全国水平的1.61和1.47倍。

二、辽宁省城市服务业竞争力分析

（一）辽宁省各城市服务业竞争力排名

经计算可得到辽宁省各城市服务业竞争力及一级指标排名如表6－4所示。

表6－4　辽宁省各城市服务业竞争力排行榜

排行	城市	竞争力	城市	发展水平	城市	发展活力	城市	发展条件	城市	发展环境
1	大连	57.4	大连	61.1	沈阳	45.9	大连	63.7	沈阳	62.3
2	沈阳	56.8	沈阳	57.4	营口	44.2	沈阳	63.2	大连	62.2
3	营口	48.1	营口	51.7	辽阳	43.1	鞍山	49.3	盘锦	54.5
4	鞍山	47.2	鞍山	51.4	大连	42.7	盘锦	48.1	抚顺	54

续表

排行	城市	竞争力	城市	发展水平	城市	发展活力	城市	发展条件	城市	发展环境
5	抚顺	47.1	朝阳	49	朝阳	42.4	营口	47.7	本溪	52
6	辽阳	46.6	锦州	48.8	锦州	42.3	抚顺	47.1	辽阳	51.2
7	本溪	46.4	本溪	48.8	抚顺	42	辽阳	46.7	丹东	49.9
8	锦州	46.4	丹东	48.7	盘锦	41.3	锦州	46.5	阜新	49.5
9	盘锦	46.2	抚顺	48.4	本溪	41	本溪	46.3	锦州	49.1
10	朝阳	45	辽阳	47.7	鞍山	40.2	丹东	45.1	鞍山	48.2
11	丹东	44.8	葫芦岛	46.6	葫芦岛	38.3	朝阳	44.4	营口	48.2
12	葫芦岛	43.3	铁岭	46.5	丹东	37.6	葫芦岛	44.2	葫芦岛	46
13	铁岭	42.6	盘锦	45.7	铁岭	36.7	铁岭	43.6	铁岭	45.2
14	阜新	42.1	阜新	45.2	阜新	34.6	阜新	43.3	朝阳	43.7

从表6-4的数据可以看到，2015年，辽宁省城市服务业竞争力排名中，大连、沈阳、营口、鞍山、抚顺居于前五位，其中大连和沈阳的得分相近，分别为57.4和56.8分，均大于全国平均的50分水平线，表明这两个城市服务业竞争力在辽宁省具有领先地位，在全国范围内也高于全国的平均水平，大连服务业竞争力在全国排名第29位，居于全国前列，沈阳市全国排名为第33位。阜新、铁岭、葫芦岛、丹东和朝阳市则分别以42.1、42.6、43.3、44.8和45.0分居于辽宁省城市服务业竞争力排名最后五位，而丹东、葫芦岛、铁岭和阜新在全国288个地级及以上城市中居于最后30位。

大连、沈阳、营口、鞍山和朝阳分别以61.1、57.4、51.7、51.4和49.0分居辽宁省城市服务业发展水平前五位，其中大连、沈阳、营口和鞍山超过了全国平均水平的50分线，这表明其在全国范围内也具有一定程度的优势地位，而大连和沈阳城市服务业发展水平分别居全国第16位和25位，居于全国服务业发展水平前列。阜新、盘锦、铁岭、葫芦岛和辽阳城市服务业发展水平在辽宁省各城市中最低，居最末五位。

从服务业发展活力来看，辽宁省所有城市的发展活力指数均低于50分的全国平均水平线，且均位居全国200名之后。服务业发展活力指数最高的两大城市分别为沈阳和营口市，分别以45.9和44.2居全国的第227位和第253位。其余所有城市的发展活力指数居于全国最低的30位，阜新、铁岭、丹东和葫芦岛分别以 34.6、36.7、37.6 和 38.3 分居全国倒数第 1、2、4、6 位。由此可以看到，辽宁省城市服务业发展活力普遍较低，提高服务业发展活力成为服务业发展的重中之重。

大连和沈阳服务业发展条件较好，服务业发展条件指标得分分别以 63.7和 63.3 分，在全国范围内分别居第 17、18 位，阜新和铁岭市的服务业发展条件得分分别为 43.3 和 43.6 分，居最末两位，在全国范围内分别居第 263 位和 268 位，位于全国城市服务业发展条件倒数前 30 位。

辽宁省的沈阳、大连、盘锦、抚顺和本溪的服务业发展环境指标较高，分别以 62.3、62.2、54.5、54.0 和 52.0 分居前五位，朝阳、铁岭、葫芦岛、营口和鞍山的服务业发展环境居末五位。

（二）辽宁省各城市服务业发展水平排名

沈阳和大连服务业发展总量水平指数高于全国 50 分的平均水平，分别以 55.3 和 54.9 分居前两位，在全国范围内排名第 15 和 18 位，其余城市的总量水平均在平均水平以下，且均为 48 分左右，这表明辽宁省服务业集聚发展的态势非常明显。

由于城镇单位就业人员数中服务业就业人员比重较高，辽宁朝阳市的服务业比重水平最高达 61.9 分，大连市的服务业比重水平也达 54.9 分，居第二位。其余城市的比重水平均在平均水平，且均为 48 分左右。最低的阜新服务业比重水平为 47.8 分。

辽宁省城市服务业生产率水平指数中，大连最高，达到 73.5 分，居全国第 14 名，沈阳、营口、鞍山、盘锦和本溪五个城市的分数分别为 58.6、54.3、53.6、53.0 和 50.4 分，均超过全国平均的 50 分水平，这些城市都是辽宁省工业较为发达的城市，表明工业发达城市的服务业生产率水平也相对较高。阜新、朝阳、葫芦岛、铁岭和丹东的服务业生产率水平位居最末五位，其中阜新服务业生产水平得分仅为 37.2 分，属于全国服务业生产率水平最低的 30 个城市。

（三）辽宁省各城市服务业发展活力排名

大连和沈阳市在服务业发展规模活力上具有优势地位，分别以 58.0 和

51.3 分居前两位，均大于 50 分的全国平均水平，其中大连在全国范围排名第 15 位，其余城市服务业发展规模活力均低于全国平均水平，阜新、丹东、铁岭及鞍山更是居于全国倒数前 30 位。

辽宁省各服务业发展比重活力普遍较低，大连市发展比重活力指数为 50.6，在辽宁省位居第一位，仅略高于全国平均水平，其余城市均远低于全国平均水平，在全国 288 个城市中，居于全国第 250 位之后，多达 11 个城市居全国服务发展比重活力的倒数前 30 位。

本溪市服务业生产率提升较快，其服务业发展生产率活力指数达 98.4 分，居辽宁省第 1 位和全国第 2 位，大连、辽阳、抚顺和鞍山则依次为第 2 位至第 5 位，辽宁省有 6 个城市服务业生产率高于全国平均水平。铁岭、阜新、盘锦、锦州和朝阳的服务业发展生产率活力得分较低，位列辽宁省的倒数前 5 位，也都是全国服务业发展生产率活力的最末 30 位城市。

辽宁省各城市服务业投资活力指数都非常低，所有城市都位居中国城市服务业发展投资活力的最末 30 位，最高的盘锦指数仅有 29.4 分，居全国第 264 分，这表明 2015 年辽宁省各城市的投资水平显著下降。

沈阳、大连和朝阳城市服务业发展的消费活力指数分别为 57.1、54.7 和 50.2 分，居前三位，高于全国平均水平，铁岭、阜新、丹东、辽阳和葫芦岛指数居最后五位，在全国范围内居于服务业发展消费活力的最末 30 位。

辽宁省服务业发展金融活力指数最高的营口和锦州分别为 58.2 和 52.6 分，分别居全国第 8 位和第 30 位，此外大连、沈阳、辽阳的金融活力指数高于全国平均水平。本溪、葫芦岛、铁岭、阜新和鞍山金融活力指数居辽宁省的最末 5 位。

（四）辽宁省各城市服务业发展条件排名

作为辽宁省城市规模最大、经济发展水平最高的两个城市，大连和沈阳的服务业发展条件指数远优于其他城市。

沈阳和大连的服务业发展产业条件指标分别 60.5 分和 58.4 分，两个城市服务业发展条件均较好，居全国第 20 和第 24 位。阜新和铁岭的服务业发展产业条件指数分别以 45.4 分和 45.0 分居最后五位，也位列全国服务业发展产业条件指数最差的 30 个城市之中。

沈阳和大连的服务业投资条件较好，在辽宁省的 14 个地级市中居前两位，分别位于全国的第 22 位和第 23 位，阜新、葫芦岛、铁岭、辽阳和朝阳位列最后五位，也都属于全国服务业发展投资条件最差的 30 个城市。

就人口条件看，得益于较高的人均值和建成区密度，大连和沈阳分别以 73.1 和 67.3 分列前两位，分别位于全国的第 14 位和第 24 位。铁岭、朝阳、阜新、葫芦岛和丹东发展人口条件较差，位居辽宁省各城市最后五位。

（五）辽宁省各城市服务业发展环境排名

沈阳和大连的服务业发展环境指数中辽宁省较为领先。沈阳和大连的人均科技经费支出、人均教育经费支出、每万人在校大学生数等指标在辽宁省均居于领先地位，服务业发展教育环境指数分别为 56.2 和 56.1 分，居全省第 1 和第 2 位，高于全国平均水平。本溪、铁岭、抚顺、朝阳和葫芦岛位列最末五位，辽宁省共有 8 个城市位居中国城市服务业发展教育环境指数倒数前 30 位。

大连和沈阳的交通环境中辽宁省居于领先地位，分别以 61.4 和 61.1 分排名前两位，居全国的第 25 位和第 26 位，共有 8 个城市的服务业发展交通环境指数高于全国平均水平。朝阳市的交通环境指数为 43.1 分，居辽宁省最末尾，并位列全国交通环境最低的 30 个城市中。

沈阳和大连通信环境相对较好，分别以 57.8 和 55.0 分位居前两位，这表明这两个城市的人均邮政业务总量、人均电信业务总量、固定电话年末用户数等指标在全省领先。盘锦、抚顺和丹东位列其后。鞍山、铁岭、朝阳、葫芦岛和本溪的人均交通指标较低，位列最后五位。

大连的公共服务环境指数最高，达 67.6 分，居全国的第 16 位，沈阳则以 62.8 分居辽宁省次位。辽宁省的 14 个城市中，有 10 个城市的公共服务环境指数高于全国平均水平的 50 分。铁岭、葫芦岛、朝阳和阜新四大城市位居最后五位。

沈阳、大连、盘锦和阜新的生活环境较好，分别以 59.3、56.1、52.4 和 52.2 分位列前四位，且其指数均大于 50 分。朝阳、鞍山、营口、本溪和葫芦岛位列最末位。

辽宁省各城市的社会保障指数相对较高，抚顺、本溪、大连、盘锦和沈阳的指数分别为65.4、64.3、62.1和62.1分位列前四位，且分别居全国的第14、16、21、23和第24位，表明这些城市的城镇职工基本养老保险、基本医疗保险、失业保险参保情况良好，而朝阳、铁岭、葫芦岛、锦州和营口位列最后五位。

三、辽宁省服务业发展的结论与建议

当前，辽宁省发展服务业正当其时。较高的工业化程度、较大的城镇人口规模、独特的区位优势以及国家对东北老工业基地振兴发展的重大战略等都能给辽宁省发展服务业带来诸多优势和有利条件。从辽宁省城市服务业竞争力情况来看，辽宁省服务业发展的战略政策可从以下方面着力：

（一）优化服务业的投资发展环境

辽宁省的服务业发展环境和发展条件指标较好，而这一优势并未带来服务业发展水平的显著提升，一个重要原因是投资环境较差。无论是全社会固定资产投资还是实际利用外资水平，辽宁省尤其是沈阳、大连以外的众多非中心城市，都存在巨大的提升空间，推动服务业投资，方能带来服务业发展要素资源的集聚与服务业竞争力的增强。

（二）提升服务业的改革发展活力

辽宁省服务业发展的活力较低，投资活力和比重活力都亟待提升。辽宁省可充分利用国家持续推进的东北地区老工业基地改革政策优势，激发内在活力，全面深化国有企业改革，加快民营经济发展，推动地区制造业服务化及服务型制造发展，鼓励生产制造型企业向生产服务型转变，推动制造企业中的生产服务业分离，促进生产服务业向专业化、高端化和规模化方向发展，实现服务业和制造业的深度融合发展和升级。

（三）改善服务业发展的教育环境

除沈阳和大连这两大副省级城市发展基础相对较好外，辽宁省其余城市的教育环境仍有待进一步提升。辽宁省应持续加大对科技和教育领域的经费

支出，推动地方职业院校和高等教育机构的发展，鼓励教育机构为本地企业提供职业教育和技术等专业服务，提高本地劳动力的素质，改善服务业发展的人力资源结构，实现服务业竞争力的提升。

第三节 吉林省城市服务业竞争力报告2016

一、吉林省社会经济与服务业发展总体情况

当前，历经老工业基地振兴十年以来的高速增长之后，吉林省正步入转型发展的关键时期，其加工制造业比较发达，汽车与石化、农产品加工、商业卫星为其支柱产业。2015 年，吉林省的国内生产总值为14063.13 亿元，比 2014 年增长 8.3%，其中服务业增加值为 5461.14 亿元，比 2014 年增长 8.4%，在国民经济中占38.8%，超过种植业占比的11.4%，服务业对经济增长的贡献率达 50.2%，服务业在吉林国民经济发展中居于次要地位。

表6－5　2015 年吉林省社会经济及服务业发展整体情况

项　　目	数　　据
土地面积	18 万平方公里
常住人口	2753 万人
GDP 及增长率	14063.13 亿元，8.3%
服务业增加值及占 GDP 比重	5461.14 亿元，38.8%
三次产业的比重	11.4:49.8:38.8
服务业从业人员数及占就业人数比	171.7 万人，52.8%

资料来源：根据《中国统计年鉴 2016》数据计算所得。

通过计算可以得到，2015 年吉林省服务业增加值区位商仅为 0.82，这表明，与全国平均水平相比，吉林省服务业增加值比重相对较低，服务业专业水平有待进一步提升。吉林省仅有住宿和餐饮业的区位商大于 1，为 1.07；而批发和零售业，交通运输、仓储和邮政业，金融业，房地产业和其他服务业的区位商值仅为 0.83、0.82、0.57、0.68 和 0.91，均小于 1，因此处于相

对劣势的地位。

进一步分析2015年吉林省各产业的劳动生产率情况可以看到，2015年，吉林省服务业劳动生产率为31.82万元/人，低于全国平均的37.96万元/人。其中交通运输、仓储和邮政业，金融业，房地产业以及其他服务业的劳动生产率分别为31.94万元/人、47.79万元/人、72.60万元/人和19.55万元/人，分别低于全国的120.80万元/人、84.49万元/人和24.11万元/人。特别是交通运输、仓储和邮政业，其劳动生产率仅为全国平均水平的26%。而吉林省的批发和零售业以及住宿和餐饮业的劳动生产率分别为98.34万元/人和111.32万元/人，高于全国平均的81.14万元/人和45.08万元/人。这表明吉林省这两大服务业细分产业劳动生产率较高，具有发展的相对比较优势，其中，住宿、餐饮业，批发和零售业这两大传统服务业，吉林省的劳动生产率远高于全国平均水平，分别达到全国水平的1.21和2.47倍。

二、吉林省城市服务业竞争力分析

（一）吉林省各城市服务业竞争力排名

经计算可得到吉林省各城市服务业竞争力及一级指标排名如表6-6所示。

表6-6 吉林省各城市服务业竞争力排行榜

排行	城市	竞争力	城市	发展水平	城市	发展活力	城市	发展条件	城市	发展环境
1	长春	55	长春	52.9	长春	52.7	长春	60.3	长春	54.6
2	吉林	48.9	吉林	50.8	辽源	46.7	吉林	51.4	通化	49.7
3	松原	47.1	松原	50.7	吉林	46	松原	47.1	吉林	46.9
4	通化	46.3	白城	47.7	松原	45.2	通化	46.5	辽源	46.7
5	辽源	46	四平	47.2	四平	44.9	四平	45.7	白山	44.7
6	四平	44.9	通化	47	通化	44.3	白山	45.5	松原	43.9
7	白城	44.4	辽源	46.3	白城	43.7	辽源	45.2	白城	41.2
8	白山	44.4	白山	45.3	白山	43.5	白城	44.1	四平	40.9

从表6-6的数据可以看到，2015年，吉林省城市服务业竞争力排名中，长春以55.0分居全省第一位。四平、白城和白山分居于吉林省城市服务业竞争力排名最后三位，而白城和白山在全国288个地级及以上城市中居于最后30位。

长春、吉林和松原分别以52.9、50.8和50.7分居吉林省城市服务业发展水平前三位，并超过了全国平均水平的50分线，这表明其在全国范围内也具有一定程度的优势地位。通化、辽源和白山城市服务业发展水平在吉林省各城市中最低，居最末三位。

从服务业发展活力来看，吉林省8个城市的发展活力指数中，仅长春以52.7分排名第一，高于50分的全国平均水平线，其余城市均低于全国平均水平。通化、白城和白山分别以44.3、43.7和43.5分居全省发展活力指数的最末三位。由此可以看到，吉林省城市服务业发展活力普遍较低，提高服务业发展活力成为服务业发展的关键。

长春和吉林服务业发展条件较好，服务业发展条件指标得分分别为60.3和51.4分。长春在全国范围内居第27位，白山、辽源和白城市的服务业发展条件得分分别为45.5、45.2和44.1分，居最末三位。

吉林省仅长春的服务业发展环境指标较高，为54.6分居第一位，松原、白城和四平的服务业发展环境居末三位，而白城和四平则以41.2和40.9分属于全国服务业发展环境水平最低的30个城市之一。

（二）吉林省各城市服务业发展水平排名

吉林省仅长春的服务业发展总量水平指数高于全国50分的平均水平，以53.2分居第一位，在全国范围内排名第26位，其余城市的总量水平均在平均水平以下。白城、白山和辽源分居全省最末三位，而辽源更是以47.6分居全国288个城市的服务业发展总量水平指数的倒数30位之一。

吉林省的白城、吉林和长春市的服务业比重水平分别为56.3、52.5和52.1分，高于全国平均水平。其余城市的比重水平均在全国平均水平以下。最低的辽源的服务业比重水平为39.2分。

吉林省城市服务业生产率水平指数中，松原、吉林、长春和辽源分别为60.9、52.6、51.3和50.8分，居全省前四位。四平、白山和白城三个城市的分数分别为44.0、43.1和40.9分，居全省最末三位。

（三）吉林省各城市服务业发展活力排名

长春市在服务业发展规模活力上具有优势地位，以53.3分居全省第一，大于50分的全国平均水平。其余7个城市的服务业发展规模活力均低于全国平均水平，松原、白城、通化和四平更是居于全国倒数前30位。

吉林省各服务业发展比重活力普遍较低，全省8个城市均低于全国平均水平。在全国288个城市中，白山、通化、白城、四平和吉林居全国服务发展比重活力的倒数前30位。

四平和吉林服务业发展生产率活力指数分别为74.6和52.5分，居吉林省第1、2位，而四平居全国第17位。吉林省有6个城市服务业生产率低于全国平均水平。白城、白山和通化的服务业发展生产率活力得分较低，位列吉林省的倒数前3位，通化是全国服务业发展生产率活力的最末30位城市之一。

吉林省各城市服务业投资活力指数较不均衡，长春、吉林、通化和松原分别以62.7、54.5、52.1和50.9分排名吉林省前四位，而长春居全国第20位。吉林省的其余城市服务业投资活力指数均低于全国平均水平的50分，白山、辽源和白城则名列全省最末三位。

长春市服务业发展的消费活力指数为50.3分，居全省第一，高于全国平均水平，其余城市的服务业发展的消费活力指数均低于全国平均水平。白城、辽源和白山指数居全省的最后三位。

吉林省服务业发展金融活力指数最高的长春和四平分别为50.4和50.2分，高于全国平均水平。白城、松原和白山分别以49.4、49.3和47.8分居吉林省的最末3位。

（四）吉林省各城市服务业发展条件排名

长春和吉林的服务业发展条件指数远优于其他城市。吉林省仅长春的服务业发展产业条件指标为55.5分，高于全国平均水平。吉林省其余城市的服务业发展产业条件指标得分均低于全国平均水平的50分，其中，白山和辽源更是以45.6和45.5分居全国250名以后。

长春和吉林的服务业投资条件较好，在吉林省的 8 个地级市中居前两位，而长春位于全国的第 17 位。白山、辽源和白城位列吉林省最后三位，说明这三个城市在服务业的投资条件方面，要做进一步加强。

就人口条件来看，吉林省的省会和原省会，长春和吉林分别以 61.1 和 52.6 分位列前两位，高于全国平均水平。辽源、四平和白城发展人口条件较差，位居吉林省各城市最后三位。

（五）吉林省各城市服务业发展环境排名

长春的服务业发展环境指数中吉林省较为领先。长春的人均科技经费支出、人均教育经费支出、每万人在校大学生数等指标在吉林省均居于领先地位，服务业发展教育环境指数为 50.5 分，居全省第 1 位，高于全国平均水平。而吉林省其余城市的服务业发展教育环境指数均低于全国平均水平。白城、松原、辽源和白山位列最末四位，位居中国城市服务业发展教育环境指数倒数前 30 位。

长春的交通环境在吉林省中居于领先地位，以 57.9 分排名第一位，高于全国平均水平。其余城市的交通环境指标得分均低于全国平均水平，而白城居吉林省末尾，并位列全国交通环境最低的 30 个城市中。

长春和白山的通信环境相对较好，分别以 52.4 和 51.3 分位居前两位，表明这两个城市的人均邮政业务总量、人均电信业务总量、固定电话年末用户数等指标在全省领先。白城、松原和通化的人均交通指标较低，位列最后三位。

长春、通化、白山、吉林和辽源分别以 57.5、57.4、55.8、54.5 和 52.3 分位列吉林省前五位，高于全国平均水平。白城市位居全省末位，且位列全国公共服务环境最低的 30 个城市中。

吉林省各城市的生活环境较为不好，均低于全国平均水平。吉林、四平和白山分别以 31.9、26.9 和 18.4 分位列最末位，并位列全国生活环境最低的 30 个城市中。

吉林省各城市的社会保障指数相对较高，通化、长春和白山的指数分别为 56.6、52.6 和 52.2 分位列前三位，表明这些城市的城镇职工基本养老保险、基本医疗保险、失业保险参保情况良好，而白城、松原和四平则位列最后三位。

三、吉林省服务业发展的结论与建议

当前，吉林省经济社会取得明显成就，但东北老工业基地面临的困难依然较多。吉林省必须在改造提升工业、农业的基础上，更加突出发展服务业。从吉林省城市服务业竞争力情况来看，吉林省服务业发展的战略政策可从以下方面着力：

（一）提升服务业的发展水平

吉林省服务业的发展水平居全国中等偏下水平。从宏观层面，吉林省需要结合"长吉图"以及吉林省区域协调发展战略，加快推进城镇体系建设，围绕城市级次展开布局，充分发挥服务业在城镇化进程中的重要作用，推动不同区域服务业梯次发展、错位发展，形成大中小城市联动协调的服务业发展新格局，推动服务业创新发展、统筹发展、绿色发展、开放发展，从不同方面实现吉林省服务业发展水平整体的突破。从微观层面，吉林省可加强要素保障、降低企业成本、减轻税费负担、加大资金支持等，推进服务业发展水平。

（二）改善服务业的发展环境

吉林省服务业的发展环境方面，生活环境和教育环境亟待改善。除长春外，吉林省的教育环境亟须改善，特别是白城、松原、辽源和白山四个城市的教育环境应大力改变。政府需加大教育领域的投入，提高教师的工资薪酬促进教育质量的提高，推进教育设施的发展，推动教育环境的改变。同时吉林省政府应加强生产性服务业和生活性服务业的发展，推进服务业的融合，带动服务业向集聚化、高端化、网络化、信息化方向发展，培育形成若干新的经济增长极，改善吉林省的公共服务环境。最后积极落实吉林省"东中西区域战略"要求，建立东部绿色转型发展区、中部创新转型核心区、西部生态经济区以期改善全省较为落后的生活环境。

（三）抓住东北振兴和地域优势的机遇发展服务业

一方面，吉林省可利用其区位优势，有效利用西伯利亚铁路，形成陆海

联运航线，形成丝绸之路经济带的两翼齐飞，打造吉林对外开放的新格局，抓住东北振兴的机遇发展服务业；另一方面，结合本省的资源优势，推动服务企业和外资合作，吸引外资对本土企业的资本投入，提升服务业发展的国际化和现代化水平；再者，积极响应国家供给侧结构性改革政策，提升吉林省自身服务业的品质，出口更好的服务业产品，为东北老工业极地的经济发展注入强大动力。

第四节　黑龙江省城市服务业竞争力报告2016

一、黑龙江省社会经济与服务业发展总体情况

作为我国最东和最北的省份，黑龙江省是我国沿边开放的重要窗口。2015年，黑龙江省的国内生产总值为15083.67亿元，比2014年增长5.7%，其中服务业增加值为7652.09亿元，比2014年增长10.4%，在国民经济中占50.7%，超过工业占比的31.8%，服务业对经济增长的贡献率达78.8%，服务业在黑龙江国民经济发展中居于首要地位。

表6－7　2015年黑龙江省社会经济及服务业发展整体情况

项　目	数　据
土地面积	46万平方公里
常住人口	3812万人
GDP及增长率	15083.67亿元，5.7%
服务业增加值及占GDP比重	7652.09亿元，50.7%
三次产业的比重	17.5∶31.8∶50.7
服务业从业人员数及占就业人数比	229.6万人，53.0%

资料来源：根据《中国统计年鉴2016》数据计算所得。

通过计算可以得到，2015年黑龙江省服务业增加值区位商为1.07，这表明，与全国平均水平相比，黑龙江省服务业增加值比重属于正常水平，服务业专业水平仍有提升空间。黑龙江省的传统服务业包括批发零售业，交通运

输、仓储和邮政业，住宿和餐饮业和其他服务业的区位商均大于1，分别为1.17、1.02、1.46和1.13，这说明这几个服务业细分产业的比重高于全国平均水平，其发展具有相对优势；而金融业和房地产业的区位商值仅为0.79和0.86，均小于1，因此处于相对劣势的地位。进一步分析2015年黑龙江省各产业的劳动生产率情况可以看到，2015年，黑龙江省服务业劳动生产率为33.33万元/人，略高于全国平均的37.96万元/人，其中交通运输、仓储和邮政业，金融业以及其他服务业的劳动生产率分别为25.71万元/人、45.32万元/人和20.45万元/人，分别低于全国的120.80万元/人、84.49万元/人和24.11万元/人，尤其是交通运输、仓储和邮政业，其劳动生产率仅为全国平均水平的21%。而黑龙江省的批发和零售业、住宿和餐饮业以及房地产业的劳动生产率分别为92.78万元/人、115.62万元/人和99.75万元/人，高于全国平均的81.14万元/人、45.08万元/人和79.53万元/人，这表明黑龙江省这三大服务业细分产业劳动生产率较高，具有发展的相对比较优势。其中，住宿和餐饮业、批发和零售业和房地产业的劳动生产率是全国水平的2.56、1.14和1.25倍。

二、黑龙江省城市服务业竞争力分析

(一) 黑龙江省各城市服务业竞争力排名

经计算可得到黑龙江省各城市服务业竞争力及一级指标排名如表6－8所示。

表6－8 黑龙江省各城市服务业竞争力排行榜

排行	城市	竞争力	城市	发展水平	城市	发展活力	城市	发展条件	城市	发展环境
1	哈尔滨	57.2	哈尔滨	58.7	哈尔滨	54.3	哈尔滨	58.8	大庆	56.7
2	牡丹江	47.8	牡丹江	51.2	齐齐哈尔	46.4	大庆	51.5	哈尔滨	53.9
3	大庆	47.4	佳木斯	49.3	牡丹江	46.3	牡丹江	46.6	双鸭山	51.2
4	佳木斯	46.6	绥化	48.7	佳木斯	45.9	齐齐哈尔	45.5	鹤岗	47
5	齐齐哈尔	45.7	齐齐哈尔	47.7	黑河	45.7	佳木斯	45.1	黑河	45.7

续表

排行	城市	竞争力	城市	发展水平	城市	发展活力	城市	发展条件	城市	发展环境
6	双鸭山	45.1	大庆	46.6	鹤岗	44.8	绥化	43.7	七台河	45.4
7	绥化	44.1	双鸭山	45.5	双鸭山	44.6	黑河	42.7	佳木斯	45.4
8	黑河	43.8	七台河	44.3	绥化	44.3	鸡西	42.5	牡丹江	45.1
9	鸡西	42.6	黑河	43.3	鸡西	43.3	双鸭山	42	鸡西	44.7
10	鹤岗	42.5	鸡西	42.6	伊春	43.2	伊春	41.9	伊春	44.3
11	七台河	42.2	伊春	41.1	七台河	40.3	鹤岗	41.8	齐齐哈尔	42.4
12	伊春	41.8	鹤岗	40.6	大庆	40.2	七台河	41.2	绥化	36.8

从表 6-8 的数据可以看到，2015 年，黑龙江省城市服务业竞争力排名中，哈尔滨、牡丹江、大庆、佳木斯、齐齐哈尔居于前五位，其中仅哈尔滨得分大于全国平均的 50 分水平线，为 57.2 分，这表明哈尔滨城市服务业竞争力在黑龙江省具有领先地位，在全国范围内也高于全国的平均水平。绥化、黑河、鸡西、鹤岗、七台河、伊春市则分别以 44.1、43.8、42.6、42.5、42.2 和 41.8 分居于黑龙江省城市服务业竞争力排名最后六位，而这些城市在全国 288 个地级及以上城市中居于最后 30 位。

哈尔滨、牡丹江、佳木斯、绥化和齐齐哈尔分别以 58.7、51.2、49.3、48.7 和 47.7 分居黑龙江省城市服务业发展水平前五位，其中哈尔滨和牡丹江超过了全国平均水平的 50 分线，这表明其在全国范围内也具有一定程度的优势地位，而哈尔滨城市服务业发展水平居全国第 24 位，居于全国服务业发展水平前列。七台河、黑河、鸡西、伊春和鹤岗城市服务业发展水平在黑龙江省各城市中最低，居最末五位，而这些城市在全国 288 个地级及以上城市中居于最后 30 位。

从服务业发展活力来看，黑龙江省除哈尔滨以 54.3 分高于 50 分的全国平均水平线以外，其他城市的发展活力指数均低于 50 分的全国平均水平线。伊春、七台河和大庆的发展活力指数分别为 43.2、40.3 和 40.2 分，居黑龙江省的最末三位，也居于全国最低的 30 位。

哈尔滨和大庆服务业发展条件较好，服务业发展条件指标得分分别为 58.8 和 51.5 分，但尽管如此，其在全国排名并不靠前，说明这两个城市的服务业发展条件仍不够完善。绥化、黑河、鸡西、双鸭山、伊春、鹤岗和七台河市的服务业发展条件得分分别为43.7、42.7、42.5、42.0、41.9、41.8和41.2分，位于全国城市服务业发展条件倒数前30位。

黑龙江省的大庆、哈尔滨和双鸭山的服务业发展环境指标较高，分别为56.7、53.9和51.2分居前三位，伊春、齐齐哈尔和绥化的服务业发展环境居末三位，绥化以36.8分位于全国城市服务业发展环境倒数前30位。黑龙江省的不同城市的服务业发展环境相差较大，整体发展不够均衡。

（二）黑龙江省各城市服务业发展水平排名

黑龙江省仅哈尔滨服务业发展总量水平指数高于全国50分的平均水平，以54.8分居第一位，在全国范围内排名第19位，其余城市的总量水平均在平均水平以下。鸡西、双鸭山、黑河、伊春、鹤岗和七台河分别以47.6、47.6、47.6、47.4、47.4和47.3分居黑龙江省服务业发展总量水平指数最末六位，也位于全国城市服务业发展总量水平指数倒数前30位。

由于城镇单位就业人员数中服务业就业人员比重较高，黑龙江哈尔滨、佳木斯、牡丹江、齐齐哈尔、绥化和双鸭山的服务业比重水平均大于全国平均水平的50分，分别为68.9、59.9、55.8、53.7、51.8和50.3分。但鸡西、伊春、黑河和鹤岗分居黑龙江省服务业比重水平最末四位，且在全国288个地级及以上城市中居于最后30位。

黑龙江省城市服务业生产率水平指数中，仅哈尔滨和牡丹江分别以55.8和54.0分居全省前两位，高于全国平均水平的50分。其余城市的服务业生产率水平指数均低于全国平均水平的50分。鸡西、双鸭山、七台河、鹤岗和伊春分居黑龙江省城市服务业生产率水平指数最末三位，也属于全国服务业生产率水平最低的30个城市。

（三）黑龙江省各城市服务业发展活力排名

哈尔滨和大庆市在服务业发展规模活力上具有优势地位，分别以55.0和50.0分居前两位，其中哈尔滨在全国范围排名第26位。尽管其余城市的服务业发展规模活力得分低于全国平均水平的50分，但这些城市得分基本在45分之上。而黑河和绥化则以45.8和44.3分居于全国倒数前30位。

黑龙江省各服务业发展比重活力普遍较低，得分名列黑龙江省第一的黑河仅 53.5 分，在全国排名第 107 位。其余城市得分均低于全国平均水平的 50 分。鸡西和七台河则以 29.8 和 28.4 分居全省得分最末两位，也居于全国服务发展比重活力的倒数前 30 位。

服务业生产率活力指数方面，黑龙江省各城市的得分也并不理想。仅绥化和鹤岗分别以 59.8 和 52.3 分高于全国平均水平的 50 分，其余城市得分均低于全国平均水平的 50 分。但黑龙江省没有城市的服务业生产率活力指数位于全国的最末 30 位城市。

黑龙江省各城市服务业投资活力指数都并不高且发展不均衡。仅哈尔滨以 57.3 分居全省服务业投资活力指数的第一位，高于全国平均水平的 50 分。其他城市得分均低于全国平均水平的 50 分。双鸭山、伊春和大庆分别以 33.8、31.7 和 18.0 分位居中国城市服务业发展投资活力的最末 30 位。服务业投资活力指数最低的大庆仅 18.0 分，服务业投资活力指数最高的哈尔滨达 57.3 分，说明黑龙江各城市服务业投资活力指数很不均衡，需要进一步优化各城市结构改革。

城市服务业发展的消费活力指数方面，黑龙江省各城市得分也不太理想。哈尔滨以 60.2 分排名第一，但其余城市得分均低于全国平均水平的 50 分。双鸭山、鹤岗、七台河和大庆分别以 40.5、38.2、37.2 和 32.8 分排名全省最末四位，并在全国范围内居于服务业发展消费活力的最末 30 位。

黑龙江省服务业发展金融活力指数最高的分别有双鸭山、牡丹江和鹤岗，分别为 51.1、51.1 和 50.5 分。此外哈尔滨、鸡西、大庆、绥化和七台河的金融活力指数居黑龙江省的最末 5 位，绥化和七台河在全国范围内居于服务业发展消费活力的最末 30 位。

（四）黑龙江省各城市服务业发展条件排名

哈尔滨和大庆的服务业发展条件指数远优于黑龙江省其他城市。黑龙江省仅哈尔滨的服务业发展产业条件指标为 55.3 分，其余城市的服务业发展产业条件指标得分均小于全国平均水平的 50 分。黑河、伊春、鸡西、鹤岗、双鸭山和七台河的服务业发展产业条件指数分别以 45.4、45.3、44.7、44.3、44.3、42.8 分居最后六位，也位列全国服务业发展产业条件指数最差的 30 个城市之中。

　　哈尔滨的服务业投资条件较好，以60.6分在黑龙江省的12个地级市中居第一位，并位于全国的第20位，黑河、鸡西、双鸭山、伊春、鹤岗和七台河分别以43.5、43.5、42.7、42.4、42.4和42.3分位列最后六位，也都属于全国服务业发展投资条件最差的30个城市。

　　就人口条件看，大庆和哈尔滨分别以66.2和57.3分居前两位，大庆的发展人口条件指标得分还居于全国的第26位。黑河、伊春和绥化发展人口条件较差，位居黑龙江省各城市最后三位，也位列全国服务业人口条件指数最差的30个城市之中。

　　（五）黑龙江省各城市服务业发展环境排名

　　大庆、哈尔滨和双鸭山的服务业发展环境指数在黑龙江省较为领先。哈尔滨的人均科技经费支出、人均教育经费支出、每万人在校大学生数等指标在黑龙江省均居于领先地位，其服务业发展教育环境指数为53.0分，居全省第1位，高于全国平均水平。黑龙江省共有7个城市位居中国城市服务业发展教育环境指数倒数前30位，分别为佳木斯、双鸭山、七台河、鸡西、鹤岗、绥化和伊春。

　　大庆、哈尔滨、七台河和鹤岗的交通环境中黑龙江省居于领先地位，分别以57.4、56.7、50.4和50.3分排名前四位，高于全国平均水平。黑河和绥化市的交通环境指数分别为42.5和40.8分，居黑龙江省最末两位，并位列全国交通环境最低的30个城市中。

　　大庆、哈尔滨和双鸭山的通信环境相对较好，分别以53.2、53.1和50.6分位居黑龙江省前三位，这表明这三个城市的人均邮政业务总量、人均电信业务总量、固定电话年末用户数等指标在全省领先。齐齐哈尔、七台河和绥化的人均交通指标较低，位列最后三位，而绥化则以42.9分位列全国通信环境最低的30个城市中。

　　大庆和双鸭山的公共服务环境指数最高，分别达84.8和78.1分，分居全国的第3、5位，鹤岗、哈尔滨、黑河、伊春和鸡西紧随其后，且得分均高于全国平均水平的50分。佳木斯、齐齐哈尔和绥化位居最后三位，而绥化则以30.5分位列全国公共服务环境最低的30个城市中。

黑龙江省的 12 个城市的生活环境指标均低于 50 分，鸡西、牡丹江和齐齐哈尔分别以 34.3、32.9 和 30.6 分居黑龙江省最末三位，且位列全国生活环境指标得分最低的 30 个城市中。

黑龙江省各城市的社会保障指数方面，哈尔滨、伊春和七台河的指数分别为 51.4、50.8 和 49.9 分位列前三位，这表明这些城市的城镇职工基本养老保险、基本医疗保险、失业保险参保情况良好，而黑河、齐齐哈尔和绥化位列最后三位，绥化以 42.5 分位列全国社会保障指数最低的 30 个城市中。

三、黑龙江省服务业发展的结论与建议

当前，黑龙江省服务业正处于发展的较好时期，其服务业占比远高于其工业占比。从黑龙江省城市服务业竞争力情况来看，黑龙江省服务业发展的可从以下方面着力：

（一）提高服务业的投资活力

黑龙江省的服务业发展活力指标较弱，重要原因是其投资活力不足，金融活力不足。因此首先，应考虑降低政府对服务业的干预程度，减少市场准入的限制，扩大对外招商引资，大力引进外来资本，减少对投资活动、金融活动的干预行为，促进投资消费金融的良性循环发展。其次，黑龙江各城市需要巩固和发展传统资源红利基础，积极推进资本投入，利用与俄罗斯相邻的地域优势，加强对俄的交流合作，增加外资投入，提升服务业的投资活力。最后，黑龙江省还可推出吸引民间资本投入服务业的优惠政策，如提供优惠银行借贷利率、优惠税收政策、政企合作等多种模式，让更多民间资本参与到黑龙江省服务业发展。

（二）改善服务业发展的教育环境

黑龙江省教育基础较好，但其非中心城市的教育环境仍有较大提升空间。在教育环境指标中居然有 7 个城市排名全国倒数 30 位，黑龙江省应考虑持续加大对非中心城市的科技和教育领域的经费支出，推进大中小学教育设施的建设，改善教师的薪酬体系，提高工资待遇。提高教育的现代化水平，推动

地方大中专院校的发展。才能达到提高整体劳动力素质，改善服务业发展的人力资源供给结构，改善教育环境，促进服务业发展的竞争力。

（三）提高服务业的发展水平

黑龙江省的服务业发展水平整体仍有待提升，主要体现于其总量水平与生产率水平不高。黑龙江省应考虑进一步加大对服务业的投资力度，提升服务业发展水平。提供服务业从业的各种优惠政策，推动和促进劳动力在三次产业间的自由流动，增加服务业从业人员数，大力发展现代服务业和新兴服务业，推动服务业总量水平的增加。通过科技创新，推动服务业的提升和升级，提升服务业生产率水平。

附录：数据处理说明

　　为获得尽可能多的地级以上城市服务业发展相关数据，并兼顾考虑城市数据的统计口径的统一性，本书的主要数据来源为《中国城市统计年鉴2016》。《中国城市统计年鉴2016》收录了当年全国各级城市社会经济发展方面的主要统计数据。需要强调的是，本书所涉及的全国或全部城市统计资料，均未包括香港特别行政区、澳门特别行政区和台湾省。

　　此外，由于海南省三沙市、西藏自治区拉萨市数据严重不足，海南省儋州市为2015年新建的地级市，统计数据也存在较大不足，本书都将其略去。因此，本书最后得到的是2015年中国剔除三沙市、拉萨市和儋州市的288个地级以上城市的服务业相关指标数据。

　　由于城市数量较大，本书在研究过程中发现《中国城市统计年鉴2016》部分分城市数据存在缺失或错误之处，本书根据研究需要进行了补全或修正，主要的数据处理情况说明如下：

　　1. 行政区划调整的数据处理问题

　　2015年，中国部分城市的行政区划进行了一定程度的调整。民政部审核上报国务院批准35件县级以上区划调整，优化了京、津、沪、渝四大直辖市市辖区规模结构；调整扩大了河北保定、秦皇岛市辖区规模；调整了江苏常州、无锡，安徽铜陵、安庆、六安、淮南，江西上饶城市规模结构；调整了安徽安庆枞阳县、六安寿县的管辖地级市；调整了辽宁大连、江苏盐城、浙江温州、江西南昌、河南三门峡、广东肇庆、广西南宁、四川成都、云南玉溪、陕西榆林、青海海东、陕西渭南等重要中心城市市辖区规模；西藏林芝、新疆吐鲁番撤地设市，西藏拉萨堆龙德庆撤县设区，四川康定、马尔康撤县设市；新疆设立兵团管理的县级可克达拉市；海南儋州升格地级市。行政区划的调整会带来各城市尤其是市辖区的人口、GDP、就业、基础设施、公共服务等各方面统计数据的变化。考虑到行政区划调整给各地级市服务业的发展条件所带来的影响，本书各地级市采用的是区划调整后的数据。

2. 其他具体数据的处理说明

（1）广东省中山市城镇单位各行业在岗职工年末人数中，农、林、牧、渔业、采矿业等产业从业人数缺失，本书依《广东省统计年鉴2016》数据进行补全。

（2）广东省揭阳市城镇单位各行业在岗职工年末人数中，采矿业从业人数缺失，本书依《广东省统计年鉴2016》数据进行补全。

（3）广西贵港市城镇单位各行业在岗职工年末人数中，采矿业从业人数缺失，本书依《广西统计年鉴2016》数据进行补全。

（4）重庆市城镇单位各行业在岗职工年末人数中，教育、卫生、社会保障和社会福利业、文化、体育、娱乐业和公共管理和社会组织从业人数缺失，本书依《重庆市统计年鉴2016》数据进行补全。

（5）上海市建成区面积数据缺失，本书根据中华人民共和国住房和城乡建设部所公布的《2015年城市建设统计年鉴》数据进行补全。

（6）上海市建成区绿化覆盖率数据缺失，本书根据《2015年上海市国民经济和社会发展统计公报》数据进行补全。

（7）上海市工业二氧化硫产生量、工业烟（粉）尘产生量等数据缺失，本书根据《上海市统计年鉴2016》数据进行补全。

（8）广东省佛山市和河源市建成区面积数据缺失，本书根据《中国城市建设统计年鉴2015》数据进行补全。

（9）广东省潮州市建成区面积数据缺失，本书根据《潮州统计年鉴2016》进行补全。

（10）辽宁省丹东市建成区面积数据缺失，本书根据《辽宁统计年鉴2016》进行补全。

（11）陕西省宝鸡市限额以上批发零售贸易业商品销售总额、社会消费品零售总额数据缺失，本书根据《陕西统计年鉴2016》进行补全。

（12）内蒙古自治区巴彦淖尔市限额以上批发零售贸易业商品销售总额数据缺失，本书根据《内蒙古统计年鉴2016》进行补全。

（13）陕西省铜川市和延安市当年实际使用外资金额数据缺失，本书根据《铜川市 2015 年国民经济和社会发展统计公报》和《延安市 2015 年国民经济和社会发展统计公报》补全。

（14）广东省湛江市高等学校教师人数、学生数数据缺失，本书根据《湛江市统计年鉴 2016》进行补全。

（15）宝鸡市固定资产投资额数据缺失，本书根据《陕西省统计年鉴 2016》的全社会固定资产投资额数据进行补全。

（16）定西市职工平均工资数据可能存在错误，本书根据《甘肃省统计年鉴 2016》的在岗职工平均工资数据进行修正。

（17）黑龙江省黑河市职工平均工资数据缺失，本书根据《黑龙江省统计年鉴 2016》的城镇非私营单位就业人员平均工资数据进行补全。

（18）浙江省温州市市辖区常住人口数据缺失，本书根据温州市相关统计资料计算后进行补全。

（19）浙江省绍兴市市辖区常住人口数据缺失，本书根据 2016 年绍兴市相关统计资料计算后进行补全。

（20）浙江省台州市市辖区常住人口数据缺失，本书根据 2016 年台州市相关统计资料计算后进行补全。

（21）安徽省铜陵市市辖区常住人口数据缺失，本书根据《安徽省统计年鉴 2016》数据进行补全。

（22）2015 年安徽省地级市包括铜陵、安庆、六安和淮南等行政区域有一定调整，导致相关数据出现异常波动，本书根据《安徽省统计年鉴 2016》数据进行计算和调整后进行修正（根据地区生产总值总量，利用三次产业比重情况进行计算后得到）。

（23）黑龙江省服务业从业人数数据统计存在较大偏差，本书根据《黑龙江统计年鉴 2016》的城镇非私营单位就业人数进行修正。

（24）安徽省铜陵、安庆、六安和淮南等行政区域有一定调整，导致服务业从业人员数量出现较大变动，本书根据《安徽省统计年鉴 2016》城镇非私营单位就业人数数据进行调整。

（25）湖北省襄阳市服务业从业人员数据统计存在较大偏差，本书根据《襄阳统计年鉴 2016》和《襄阳统计年鉴 2015》数据进行计算调整。

（26）四川省成都市服务业从业人员数据统计存在较大偏差，本书根据《成都统计年鉴 2016》和《成都统计年鉴 2015》的城镇非私营单位就业人数数据进行计算调整。

（27）四川省攀枝花市服务业从业人员数据统计存在较大偏差，本书根据 2015 年《中国城市统计年鉴》数据进行计算调整。

（28）内蒙古自治区鄂尔多斯市服务业从业人员数据统计存在较大偏差，本书根据 2015—2016 年《鄂尔多斯市统计年鉴》数据进行计算调整。

（29）安徽省铜陵、安庆、六安和淮南等行政区域有一定调整，导致社会消费品零售总额、固定资产投资额等出现较大变动，本书根据 2016 年数据对此前数据进行调整。

（30）辽宁省丹东市和铁岭市的人均道路面积数据缺失，本书根据 2016 年《辽宁统计年鉴》数据补全。

（31）湖北省武汉市的人均道路面积数据缺失，本书根据 2016 年《湖北统计年鉴》数据补全。

（32）广东省佛山市、清远市、河源市和潮州市等城市人均道路面积数据缺失，本书根据 2016 年《广东省统计年鉴》的公路里程数数据推算后进行补全。

（33）四川省眉山市的万人拥有公共汽车数量数据异常，本书根据 2016 年四川省其他城市数据进行调整修正。

（34）青海省海东市人均道路面积数据缺失，本书根据 2016 年西宁市人均道路面积数据进行参照补全。

（35）广东省湛江市每万人在校大学生数数据缺失，本书根据在校大学生数及常住人口数据计算补全。

（36）广西壮族自治区贵港市每万人在校大学生数据有误，本书根据《广西统计年鉴 2016》进行计算补全。

（37）贵州省六盘水市人均全年公共汽电车客运总量数据缺失，本书根据 2016 年贵州省六盘水市每万人拥有公交车数和全省平均公共汽电车客运量数据进行推算得出。

（38）陕西省汉中市公共汽车情况数据缺失，本书根据《陕西统计年鉴 2016》进行计算补全。

（39）青海省西宁市和海东市的人均全年公共汽电车客运总量数据缺失，本书根据 2016 年西北城市平均情况进行补全。

（40）黑龙江省黑河市每万人在校大学生数据缺失，本书根据《黑龙江统计年鉴 2016》黑河市在校大学生数及常住人口数据进行计算补全。

（41）云南省昭通市人均全年公共汽电车客运总量数据缺失，本书根据 2016 年云南省昭通市每万人拥有公交车数和全省平均公共汽电车客运量数据进行推算得出。

（42）青海省海东市的单位面积道路面积数据缺失，本书根据 2016 年西宁市情况进行补全。

（43）广东省珠海市的邮政和电信业务数据缺失，本书根据《珠海市统计年鉴 2016》数据进行补全。

（44）广东省佛山市的邮政和电信业务数据存在错误及缺失，本书根据《佛山市统计年鉴 2016》数据进行补全。

（45）广东省揭阳市的邮政和电信业务数据存在错误及缺失，本书根据《揭阳市统计年鉴 2016》数据进行补全。

（46）广东省肇庆市的邮政和电信业务数据存在错误及缺失，本书根据《肇庆市统计年鉴 2016》数据进行计算补全。

（47）广东省肇庆市的固定电话年末用户数、移动电话年末用户数、互联网宽带接入用户数数据缺失，本书根据《广东省统计年鉴 2016》数据进行计算补全，其中互联网宽带接入用户数根据前两项数据与全省数据进行推算得出。

（48）辽宁省葫芦岛市的移动电话年末用户数数据缺失，本书根据《辽宁省统计年鉴 2016》数据进行计算补全。

（49）安徽省宿州市的市辖区从业人员数据缺失，本书根据《安徽省统计年鉴 2016》和《宿州统计年鉴 2016》数据进行推算补全。

（50）重庆市的市辖区从业人员数据缺失，本书根据《重庆市统计年鉴 2016》数据进行推算补全。

（51）四川省成都市的市辖区从业人员数据缺失，本书根据《中国城市统计年鉴 2015》数据进行推算补全。

（52）贵州省贵阳市的市辖区从业人员数据缺失，本书根据《中国城市统计年鉴 2015》数据进行推算补全。

（53）黑龙江省鸡西市的一般工业固体废物综合利用率、污水处理厂集中处理率、生活垃圾无害化处理数据缺失，本书根据《中国城市统计年鉴2015》数据进行推算补全。

（54）黑龙江省鹤岗市和双鸭山市的生活垃圾无害化处理数据缺失，本书根据 2016 年黑龙江省的平均情况进行推算补全。

（55）湖北省随州市的一般工业固体废物综合利用率数据缺失，本书根据《随州统计年鉴 2016》数据进行计算补全。

（56）湖北省咸宁州市的一般工业固体废物综合利用率数据有误，本书根据《咸宁统计年鉴 2016》数据进行计算补全。

（57）广东省珠海市、汕头市、肇庆市、河源市和潮州市的污水处理厂集中处理率、肇庆市、潮州市的生活垃圾无害化处理数据缺失，本书根据《广东统计年鉴 2016》数据进行补全。

（58）海南省海口市的污水处理厂集中处理率数据缺失，本书根据《中国城市统计年鉴 2015》数据进行补全。

（59）四川省成都市的污水处理厂集中处理率数据缺失，本书根据 2016年成都市一般工业固体废物综合利用率、生活垃圾无害化处理数据进行补全。

（60）贵州省毕节市的生活垃圾无害化处理数据缺失，本书根据《贵州省统计年鉴 2016》进行补全。

（61）云南省普洱市的一般工业固体废物综合利用率数据缺失，本书根据《云南省统计年鉴 2016》进行补全。

（62）陕西省汉中市的一般工业固体废物综合利用率、污水处理厂集中处理率、生活垃圾无害化处理数据缺失，本书根据《陕西省统计年鉴 2016》数据及陕西省平均情况进行推算补全。

（63）青海省西宁市的一般工业固体废物综合利用率、海东市生活垃圾无害化处理数据缺失，本书根据《青海省统计年鉴 2016》数据及青海省其他城市情况进行推算补全。

（64）宁夏自治区银川市的一般工业固体废物综合利用率数据缺失，本书根据《宁夏回族自治区统计年鉴 2016》数据及宁夏区其他城市情况进行推算补全。

（65）河北省廊坊市、山西省晋中市、辽宁省沈阳市、辽宁省丹东市、辽宁省铁岭市、黑龙江省哈尔滨市、黑龙江省伊春市、黑龙江省绥化市、福建省厦门市、湖北省武汉市、广东省韶关市、广东省佛山市、广东省河源市、广东省清远市、广东省潮州市、广东省揭阳市、海南省三沙市和儋州市、西藏自治区拉萨市、青海省海东市、新疆自治区乌鲁木齐市城市维护建设资金支出数据缺失，本书根据《中国城市建设统计年鉴2016》进行补全。

（66）辽宁省丹东市、黑龙江省哈尔滨市、黑龙江省伊春市、广东省佛山市、广东省河源市、广东省潮州市、四川省达州市、贵州省贵阳市、贵州省遵义市的建成区绿化覆盖率数据缺失，甘肃省陇南市数据有误，本书根据《中国城市建设统计年鉴2016》进行补全。

（67）山西省运城市、黑龙江省大庆市、广东省江门市城镇基本医疗保险参保人数数据缺失，本书根据2016年城镇职工基本养老保险参保人数、失业保险参保人数数据进行推算补全。

（68）内蒙古自治区乌兰察布市常住人口数量缺失，本书根据《中国城市建设统计年鉴2016》市区人口数量进行补全。

（69）上海市建成区面积数据缺失，本书根据《中国城市建设统计年鉴2016》城市建设用地面积近似补全。

（70）黑龙江省部分城市社会消费品零售总额数据有误，本书根据《黑龙江统计年鉴2016》数据修正补全。

（71）《中国城市统计年鉴2016》部分城市的城市维护建设资金支出数据明显有误，本书根据《中国城市建设统计年鉴2016》数据进行修正。

责任编辑：孟　雪

封面设计：汪　阳

责任校对：吕　飞

图书在版编目（CIP）数据

中国城市服务业竞争力报告.2016/林吉双，刘恩初 著.—北京：人民出版
　社，2018.6

ISBN 978 - 7 - 01 - 019477 - 6

Ⅰ.①中…　Ⅱ.①林…　②刘…　Ⅲ.①城市—服务业—竞争力—研究报告—
　中国—2016　Ⅳ.①F726.9

中国版本图书馆 CIP 数据核字（2018）第134098号

中国城市服务业竞争力报告2016

ZHONGGUO CHENGSHI FUWUYE JINGZHENGLI BAOGAO 2016

林吉双　刘恩初　著

人民出版社 出版发行

（100706　北京市东城区隆福寺街99号）

北京中科印刷有限公司印刷　新华书店经销

2018 年 6 月第 1 版　2018 年 6 月北京第 1 次印刷

开本：710 毫米×1000 毫米 1/16　印张：17

字数：282 千字

ISBN 978 - 7 - 01 - 019477 - 6　定价：65.00 元

邮购地址 100706　北京市东城区隆福寺街 99 号

人民东方图书销售中心　电话（010）65250042　65289539